W0369013

La Résidence

KATE ANDERSEN BROWER

La Résidence

DANS L'INTIMITÉ DE *la Maison Blanche*

Traduit de l'anglais (États-Unis) par Éric Betsch

Michel LAFON POCHE

Titre original :
The Residence, Inside the Private World of The White House

Tous droits de traduction, d'adaptation
et de reproduction réservés pour tous pays.

© 2015, Kate Andersen Brower. Publication en accord
avec Harper, une marque de HarperCollins Publishers.
© Éditions Michel Lafon, 2016, pour la traduction française
14, boulevard de la Madeleine – CS 62 204
75 373 Paris Cedex 08

www.michel-lafon.com

Pour Brooke Brower, mon époux,
qui a le don de me convaincre que tout est possible.
Et pour Graham et Charlotte, nos joyeux bébés.

PRINCIPAUX PERSONNAGES

James W. F. « Skip » Allen	Huissier, 1979-2004
Reds Arrington	Plombier, chef d'équipe, 1946-1979
Preston Bruce	Portier, 1953-1977
Traphes Bryant	Électricien, gardien de chiens, 1951-1973
Cletus Clark	Peintre, 1969-2008
William « Bill » Cliber	Électricien, 1963-1990, électricien en chef, 1990-2004
Wendy Elsasser	Fleuriste, 1985-2007
Chris Emery	Huissier, 1987-1994
Betty Finney	Femme de ménage, 1993-2007
James Hall	Majordome occasionnel, 1963-2007
William « Bill » Hamilton	Agent d'entretien, responsable de la réserve, 1958-2013
James Jeffries	Employé de cuisine, majordome occasionnel, depuis 1959
Wilson Jerman	Agent d'entretien, majordome, 1957-1993 ; portier occasionnel, 2003-2010
Jim Ketchum	Conservateur, 1961-1963 ; conservateur en chef, 1963-1970
Christine Limerick	Gouvernante, 1979-2008 (sauf entre 1986 et 1991)

Linsey Little	Agent d'entretien, 1979-2005
Roland Mesnier	Pâtissier en chef, 1979-2006
Betty Monkman	Conservatrice, 1967-1997 ; conservatrice en chef, 1997-2002
Ronn Payne	Fleuriste, 1973-1996
Nelson Pierce	Huissier, 1961-1987
Mary Prince	Nourrice d'Amy Carter
James Ramsey	Majordome, fin du gouvernement Carter-2010
Stephen Rochon	Huissier en chef, 2007-2011
Frank Ruta	Cuisinier, 1979-1991 (sauf de 1987 à 1988)
Tony Savoy	Employé puis directeur des opérations, 1984-2013
Bob Scanlan	Fleuriste, 1998-2010
Walter Scheib	Cuisinier en chef, 1994-2005
Rex Scouten	Huissier, 1957-1969 ; huissier en chef, 1969-1986 ; conservateur en chef, 1986-1997
Ivaniz Silva	Femme de ménage, 1985-2008
Herman Thompson	Majordome occasionnel, 1960-1993
Gary Walters	Huissier, 1976-1986 ; huissier en chef, 1986-2007
J. B. West	Huissier, 1941-1957 ; huissier en chef, 1957-1969
Lynwood Westray	Majordome occasionnel, 1962-1994
Worthington White	Huissier, 1980-2012
Zephyr Wright	Cuisinière de la famille Johnson

INTRODUCTION

Vivre à la Maison Blanche revient à fouler une scène de théâtre où se jouent tragédies et comédies. Nous autres, les domestiques, en sommes les seconds rôles.

My Thirty Years Backstairs at the White House (« Mes trente années dans les escaliers de service de la Maison Blanche ») de Lillian Rogers Parks, femme de ménage et couturière à la Maison Blanche de 1929 à 1961.

Installé dans la cuisine, chez lui, à Washington, en compagnie de son épouse, Preston Bruce écoutait la radio en prenant son petit déjeuner – l'unique repas que le couple partageait – lorsqu'un présentateur interrompit l'émission pour annoncer une information de dernière minute : « On a tiré sur le Président ! »

Il se leva d'un bond. Son genou heurta violemment la table ; les tasses roulèrent et se brisèrent sur le sol. Une minute plus tard, un autre message fut diffusé à la radio, d'une voix plus stridente encore : « On a tiré sur le Président, c'est confirmé. Pas d'information sur son état. »

C'est impossible, songea Bruce. Il enfila son pardessus

et, oubliant son chapeau, en cette journée de novembre plutôt fraîche, se précipita au volant de sa voiture et démarra avec un crissement de pneus dans l'allée de sa demeure, abandonnant ainsi sa femme, Virginia, dans la cuisine, sous le choc au milieu des débris de vaisselle éparpillés sur le sol.

D'ordinaire imperturbable, Bruce se faufilait parmi les autres véhicules à près de cent kilomètres à l'heure – « Je ne m'étais pas rendu compte que je roulais si vite », dirait-il plus tard – quand il entendit une sirène de police mugir derrière lui. Un motard s'immobilisa près de lui au croisement de la 16e Rue et de Columbia Road, descendit de son engin et s'approcha de la portière de la voiture qu'il venait d'arrêter, côté conducteur.

« Pourquoi roulez-vous si vite ?

– Je travaille à la Maison Blanche, monsieur l'agent, expliqua Bruce, à bout de souffle et pas d'humeur à chercher des excuses. On a tiré sur le Président ! »

Le policier resta un instant interdit, sidéré. Tout le monde n'avait pas encore appris la terrible nouvelle.

« Suivez-moi ! » dit-il enfin, tout en enfourchant sa moto.

C'est ainsi que Bruce bénéficia d'une escorte policière personnelle, ce jour-là, jusqu'à la grille sud-ouest de la Maison Blanche.

La plupart des Américains nés avant 1963 se rappellent précisément où ils se trouvaient lorsqu'ils ont appris qu'on avait tiré sur le président Kennedy. Cette nouvelle eut un impact particulier sur Bruce. En effet, pour lui, Kennedy n'était pas seulement le Président, mais aussi son patron et, plus important, son ami. Portier à la Maison Blanche, Preston Bruce était un membre du personnel adoré de tous. Le matin précédent, il avait accompagné le Président, la première dame et John-John, leur fils, jusqu'à l'hélicoptère de la marine qui les attendait sur la pelouse sud, pour les déposer à la base aérienne d'Andrews, où ils embarqueraient à bord d'Air Force One. De là, les Kennedy devaient s'envoler pour leur funeste tournée de deux jours à travers cinq villes du Texas. (John-John, qui fêterait son troisième anniversaire quatre jours plus tard, raffolait des vols en hélicoptère avec ses parents. Il n'alla pas plus loin qu'Andrews ; quand on lui fit savoir qu'il ne les accompagnerait pas à Dallas, il se mit à pleurnicher. Il ne devait plus jamais revoir son père.)

« Je vous confie les clés de la boutique ! avait crié le président Kennedy à Bruce, par-dessus le vrombissement du moteur de l'hélicoptère, sur la pelouse sud. Gérez le quotidien comme bon vous semble. »

Descendant d'esclaves et fils d'un métayer de Caroline du Sud, Bruce était devenu membre honoraire de la famille Kennedy. Il regardait des films avec eux dans la salle de cinéma de la Maison Blanche, au côté du Président, y compris lorsqu'il se détendait avec ses enfants. Il grimaça le jour où Kennedy se cogna la tête sur une table en pourchassant John-John, bambin turbulent, dans le Bureau ovale. (Le bureau de JFK était l'une des cachettes préférées de John-John. Bruce devait parfois l'en faire sortir avant les réunions importantes.) Les cheveux et la moustache d'une blancheur impeccable, ce cinquantenaire grand et mince portait chaque jour un costume noir et un nœud papillon blanc pour travailler. Il était si dévoué à sa tâche, qui comprenait la délicate mission de placer les invités fébriles lors des dîners officiels, qu'il avait imaginé une table, rapidement baptisée la *« Bruce Table »*, dont la légère inclinaison facilitait la disposition des cartes de placement de table. Son invention servirait durant des décennies.

En ce 22 novembre, tandis qu'il fonçait vers la Maison Blanche, Bruce avait du mal à croire ce qu'il venait d'apprendre.

« Aujourd'hui encore, je sens l'onde de choc qui m'a secoué des pieds à la tête, ce jour-là », déclara-t-il plus tard.

Arrivé à la résidence exécutive, il n'avait qu'une idée en tête, « attendre le retour de Mme Kennedy ». Il resta collé devant la télévision, en compagnie d'autres employés, dans le bureau des huissiers bondé. Les informations confirmèrent ce que chaque membre du personnel de la Maison Blanche redoutait.

« Par la suite, chaque fois qu'un président s'envolait de ce domaine de sept hectares, nous avions pour la plupart conscience qu'il était possible qu'il nous revienne dans le même état que le président Kennedy », écrivit-il, des années plus tard.

Jackie Kennedy fut de retour à la Maison Blanche vers 4 heures du matin, vêtue de son emblématique tailleur rose en laine maculé de sang et agrippant le bras de Robert F. Kennedy, son beau-frère. Elle était d'une pâleur spectrale et d'un calme effrayant.

« Vous nous avez attendus, Bruce, dit-elle avec douceur, comme pour le réconforter.

– Oui, vous saviez que je serais là, madame Kennedy », répondit le portier.

Après une légère collation servie dans le salon est, il conduisit la première dame et le procureur général dans les appartements privés du deuxième étage. Dans le silence de l'ascenseur, auprès des deux personnes qui avaient été les plus proches de JFK, Bruce craqua et ne put retenir ses larmes. Jackie et Robert en firent autant et, tous trois unis en une même accolade, ils pleurèrent ensemble jusqu'à ce que la cabine s'immobilise.

« J'ai cru qu'ils allaient me tuer, moi aussi », avoua ensuite Jackie à Providencia Paredes, sa domestique personnelle et confidente, quand elle eut rejoint sa chambre. Puis elle ôta enfin son tailleur taché du sang de son mari et prit un bain.

Épuisé, Bruce passa la fin de la nuit assis bien droit sur une chaise, dans une minuscule chambre du troisième étage. Il retira sa veste et son nœud papillon, déboutonna le col de sa chemise blanche amidonnée, sans pour autant se laisser vaincre par la fatigue.

« Je ne voulais pas me coucher, au cas où Mme Kennedy ait besoin de moi. »

La première dame lui rendait bien la fidélité qu'il lui vouait ; peu après les obsèques, elle lui offrit la cravate que son époux avait portée durant le vol à destination de Dallas. « Le Président aurait voulu qu'elle vous revienne », lui dit-elle.

JFK, qui avait changé de cravate juste avant de s'installer dans la voiture, avait la précédente dans sa poche lorsqu'il avait été abattu. Robert Kennedy ôta quant à lui ses gants et les tendit à son ami effondré : « Gardez-les, dit-il à Bruce. Et n'oubliez jamais que je les ai portés à l'enterrement de mon frère. »

Le portier de la Maison Blanche refusa de quitter son poste et n'accepta de regagner son domicile que le 26 novembre, soit quatre jours après l'assassinat. Si le dévouement de Bruce envers son travail et la famille présidentielle peut sembler extraordinaire, on n'en attend pas moins des employés de la Résidence.

*

* *

Très peu de détails filtrent concernant la famille présidentielle américaine. Son intimité est protégée par les conseillers de l'aile ouest et par une équipe composée d'une centaine de personnes délibérément en retrait : les employés de la Maison Blanche. Ces personnes passent la plupart de leur temps aux deuxième et troisième étages de cette bâtisse qui s'étend sur cinq mille mètres carrés. C'est là que la famille présidentielle peut échapper à la pression écrasante inhérente à sa fonction, ne serait-ce que pour quelques précieuses heures, le temps d'un dîner ou d'une émission de télévision. Tandis qu'au premier étage les touristes visitent les lieux d'un pas traînant et que, plus loin, au-delà de la barrière qui borde le domaine, des photographes amateurs font crépiter leurs téléphones portables et leurs appareils photo, elle mène aux étages supérieurs sa vie privée à l'abri des regards.

Contrairement aux nombreux conseillers politiques, qui ont fréquemment donné des interviews et publié des autobiographies après leur départ de la Maison Blanche, les femmes de ménage, majordomes, cuisiniers, huissiers, techniciens, électriciens, plombiers, menuisiers et fleuristes ayant entretenu la plus célèbre demeure des États-Unis ont pour la plupart préféré rester discrets. L'un d'eux m'a un jour confié que ses collègues et lui partageaient une « passion pour l'anonymat ». Le monde invisible des coulisses de la Maison Blanche est riche en mystères.

Je pris pour la première fois conscience de cet univers le jour où, en tant que journaliste rattachée à la Maison Blanche, je fus invitée à un déjeuner organisé par

Michelle Obama pour une petite dizaine d'entre nous, dans une salle à manger intimiste de l'étage d'État[1]. Surnommée l'ancienne salle à manger familiale après que Jackie Kennedy eut fait arranger, au deuxième étage, une autre salle à manger, dont les familles présidentielles se servent de nos jours de façon plus systématique, cette pièce est nichée derrière la salle à manger d'État, plus officielle, où j'avais couvert des dizaines de réceptions. Je n'avais encore jamais mis les pieds dans cette partie privée de la Maison Blanche ; pour tout dire, j'ignorais jusqu'à l'existence de cet endroit. L'accès à de nombreux quartiers de la Résidence est strictement interdit ; les journalistes et photographes couvrant les événements officiels, comme les réceptions dans le salon est ou les dîners (qui se tiennent désormais fréquemment sous un impressionnant barnum blanc, sur la pelouse sud), sont séparés des invités par un cordon. Lors de ces imposants rassemblements, le personnel de la Maison Blanche reçoit souvent le renfort de majordomes et serveurs venus en extra.

Je fus donc surprise, le jour du déjeuner donné par la première dame, lorsqu'un huissier nous fit entrer dans l'ancienne salle à manger familiale, une pièce douillette aux dimensions relativement modestes. Un employé élégamment vêtu nous proposa des coupes de champagne sur un plateau d'argent étincelant. Le menu comprenait une salade composée de légumes du jardin de la Maison Blanche, ainsi qu'une rascasse fraîche grillée, joliment présentée dans un plat du service en porcelaine du président Truman. Chaque plat était servi par un majordome qui

1. Il s'agit du premier étage, surnommé le *State Floor* (« étage d'État ») car les réceptions officielles y sont organisées. *(N.d.T.)*

s'entendait d'évidence à merveille avec la première dame. *On se croirait dans un épisode de* Downton Abbey, me dis-je. Cette expérience me laissa songeuse : qui étaient ces gens, si intimes avec la famille la plus puissante du monde ?

En tant que journaliste de l'agence de presse Bloomberg News rattachée à la Maison Blanche, je travaillais dans l'un des nombreux cagibis sans fenêtres situés sous la salle de presse James S. Brady. Ce sous-sol exigu est le théâtre de mille activités bourdonnantes, les journalistes allant et venant au pas de course pour couvrir des événements ou s'entretenir avec leurs informateurs, avant de se ruer vers leur ordinateur pour y rédiger leur article.

Au cours de mon passage à la Maison Blanche, j'ai voyagé un peu partout dans le monde à bord d'Air Force One et d'Air Force Two (l'avion du vice-président), envoyant des articles depuis la Mongolie, le Japon, la Pologne, la France, le Portugal, la Chine et la Colombie. Pourtant, l'histoire la plus fascinante dont j'aie été témoin se déroulait sous mes yeux au quotidien : celle des hommes et des femmes chargés de prendre soin de la famille présidentielle, qui partagent une loyauté sans bornes à l'égard de l'institution qu'est la présidence américaine. Les employés ayant servi à la Maison Blanche ont tous vu l'Histoire s'écrire, et ont d'incroyables récits à partager.

La Maison Blanche est le symbole de la présidence le plus puissant et le plus éternel du pays. Ses cent trente-deux pièces, ses cent quarante-sept fenêtres, ses vingt-huit cheminées, ses huit escaliers et ses trois ascenseurs sont répartis sur six niveaux – auxquels il faut ajouter deux mezzanines invisibles de l'extérieur –, alors qu'elle ne compte en apparence que trois niveaux. Cette demeure n'abrite qu'une famille célèbre à la fois, mais les seconds rôles qui y travaillent en sont les locataires permanents.

Les employés de la Résidence apportent aux sept hectares les plus connus de la planète une certaine humanité et un sens des valeurs aujourd'hui révolues. Levés dès l'aube, ils sacrifient leur vie privée afin de servir la famille présidentielle avec une dignité aussi discrète qu'impressionnante. À leurs yeux, travailler à la Maison Blanche, quel que soit le poste occupé, est un honneur considérable. Les élections peuvent amener de nouveaux visages, mais ils restent en place alors que se succèdent les gouvernements, prenant soin de garder pour eux leurs convictions politiques. Leur mission est simple : tout faire pour que la famille présidentielle, quelle qu'elle soit, se sente à l'aise dans la demeure privée la plus publique du pays.

Dans le cadre de leurs fonctions, bon nombre de ces hommes et de ces femmes ont côtoyé des présidents et leurs proches à des moments où ces derniers étaient vulnérables ; toutefois, très peu d'entre eux ont publié des mémoires relatant leur passage à la Maison Blanche. Cet ouvrage est le premier à regrouper de nombreux témoignages du dévouement de leur existence au confort de la famille présidentielle. Qu'il s'agisse de petits gestes de gentillesse ou d'immenses colères, de moments de désespoir intérieur, de récits de bizarreries et manies personnelles ou d'instants où le travail quotidien se trouve transcendé par des victoires ou des tragédies d'ordre national.

Jouer avec les enfants Kennedy dans le Bureau ovale, assister à l'installation à la Maison Blanche du premier président afro-américain, se voir demander par Nancy Reagan de replacer chacun des vingt-cinq cartons de porcelaine de Limoges à sa place précise après en avoir nettoyé le contenu, offrir à Hillary Clinton un moment de tranquillité lors du scandale sexuel et de la procédure d'*impeachment* visant son époux… Les employés de la Maison Blanche connaissent la famille présidentielle sous des facettes inédites.

Bien qu'ils m'offrent un accès sans précédent à leurs souvenirs, les employés de la Résidence, qu'ils soient en poste ou qu'ils aient récemment quitté leurs fonctions, restent fidèles à un code établi de longue date qui place le secret et la protection de l'intimité de la famille présidentielle au-dessus de tout. Contrairement à la plupart des gens qu'on croise à Washington, où le pouvoir est une obsession et qui dévoilent souvent l'endroit où ils travaillent avant même de décliner leur identité, les membres du personnel de la Maison Blanche révèlent rarement leur emploi peu commun. Ils ont hérité ce code d'honneur des générations précédentes, notamment celle qui gardait secrète la paralysie dont souffrait Roosevelt en ne faisant entrer les invités aux dîners officiels qu'après que le Président se fut installé et que l'on eut emporté ailleurs son fauteuil roulant. De même, ils ont également fait en sorte que les échos des flirts de JFK ne franchissent jamais les portes de la Maison Blanche.

Les employés de la Résidence bénéficient d'un accès si privilégié à l'intimité des lieux que les conseillers du Président actuel voyaient d'un mauvais œil qu'ils me confient leurs souvenirs.

« Personne, parmi ceux qui travaillent encore là-bas, ne voudra vous parler, me semble-t-il, car ils ne veulent pas être renvoyés, me précisa par courrier électronique un ancien employé. Eh oui, telle est la réalité. Nous étions formés pour faire en sorte que ce qui se déroule à l'intérieur des murs de la Maison Blanche n'en sorte jamais. »

Cela étant, si certains se montrèrent dans un premier temps réticents à l'idée de partager leur expérience à « la Maison », comme ils la surnomment, tous se montrèrent extrêmement courtois. Noirs et Blancs, hommes et femmes, cuisiniers, électriciens et femmes de ménage, des dizaines d'employés de la Maison Blanche à la retraite m'invitèrent à m'asseoir avec eux à la table de leur cuisine ou dans le canapé de leur salon. (J'étais enceinte de notre second enfant, à l'époque, ce qui me valut de nombreux gestes d'attention ; on me demandait souvent comment je me sentais et si je souhaitais manger quelque chose.) Très vite, ils se faisaient une joie de me raconter leurs souvenirs courant sur plusieurs décennies, au service de plusieurs présidents et leur famille. Beaucoup semblaient ne pas avoir conscience d'avoir eu une vie unique, aux premières loges pour voir l'Histoire s'écrire. Leurs récits n'étaient pas toujours concordants ; quand certains gardaient de bons souvenirs des familles qu'ils avaient servies, d'autres me confiaient des anecdotes moins flatteuses.

Les faire parler n'était pas toujours évident. Certains ne s'ouvrirent à moi qu'après que je leur eus cité les noms d'anciens collègues ayant déjà répondu à mes questions. D'autres restèrent muets jusqu'à ce que nous nous rencontrions, tel William « Bill » Cliber, électricien en chef qui me révéla des épisodes fascinants à propos de Richard Nixon et de ses derniers jours à la tête du pays, ainsi que Christine Limerick, la gouvernante, qui m'avoua avoir dû prendre la douloureuse décision de temporairement renoncer à son poste, lasse d'être maltraitée par une certaine première dame.

D'autres, comme James Ramsey, le majordome préféré

de George W. Bush, ne voulurent évoquer que leurs expériences positives. Ramsey craignait que le gouvernement ne lui retire la pension qu'il avait méritée après toute une vie de labeur s'il disait quoi que ce soit de négatif – même si rien ne prouve que ç'aurait été le cas. Il aimait sincèrement les familles qu'il avait servies. Il est décédé en 2014, mais j'ai eu la chance de faire sa connaissance ainsi que celle de quelques-uns de ses collègues eux aussi disparus avant la parution de leurs souvenirs.

Je me suis entretenue avec des personnes ayant travaillé à la Maison Blanche à l'époque où elle était surnommée « Camelot » – notamment avec le premier employé de la Résidence à avoir été informé de l'assassinat du président Kennedy –, ainsi qu'avec des majordomes, portiers et fleuristes au service des Obama. J'ai écouté des fils et filles de présidents me décrire ce que c'était que de grandir dans cette illustre demeure. J'ai conversé en toute franchise avec les anciennes premières dames Rosalynn Carter, Barbara Bush et Laura Bush ainsi qu'avec de nombreux conseillers présidentiels de premier plan. La plupart étaient sincèrement ravis de contribuer à attirer l'attention du public sur les personnes œuvrant dans l'ombre.

Malgré les sacrifices auxquels ils consentent et l'immense travail qu'ils fournissent, les employés de la Résidence font tout pour éviter les projecteurs – et pas uniquement au sens figuré.

« Une règle tacite nous impose de rester en retrait. Quand il y avait une caméra dans la pièce, nous nous baissions systématiquement pour ne pas entrer dans son champ, ou alors nous la contournions ou l'enjambions », précise l'huissier James W. F. « Skip » Allen.

En dépit de cet effacement, les employés que j'ai

interviewés partagent une intelligence et une personnalité qui m'ont donné envie d'en apprendre davantage sur leur vie. Nombre d'entre eux sont par ailleurs dotés d'un humour assez ironique, pour ne pas dire caustique. Après notre entretien, James Hall, majordome à la retraite, fit en sorte de me raccompagner très lentement à travers le hall d'entrée bondé de sa maison de repos. Il n'était pas seulement question de politesse ; il voulait s'assurer que tout le monde le voie en compagnie d'une jeune femme. « On est en plein *Peyton Place*[2], ici ! » me confia-t-il en riant.

Mes recherches m'ont conduite au-delà de Washington et de sa banlieue. Allen, par exemple, avait pris sa retraite à Bedford, en Pennsylvanie, dans une immense ferme de cinq cent cinquante mètres carrés datant du XIXe siècle. Tandis que nous dégustions des sandwichs poulet-salade près de sa piscine, sous une légère bruine, il me décrivit les relations étroites entre le Président et les employés – « Entendre un président souhaiter un bon anniversaire à quelqu'un n'avait rien d'extraordinaire » –, ainsi que le poids de la fonction suprême – « Citez-moi n'importe quel président. Personne ne repart de la Maison Blanche en ayant l'air plus jeune que lorsqu'il s'y est installé. »

S'ils passent inaperçus dans le faste et l'apparat des événements présidentiels et des visites officielles, les employés de la Maison Blanche sont essentiels à la vie publique comme privée de la présidence américaine. « En un sens, ma famille et moi les considérions toujours comme des hôtes, au même titre que le Président et la première dame, me dit Tricia Nixon Cox, la fille

2. *Soap opera* américain des années 1960. *(N.d.T.)*

aînée du président Nixon. Ils apportaient partout beauté et chaleur. »

Il leur arrive même d'aider à apaiser les tempêtes qui secouent le plus célèbre couple de la planète, ne serait-ce que quelques heures. Plusieurs employés me confièrent qu'au plus fort du scandale Monica Lewinsky, Hillary Clinton semblait épuisée et déprimée. Ils étaient désolés pour elle, conscients qu'elle désirait la seule chose qu'il lui était impossible d'obtenir : l'intimité. L'huissier Worthington White se rappelle avoir fait sortir des touristes de la Maison Blanche et maintenu à distance les agents du Secret Service[3] rattachés à la première dame, afin que celle-ci puisse profiter de quelques courtes heures de tranquillité à la piscine. « Pouvoir aider Mme Clinton était à mes yeux la chose la plus importante au monde », me précisa White.

Les employés de la Résidence sont parfois témoins d'instants de joie pure, quand un président fraîchement élu sent qu'il a atteint le zénith de la politique américaine. En 2009, quand les bals d'investiture furent enfin terminés, les Obama se préparèrent à passer leur première nuit à la Maison Blanche. Ils n'étaient cependant pas encore prêts à se coucher quand White monta leur déposer quelques articles de presse parus en fin de soirée. Parvenu au deuxième étage, il perçut des propos inhabituels : « Soudain, j'ai entendu le président Obama dire : "J'y suis, j'y suis ! Je suis installé ici." Puis de la musique s'est élevée ; c'était Mary J. Blige. »

Les nouveaux locataires avaient troqué leur tenue

3. Agence gouvernementale chargée, entre autres, d'assurer la protection du Président des États-Unis et de sa famille. *(N.d.T.)*

protocolaire, lui contre une simple chemise et elle contre un tee-shirt et un bas de survêtement. Le Président a alors pris son épouse dans ses bras, se rappelle White, puis « ils se sont mis à danser » sur *Real Love*, le tube de Mary J. Blige. L'huissier marqua une pause dans son récit, avant de conclure que cela avait été « un instant de toute beauté, une véritable merveille ».

« Je parie que vous n'avez jamais rien vu de tel ici, lui dit Obama, sans cesser de danser avec sa femme.

– En toute franchise, je dois dire que je n'ai jamais entendu Mary J. Blige dans cette pièce », répondit White.

S'il ne sait plus précisément combien de temps les Obama dansèrent, ce soir-là, il est certain qu'ils avaient bien l'intention de savourer cet instant.

*

* *

Bon nombre de familles présidentielles disent tenir les employés de la Résidence pour les véritables locataires des lieux. Pour le président Carter, ils étaient « la colle qui maintenait la Maison Blanche en place ». L'un d'eux voyait dans ses collègues « un groupe de personnes mangeant Maison Blanche, dormant Maison Blanche, buvant Maison Blanche ».

La Maison Blanche emploie quatre-vingt-seize personnes à temps complet et environ deux cent cinquante autres de façon ponctuelle : huissiers, cuisiniers, fleuristes, femmes de ménage, majordomes, portiers, peintres, menuisiers, électriciens, plombiers, techniciens et calligraphes. En outre, une vingtaine d'employés du National Park Service s'occupent des jardins. Ceux qui travaillent à la Résidence sont des employés fédéraux que le Président peut révoquer à tout moment.

Pour le personnel, le centre névralgique de la Maison Blanche est le bureau des huissiers, situé à l'étage d'État, près de l'entrée du portique nord. L'huissier en chef est chargé de gérer les fonds alloués par le Congrès pour le fonctionnement de la Maison Blanche, qui couvrent les frais de chauffage, d'éclairage et de climatisation ainsi que les salaires des employés. En 1941, alors que ces derniers n'étaient que soixante-deux, le budget annuel se limitait à 152 000 dollars. Près de soixante-quinze ans plus tard, l'ajout de personnel, les coûts opérationnels, l'inflation et d'autres facteurs l'ont élevé aux alentours de 13 millions de dollars – sans tenir compte des 750 000 dollars annuels que coûte l'entretien des bâtiments.

La mission de l'huissier en chef ressemble à celle d'un directeur d'hôtel de luxe, au détail près qu'il a un seul client à servir. Il est responsable de l'ensemble des employés de la Résidence et travaille en étroite collaboration avec la première dame. Il a sous ses ordres un adjoint et toute une équipe d'huissiers chargés de superviser les divers départements ou « ateliers », tels que l'atelier entretien ou l'atelier floral. Les huissiers accueillent les visiteurs, y compris les invités de la famille présidentielle, et notent les mouvements du Président au sein du bâtiment, qui sont ensuite enregistrés pour la postérité dans la bibliothèque présidentielle.

Le travail de l'huissier en chef est aujourd'hui si complexe qu'il exige de la rigueur et une discipline toute militaire. Précédemment contre-amiral au sein de l'US Coast Guard, la garde côtière américaine, Stephen Rochon fut nommé huissier en chef par George W. Bush en 2007. Il devint ainsi la huitième personne, et le premier

Afro-Américain, à occuper cette fonction. Pour ça, il dut passer huit entretiens, faisant chaque fois l'aller-retour entre la Maison Blanche et Norfolk, en Virginie, où il était alors affecté. Son ultime entretien se déroula avec le Président, dans le Bureau ovale. Bush se demandait si Rochon se satisferait de ce nouveau titre, si modeste en apparence :

« Que pensez-vous de cette appellation, "huissier en chef" ?

– Eh bien, Monsieur le Président, un titre a-t-il vraiment de l'importance ? » répondit Rochon.

Beaucoup, manifestement. En effet, quand Rochon fut engagé, son poste fut rebaptisé « huissier en chef de la Maison Blanche et directeur de la Résidence exécutive », description résolument plus impressionnante de sa fonction. En octobre 2011, lui a succédé Angella Reid, ancienne directrice du Ritz-Carlton d'Arlington, en Virginie. Elle est la première femme et la deuxième personne d'origine afro-américaine à occuper ce poste.

Aussi imposant que soit ce nouveau titre, la mission de l'huissier en chef est simple : fournir tout ce dont la famille présidentielle a besoin. J. B. West, par exemple, dut chercher fébrilement dans toute la bâtisse les hamsters de Caroline Kennedy, qui s'étaient échappés, ou encore faire appel à des dizaines d'experts afin de résoudre les problèmes de pression dans la douche du président Johnson. Pour Jacqueline Kennedy, West était « l'homme le plus puissant de Washington, après le Président ».

Du poste le plus éminent au plus subalterne, il ne suffit pas de répondre à une candidature ou d'envoyer son CV par courrier électronique pour espérer travailler à la Maison Blanche.

« On ne publie pas d'offres d'emplois à pourvoir,

précise Tony Savoy, directeur des opérations jusqu'en 2013. Presque toutes les personnes que j'ai reçues en entretien m'avaient été recommandées par un parent ou un ami. Chacun se porte garant de celui ou celle qu'il introduit ici. »

La plupart des employés restent en poste des décennies durant, parfois même sur plusieurs générations : la famille Ficklin a ainsi vu neuf de ses membres travailler à la Maison Blanche.

Chaque gouvernement nomme un secrétaire social, traditionnellement une femme. Quand, en 2011, Jeremy Bernard fut nommé par les Obama, il devint le premier homme – et la première personne ouvertement homosexuelle – à occuper ce poste. Le secrétaire social sert d'intermédiaire entre la famille présidentielle et les employés de la Résidence, et entre l'aile ouest et l'aile est. Chargé de superviser le placement des invités lors des dîners officiels et événements formels organisés à la Maison Blanche, il distribue aux employés des documents de travail leur indiquant le nombre de personnes attendues et les pièces qui seront utilisées pour la réception en question.

Le secrétaire social est souvent tiraillé entre deux mondes concurrents. Letitia Baldrige, en poste sous le gouvernement Kennedy, transmit au Président des lettres dont les auteurs désapprouvaient les cheveux longs de John-John – que la première dame trouvait quant à elle charmants. Lorsque son mari insista pour qu'on envoie leur fils chez le coiffeur, Jackie Kennedy n'adressa plus la parole à Letitia Baldrige pendant trois jours.

Les employés de la Résidence sont en mesure de grandement faciliter la mission du secrétaire social, qui gère d'interminables réceptions et doit respecter des traditions ancestrales. Julianna Smoot, qui occupa ce poste sous les

Obama, de 2010 à 2011, fut ainsi sauvée par l'équipe de calligraphes installée dans une petite pièce du couloir donnant sur le bureau social, dans l'aile est. Ils lui évitèrent un oubli qui aurait été embarrassant. Un jour, à la fin de l'été 2010, l'un d'eux – ils sont chargés de rédiger les innombrables invitations aux événements organisés à la Maison Blanche – s'approcha d'elle et lui demanda :

« Avez-vous pensé à Noël ?

– C'est en décembre, répondit la secrétaire. N'avons-nous rien de plus urgent à traiter ? »

Noël semblait encore loin, et de nombreuses réceptions se tiendraient d'ici là.

« Nous sommes déjà en retard sur le planning », lui avoua le calligraphe, quelque peu inquiet.

Julianna Smoot resta bouche bée.

« Je l'ignorais, évidemment ! raconta-t-elle plus tard. Quelle panique, sur le moment ! Nous avons dû trouver un thème et imaginer une carte de vœux. Si nous avons pu souhaiter un joyeux Noël en 2010, c'est grâce aux calligraphes. »

Le secrétaire social annonce parfois de mauvaises nouvelles aux employés de la Résidence au nom de la première dame, qui préfère généralement se tenir au-dessus de la mêlée. Quand Laura Bush engagea Lea Berman en tant que nouvelle secrétaire sociale, celle-ci fut chargée de prendre à part Walter Scheib, le cuisinier en chef, et de lui demander de cesser de « servir cette nourriture de club de vacances » à la famille présidentielle. Scheib rétorqua qu'il ne faisait que suivre les ordres et ajouta que, parmi les plats qu'il préparait, peu pouvaient être qualifiés de la sorte – même si, en vérité, ils étaient loin d'être complexes. « Si le Président réclame un sandwich beurre de cacahuète-miel, alors nous lui faisons le meilleur sandwich beurre de cacahuète-miel possible, bon sang ! se défendit-il. C'est ce qu'il demande, alors prenez garde aux termes que vous utilisez pour décrire ces sandwichs. »

Lea Berman déclencha la colère du cuisinier lorsqu'elle lui montra des ouvrages de cuisine de Martha Stewart, dont certaines pages avaient été cornées.

Christine Limerick fut à la tête d'une vingtaine d'agents d'entretien de 1979 à 2008 (elle s'offrit une pause de 1986 à 1991). Six d'entre eux travaillaient aux deuxième et troisième étages, dans les appartements privés de la famille présidentielle, dont plusieurs femmes de ménage et un employé chargé de passer l'aspirateur et de déplacer les gros meubles. Deux personnes s'occupaient exclusivement du linge, tandis que les autres assuraient l'entretien des zones ouvertes au public et du Bureau ovale. À cela s'ajoutait du personnel occasionnel, lors d'événements importants tels que les dîners officiels.

La Maison Blanche emploie par ailleurs une équipe de fleuristes, dirigée par un fleuriste en chef, qui prépare quotidiennement de nouvelles compositions dans l'atelier floral, situé dans une petite pièce du rez-de-chaussée nichée sous l'allée du portique nord. Les fleuristes sont chargés de composer des bouquets originaux au goût de la famille présidentielle. Lorsque se tiennent des dîners officiels au beau milieu des vacances, ils font appel à des bénévoles pour les seconder. Les Obama louent fréquemment les services d'entreprises de Chicago spécialisées dans l'organisation d'événements en extérieur pour aider à mettre en place ces réceptions élaborées ou à décorer les lieux pour Noël. Le fleuriste en chef se concentre sur les espaces publics et supervise toutes les compositions florales, tandis que les employés de l'atelier floral sont responsables de la décoration de l'ensemble du bâtiment, des appartements privés des deuxième et troisième étages des ailes ouest et est, en passant par les endroits ouverts au public. Aucune pièce de la Maison Blanche, jusqu'au moindre recoin, ne leur échappe.

Reid Cherlin, ancien porte-parole du président Obama, se rappelle avoir été stupéfait par leur travail : « J'étais chaque fois époustouflé par les fleurs. Si vous débarquiez au bon moment dans l'aile ouest, le matin, vous voyiez les fleuristes occupés à installer de nouveaux bouquets de pivoines. Remplacer les fleurs dans une pièce où personne n'est forcément attendu n'est pas anodin. C'est une chose d'en placer sur la table basse du Bureau ovale, c'en est une autre de le faire dans une pièce qui restera peut-être déserte. »

« Tout le monde œuvre main dans la main, afin de rendre la Résidence aussi parfaite que possible, se souvient Bob Scanlan, membre de l'atelier floral de 1998 à 2010. Si, dans un bouquet, il y avait une fleur fanée, il n'était pas rare de voir une femme de ménage venir nous dire : "Vous devriez aller voir dans le salon rouge, il y a des pétales sur la table. Je les ai ramassés, mais on dirait que d'autres vont tomber." Nous gardions un œil ouvert sur tout, car nous étions tous concernés. »

La Résidence emploie six majordomes permanents, ainsi que des dizaines d'autres, occasionnels, qui apportent régulièrement leur concours lors de dîners officiels et de réceptions. Parmi les six majordomes permanents, l'un d'eux est désigné majordome en chef, ou maître d'hôtel. Les besoins plus personnels du Président sont confiés à des valets, qui ne sont jamais bien loin de lui. Généralement deux à se relayer, ce sont des militaires. Collaborant avec les agents d'entretien, ils s'occupent des vêtements du Président, transmettent des commissions et cirent ses chaussures. Par exemple, si une chaussure du Président a besoin d'être ressemelée, un valet prévient un membre de l'atelier entretien. Quand le Président se rend au Bureau ovale, le matin, un valet se tient non loin de lui afin de pouvoir répondre au moindre de ses besoins – que ce soit une tasse de café, un petit déjeuner ou une pastille contre la toux. Quand le Président voyage, un valet remplit sa valise et prend souvent place dans un véhicule en fin de cortège, emportant une chemise et une cravate de rechange, au cas où le premier des Américains renverserait quelque chose sur lui et devrait rapidement se changer.

Le tout premier jour suivant son investiture, George W. Bush fut stupéfait lorsqu'il découvrit ses valets.

« Les deux hommes se sont présentés à George et lui ont dit : "Nous sommes vos valets", raconte Laura Bush. Plus tard, George en a parlé à son père : "Ils m'ont dit qu'ils étaient mes valets, mais je n'ai pas besoin de valet. Je ne veux pas de valet." Et le président Bush (père) lui a répondu : "Tu y prendras goût." »

Ce qui ne manqua pas, en effet, de se produire. Tôt ou tard, tout président a l'occasion de mesurer la chance qu'il a de ne pas avoir à s'inquiéter d'emporter une chemise de rechange.

*
* *

Les employés de la Résidence sont là pour épargner à la famille présidentielle les charges de la vie quotidienne. Elle n'a généralement pas le temps de cuisiner, de faire des courses ou le ménage. Travaillant dans un lieu où la sécurité est à son niveau maximal – quelle autre demeure bénéficie d'une équipe de tireurs d'élite montant en permanence la garde sur le toit ? –, ils doivent s'habituer à un travail qui ne leur laisse que très peu d'intimité. Quantité d'observateurs ont remarqué que vivre à la Maison Blanche peut se comparer à une peine d'emprisonnement. Même si, comme le dit Michelle Obama, c'est « une prison vraiment dorée ».

Selon Betty Finney, longtemps femme de ménage à la Maison Blanche (et surnommée Little Betty du fait de sa petite taille), ces impressionnantes mesures aident les employés comme la famille présidentielle à se sentir en sécurité : « On sait que des tireurs d'élite sont là pour nous protéger. Pourquoi ne se sentirait-on pas à l'aise ? Si on ne les voyait pas, on se demanderait ce qu'ils fabriquent ! »

Cela étant, des failles dans la sécurité ont récemment exposé la vulnérabilité de ce puissant symbole de la démocratie américaine et de la famille qui y demeure. Elles ont en outre révélé qu'un emploi à la Résidence pouvait s'avérer multitâche et d'une importance cruciale. Premier président noir, Barack Obama reçoit trois fois plus de menaces que ses prédécesseurs. En 2014, d'anciens employés de la Résidence découvrirent, horrifiés, qu'un individu armé d'un couteau était parvenu à escalader la clôture du parc et, après avoir traversé la pelouse nord à toutes jambes, à pénétrer au cœur du rez-de-chaussée du bâtiment, évitant plusieurs membres du Secret Service, avant d'être plaqué par un agent qui n'était pas de service. Autre incident glaçant : en 2011, une femme de ménage se mua involontairement en détective privé lorsqu'elle remarqua un carreau brisé et des morceaux de béton blanc sur le balcon Truman. Sa découverte permit de comprendre qu'on avait fait feu à au moins sept reprises sur la Résidence plusieurs jours auparavant. (Le Secret Service avait eu connaissance de ces tirs mais avait conclu à tort qu'ils provenaient d'un règlement de comptes entre gangs et ne visaient pas la Maison Blanche.) Formées à être « très observatrices », les femmes de ménage savent qu'elles doivent signaler tout ce qui sort de l'ordinaire, explique Christine Limerick, en particulier si cela risque de faire courir un danger à la famille présidentielle.

Naturellement, rien n'est ordinaire à la Résidence, malgré les efforts des employés pour que le Président et sa famille se sentent chez eux. Au-delà des inquiétudes liées à la sécurité, la Maison Blanche ne ressemble que de très loin à la demeure américaine typique.

Ron, le fils des Reagan, m'a raconté une visite rendue à ses parents, en compagnie de son épouse. Arrivés après le dîner, ils farfouillèrent dans la cuisine des appartements privés, à la recherche d'œufs et d'une poêle. Lorsqu'il les entendit faire du bruit si tard, un majordome les rejoignit en toute hâte, l'air inquiet.

« Puis-je vous être utile ? demanda-t-il, avec le plus grand sérieux. Ne préférez-vous pas que quelqu'un s'occupe de votre dîner ?

– Non, merci, répondit le fils Reagan. Mais savez-vous où sont les œufs ? Et où rangez-vous la poêle ? »

Le majordome ne put dissimuler sa contrariété ; s'il est une chose que les employés de la Résidence souhaitent éviter à tout prix, c'est bien de se sentir inutiles. Finalement, Ron Reagan dut demander au majordome d'aller chercher des œufs dans la cuisine du rez-de-chaussée, car il n'y en avait pas dans celle de la famille présidentielle. « Ils tiennent vraiment, mais vraiment, à accomplir leur mission. Ils ne veulent surtout pas rester désœuvrés. »

Hillary Clinton souhaitait elle aussi parfois se débrouiller seule. Elle aménagea ainsi dans la cuisine du deuxième étage un espace lui permettant de prendre des repas de façon informelle avec sa famille.

« Je savais que j'avais agi comme il convenait, quand Chelsea est tombée malade, en pleine nuit », dit-elle. Cette nuit-là, se rappelle-t-elle, les employés ont « frôlé la panique » quand elle a fait cuire des œufs brouillés pour sa fille.

« Oh ! Nous allons préparer une omelette à la cuisine du rez-de-chaussée, lui dit le majordome.

– Non, je veux simplement faire des œufs brouillés et de la compote pour ma fille, lui donner ce que je lui donnerais si nous vivions n'importe où ailleurs dans le pays. »

Si la famille présidentielle souhaitait parfois pouvoir oublier la majesté de sa demeure, les employés y trouvaient quant à eux un certain réconfort. « Quand la journée n'a pas été idéale avec la famille présidentielle ou avec vos collègues, il vous suffit de les oublier un peu et de contempler l'endroit où vous vous trouvez, dit Christine Limerick. Quand je voyais la Maison Blanche illuminée la nuit, je me disais : *C'est là que je travaille, quel privilège merveilleux !* Je reprenais alors mes esprits et me sentais d'attaque pour le lendemain. »

*
* *

Incarnation physique de la démocratie américaine, la Maison Blanche est sise au centre-ville de Washington, au cœur d'un parc de sept hectares dont les jardins sont entretenus tout au long de l'année par le National Park

Service. Le bâtiment principal, officiellement appelé la résidence exécutive, est séparé entre pièces ouvertes au public et pièces privées. Son apparence, qui ne laisse voir que trois niveaux, est trompeuse : il comprend en réalité six niveaux, auxquels il faut ajouter deux petites mezzanines. Au-dessus des deux niveaux en sous-sol, se trouve le rez-de-chaussée qui regroupe la cuisine principale, l'atelier floral et l'atelier menuiserie, le premier étage, également appelé étage d'État, les deux mezzanines qui abritent le bureau de l'huissier en chef et la pâtisserie, et enfin les deuxième et troisième étages qui constituent les appartements privés de la famille présidentielle. La cuisine des employés et les réserves sont situées aux sous-sols. Les ailes ouest et est disposent de leur propre sous-sol caché, dont le plus célèbre est la Situation Room, soit la salle de crise, située sous l'aile ouest. Cet endroit est devenu un symbole de la gravité de la présidence, où le commandant en chef du pays se réunit avec ses conseillers pour gérer les crises majeures et communiquer sur des lignes sécurisées avec des chefs d'États étrangers.

Le personnel dispose de sa cantine, de sa salle à manger, de son salon et de réserves dans la mezzanine du sous-sol (qui forme un niveau à elle seule), sous le portique nord. La cantine est indépendante de la cuisine principale du rez-de-chaussée, où sont préparés les repas de la famille présidentielle et les plats servis lors des réceptions officielles. (Il faut ajouter à cela la petite cuisine installée au deuxième étage et exclusivement réservée aux repas familiaux pris dans l'intimité.) Les employés de la Maison Blanche se retrouvent traditionnellement à la cantine du sous-sol pour prendre leurs repas, discuter et se détendre. Des années durant, c'est en ce lieu qu'ils se réunirent pour savourer des plats traditionnels du Sud, parmi lesquels le poulet frit, le pain de maïs et les cornilles. Ces mets étaient amoureusement préparés par une équipe de cuisiniers afro-américains, dont une certaine Miss Sally qui avait pour habitude de se coiffer de chapeaux extravagants quand elle n'était pas de service et qui adorait taquiner ses collègues – allant parfois jusqu'à jurer comme un vieux loup de mer – en les servant. Récemment démantelée, manifestement pour des raisons budgétaires – et au plus grand désarroi des employés –, la cantine du sous-sol reste un lieu de rassemblement, où l'on apporte son repas et s'installe pour discuter avec ses collègues.

Il arrive que des conseillers politiques de premier plan descendent en ces lieux pour y dîner en compagnie d'employés. Reggie Love, ancien assistant personnel d'Obama – et surnommé son « aide de camp » –, était devenu si proche de certains majordomes qu'il prenait ses repas avec eux le week-end dans la cuisine, quand la cantine réservée aux conseillers de l'aile ouest, appelée le Navy Mess, était fermée. Bien qu'ayant quitté la Maison Blanche en 2011, Love joue toujours aux cartes avec les majordomes de la Résidence quand il est de passage en ville.

*

* *

L'aile ouest abrite le Bureau ovale et les conseillers politiques du Président, tandis que les bureaux de la première dame et de son équipe sont situés dans l'aile est. Se rendre à pied d'une aile à l'autre équivaut à peu de choses près à traverser un terrain de football.

Tous les matins, les agents d'entretien doivent dérouler les tapis et mettre en place poteaux et cordons dans les zones ouvertes au public, au rez-de-chaussée et à l'étage d'État. L'après-midi, après le passage de milliers de visiteurs, vient le moment de nettoyer et de ranger poteaux et cordons et d'enrouler les tapis, de façon que, si la famille présidentielle désire passer un peu de temps à l'étage d'État, elle n'ait pas l'impression d'arpenter un lieu touristique.

« Avant de travailler là-bas, je n'avais jamais pris conscience que le Président et la première dame ne se trouvaient pas si loin que cela des circuits de visite ; ils sont à l'étage au-dessus », décrit Katie Johnson, secrétaire personnelle du président Obama de 2009 à 2011.

Cette jeune femme était, entre autres, chargée de faire respecter les horaires de l'emploi du temps du Président et d'assurer la coordination avec la première dame et les employés. C'est à elle que revenait la mission peu enviable de prévenir l'aile est quand le Président avait du retard pour le dîner familial. « La Résidence est comme un appartement new-yorkais extrêmement luxueux, s'ouvre-t-elle en toute franchise. Malgré l'agitation à l'extérieur, on se sent chez soi à l'intérieur. »

Katie McCormick Lelyveld, première attachée de presse de Michelle Obama, s'installait parfois dans un bureau attenant au salon de coiffure du deuxième étage.

Elle se souvient du calme qui y régnait, comparé au brouhaha des niveaux inférieurs : « Dans les appartements privés, on n'est pas dérangé par des dizaines de personnes qui vont et viennent. Tout est fait pour que ces lieux s'apparentent au maximum à un domaine privé. On n'y trouve aucun agent ; ils sont postés à l'extérieur. »

« La Maison Blanche est bâtie à échelle humaine », renchérit Tricia Nixon Cox.

Un jour, à l'issue d'une cérémonie de bienvenue

donnée sur la pelouse sud, un prince européen en visite lui confia que c'était « vraiment une maison », surpris par les dimensions modestes de la résidence exécutive, en regard de ce à quoi il était habitué. « Pour lui, elle était minuscule ! » conclut-elle.

La Maison Blanche est moins imposante que certains palais royaux, certes, mais elle est loin d'être « minuscule ». Du côté nord, le vaste hall d'entrée s'ouvre d'un côté sur le salon est, long de vingt-cinq mètres, et de l'autre sur la salle à manger d'État, où se tiennent généralement les dîners officiels donnés en l'honneur de chefs d'États étrangers. On trouve entre ces deux pièces le salon vert, le salon bleu et le salon rouge.

Les appartements privés de la famille présidentielle, aux deuxième et troisième étages, sont à ces deux niveaux reliés par un couloir principal. Ils comprennent seize pièces et six salles de bains au deuxième étage, vingt autres pièces et neuf salles de bains au troisième. Femmes de ménage et valets ont parfois été logés à ces étages, ainsi que les enfants du couple présidentiel. Aucune plaque ne figure sur les portes des chambres réservées aux invités, mais les employés de la Résidence les distinguent par leur numéro, comme dans un hôtel. Chaque semaine, les femmes de ménage de la Maison Blanche se voient assigner une liste de chambres à nettoyer. Toutes ont la 238 en horreur.

« C'est la plus difficile à nettoyer ! explique Betty Finney. Surtout à cause de son lit en forme de traîneau ; c'est un calvaire ! Quand on fait un lit, on tient à ce qu'il ait une allure irréprochable, mais là c'était très difficile d'y parvenir. Nous savions toutes qu'il fallait le faire, mais nous le redoutions. »

Les niveaux principaux sont tous pourvus d'une pièce

ovale : le salon de réception des diplomates au rez-de-chaussée, où le président Roosevelt aimait bavarder devant la cheminée et par où la famille présidentielle a pour habitude d'entrer dans le bâtiment ; le salon bleu, à l'étage d'État, qui surplombe la pelouse sud et où l'on trouve un lustre français en cristal taillé et des tentures de satin d'un bleu vif ; et enfin le salon ovale jaune, au deuxième étage, qui donne sur le balcon Truman. Cette pièce était autrefois une bibliothèque munie d'un passage secret menant au bureau de Lincoln – devenu depuis la chambre de Lincoln – et conçu pour lui permettre d'éviter les nombreuses personnes qui l'attendaient dans le salon des traités ; c'est aujourd'hui un bureau présidentiel. L'aile ouest, où est situé le Bureau ovale, n'a été bâtie que plusieurs décennies plus tard. Entre-temps, la Résidence servit à la fois de demeure et de bureau pour le Président.

Celle-ci comprend quatre escaliers : le grand escalier, qui relie l'étage d'État au deuxième étage ; un escalier situé près de l'ascenseur du Président, qui va du sous-sol au troisième étage ; un escalier en colimaçon, près de l'ascenseur réservé au personnel, qui part de la mezzanine du premier étage, où se trouve l'atelier pâtisserie, et descend jusqu'au sous-sol ; et enfin le quatrième, le véritable « escalier de service », qui part du deuxième étage, non loin de la chambre de la Reine (une élégante pièce de couleur rose et ainsi nommée en l'honneur des membres de familles royales ayant séjourné en ces lieux), et débouche au troisième étage, côté est. Les femmes de ménage l'empruntent parfois, quand elles doivent nettoyer les chambres du deuxième étage, afin d'éviter de déranger la famille présidentielle. Elles passent ainsi par le troisième étage avant de redescendre au deuxième.

La Maison Blanche fut conçue par James Hoban, un architecte né en Irlande, vainqueur d'un concours lancé par le président George Washington et le secrétaire d'État Thomas Jefferson, qui s'inspira de Leinster House, un bâtiment géorgien du XVIIIe siècle situé à Dublin et abritant aujourd'hui le Parlement irlandais. Ses premiers occupants se plaignirent de ses dimensions imposantes, critique rarement entendue de nos jours car, lors des dîners officiels qui comptent parfois des centaines d'invités, la cuisine devient facilement exiguë. Pour l'investiture d'un président, les chambres d'amis sont presque toutes occupées.

George Washington avait prédit que la ville de Washington rivaliserait en beauté et en majesté avec Paris et Londres, même si dans les premiers temps elle fut nettement distancée par ces capitales européennes si colorées. En 1800, quand le président John Adams et son épouse, Abigail, devinrent les premiers occupants de la Maison Blanche, celle-ci ne comportait que six pièces habitables, et les Adams n'avaient que quatre domestiques. Leur nouvelle demeure était loin d'être achevée, et Washington était encore un tel avant-poste marécageux et isolé que la famille présidentielle se perdit des heures durant entre Baltimore et la capitale. Enfin parvenus à destination, ils durent y entrer en marchant sur des planches, car le perron n'était pas encore construit. Une laverie et des écuries occupaient l'espace où se dresse aujourd'hui l'aile ouest. Les fonctionnaires de la ville fermèrent même une maison close installée non loin des cabanons où logeaient les ouvriers bâtissant la Maison Blanche. (Charpentiers et tailleurs de pierre furent si contrariés par ce geste que ce « commerce » rouvrit dans un quartier moins voyant de la ville.)

« Il n'y a pas de clôture, de jardin ni d'autres commodités, écrivit Abigail à sa fille. L'escalier principal ne sera pas achevé cet hiver. »

Quand elle s'installa à la Maison Blanche, Abigail Adams estima qu'au moins trente domestiques seraient nécessaires pour l'entretenir convenablement – ils sont aujourd'hui près d'une centaine. Du temps des premiers gouvernements, la famille présidentielle avait souvent ses propres femmes de ménage, cuisiniers et valets, qu'elle rémunérait elle-même. Ces dernières décennies, il est parfois arrivé que les familles présidentielles fassent venir un ou deux fidèles employés déjà à leur service avant l'élection victorieuse ; toutefois, elles se reposent généralement sur les compétences du personnel de la Résidence.

En 1814, alors que la guerre anglo-américaine de 1812 touchait à sa fin, les Britanniques incendièrent la Maison Blanche, dont il ne resta à peu près rien. Le président James Madison demanda alors à Hoban de reconstruire la bâtisse, déjà devenue un symbole national. Depuis lors, chaque président a cherché à laisser une trace de son passage sur le bâtiment, qui a fait l'objet de divers embellissements victoriens au cours du XIXe siècle. En 1902, Theodore Roosevelt fit appel au célèbre cabinet d'architectes McKim, Mead & White, à qui il demanda de le rénover tout en conservant son style néoclassique. Roosevelt fit équiper le troisième étage de chambres réservées aux invités et détruire un grand nombre d'immenses serres de verre – où poussaient des fruits et des fleurs destinés à la famille présidentielle –, afin de dégager l'espace pour ériger l'extension aujourd'hui appelée l'aile ouest. Plus tard, cette année-là, Roosevelt transféra son bureau du deuxième étage de la Résidence à l'aile ouest. William

Howard Taft, son successeur, y ajouta le Bureau ovale, qui fut achevé en 1909.

La dernière rénovation d'envergure date du gouvernement Truman, alors que le toit s'affaissait et que le bâtiment menaçait sérieusement de s'effondrer. Le danger s'était accentué à tel point qu'un jour, alors que la première dame recevait à l'heure du thé les Filles de la Révolution américaine dans le salon bleu, le lustre – aussi massif qu'un réfrigérateur – oscilla soudain violemment au-dessus des invitées, qui ne se doutaient de rien, parce que le Président prenait un bain à l'étage supérieur. Par ailleurs, le pied d'un des pianos de Margaret Truman s'enfonça dans le plancher pourri de son salon lors d'une session de gammes particulièrement vive. Truman fit remplacer la charpente en bois par une structure en acier et ajouter un espace extérieur au deuxième étage, surplombant la pelouse sud et que l'on nommerait plus tard le balcon Truman. Il est toujours aujourd'hui un des lieux de détente préférés de la famille présidentielle.

Parmi les occupants récents, personne n'a autant transformé la Maison Blanche que Jacqueline Kennedy, qui communiqua largement sur sa volonté d'en restaurer (elle avait horreur du terme « redécorer ») l'intérieur, d'en faire « la demeure la plus parfaite » du pays. Elle demanda à son amie Rachel « Bunny » Mellon, philanthrope de renom, de redessiner la roseraie et le jardin est ; le rose de Mamie Eisenhower fut remplacé par un blanc doux et du bleu clair. Faisant intervenir Sister Parish, décoratrice d'intérieur très en vue, qui l'aida à restaurer les lieux, elle augmenta la charge de travail des employés de la Maison Blanche, qui durent fouiller le bâtiment à la recherche de « trésors » et le débarrasser des « horreurs ». « S'il y a une chose que je ne supporte pas, ce sont bien les miroirs victoriens – ils sont affreux ! plaisantait Jackie. Aux oubliettes ! À la Maison Blanche, chaque meuble doit avoir sa raison d'être. »

Elle fit appel à Henry Francis du Pont, collectionneur de mobilier américain ancien et héritier d'une fortune familiale, à qui elle demanda de présider le Comité des beaux-arts de la Maison Blanche, qu'elle créa un mois à peine après avoir emménagé. Les membres de ce comité avaient pour mission de se mettre en quête de pièces de musée de qualité à travers le pays et de convaincre leurs propriétaires de les offrir à la Maison Blanche. Elle instaura aussi le bureau du conservateur, s'assurant ainsi que le mobilier et les œuvres d'art soient correctement inventoriés et entretenus. En 1962, Jackie organisa la toute première visite télévisée du bâtiment, qui fut suivie par quatre-vingts millions de téléspectateurs et contribua à faire d'elle une des premières dames les plus populaires. Elle n'avait alors que trente-deux ans.

La Maison Blanche porte aujourd'hui encore la marque de Jackie Kennedy. Elle a transformé un bâtiment resté longtemps terne en une demeure chic, mélange de sensibilité historique et d'élégance contemporaine, et a insufflé un nouveau style, à l'européenne, parmi le personnel, par exemple en embauchant le cuisinier français René Verdon et en nommant Oleg Cassini couturier officiel. Elle n'a pas non plus négligé les appartements privés : estimant l'ancienne salle à manger familiale du premier étage trop formelle pour servir de lieu de retrouvailles pour sa jeune famille, elle métamorphosa l'ancienne chambre de Margaret Truman, au deuxième étage, en un espace cuisine-salle à manger plus intime.

De nos jours, le personnel évoque cette demeure avec

le respect qu'il réserve généralement à leurs familles présidentielles préférées.

« Vous avez arpenté les mêmes pièces que tous les présidents depuis John Adams, aimait souligner l'un des employés, quand il faisait visiter la Maison Blanche à des amis, en leur suggérant de s'imprégner de l'atmosphère des lieux. Quelle expérience exaltante… »

*

* *

Le personnel de la Maison Blanche se délecte de connaître le moindre centimètre carré du bâtiment, ses recoins peu connus et ses secrets historiques. Les vestiaires du sous-sol, où les majordomes entreposent leurs smokings impeccables et où les femmes de ménage rangent leurs uniformes (chemise aux tons pastel et pantalon blanc) sont situés tout près d'un abri antiaérien bâti sous l'aile est pour le président Franklin Roosevelt au cours de la Seconde Guerre mondiale. Cette pièce, conçue pour résister à une frappe nucléaire, est aujourd'hui le centre opérationnel d'urgence présidentiel. En cas d'attaque, le Président serait mis à l'abri dans ce bunker en forme de tube. Autrefois salle de billard, la salle des cartes, au rez-de-chaussée, fut aménagée en centre décisionnel présidentiel top secret pendant la Seconde Guerre mondiale ; c'est dans cette pièce, entouré de cartes retraçant les mouvements des forces américaines et ennemies, que Roosevelt mit au point le débarquement en Normandie. Très peu de personnes étaient autorisées à y pénétrer.

« Quand il fallait faire le ménage, les agents de sécurité recouvraient les cartes avec des pans de tissu et montaient la garde pendant que l'on passait la serpillière », écrivit J. B. West, à l'époque huissier en chef.

Des décennies plus tard, c'est de cette pièce que Bill Clinton témoigna devant le grand jury et à la télévision, lors de l'affaire Lewinsky. Aujourd'hui, elle sert de salle d'attente pour les invités qui, lors de fêtes estivales, patientent avant d'être photographiés en compagnie du Président et de la première dame dans le salon de réception des diplomates attenant.

D'autres pièces ont connu des destins variables au cours des siècles. Abigail Adams faisait sécher son linge dans le salon est – la pièce la plus spacieuse de la Maison Blanche, avec un plafond culminant à six mètres, mais pleine de courants d'air –, où plus tard des soldats logèrent temporairement, durant la guerre de Sécession. C'est maintenant là que se tiennent la plupart des conférences de presse présidentielles. Fréquemment le cadre de dîners officiels minutieusement chorégraphiés à l'occasion de la signature d'accords militaires ou commerciaux d'importance, la salle à manger d'État fut autrefois le bureau de Thomas Jefferson. De nos jours salon formel à l'étage d'État, le salon vert fut dans un premier temps la chambre de Jefferson, où il prenait également son petit déjeuner. James Monroe en fit une pièce réservée aux jeux de cartes. Plus tard, le corps embaumé de Willie, le fils adoré d'Abraham Lincoln, décédé à l'âge de onze ans, y reposa, le visage illuminé par des bougies, avec des camélias dans les mains. Au deuxième étage, l'exiguë chambre de Lincoln, une pièce de style victorien, servit de bureau télégraphique à la fin du XIXe siècle. Durant les jours les plus sombres de l'affaire du Watergate, Richard Nixon chercha refuge parmi ses épaisses tentures et son mobilier noir ; il y passa des heures, la musique à un volume assourdissant, un feu dans la cheminée et la climatisation poussée au maximum.

Le troisième étage recèle un sanctuaire invisible de l'extérieur, au-dessus du portique sud, qui offre une vue à cent quatre-vingts degrés sur le National Mall et le Washington Monument. Conçu par la première dame Grace Coolidge, qui en fit son « salon du ciel », ce refuge spacieux est aujourd'hui appelé le solarium et sert de salon à la famille présidentielle. La jeune Caroline Kennedy y reçut son enseignement de classe maternelle, le président Reagan s'y reposa après avoir survécu à une tentative d'assassinat, et Sasha et Malia Obama y ont des fous rires avec les amies qu'elles invitent à dormir à la Maison Blanche.

*

* *

Parmi les employés que j'ai interviewés, aucun ne s'est opposé au qualificatif de « domestique ». Il n'y a rien de dégradant à travailler à la Maison Blanche, quel que soit le poste occupé. « C'est plutôt cool d'être au quotidien entouré des meubles et objets liés à la culture américaine et les plus raffinés du pays, quand on n'a pas les moyens de se les offrir », commente le fleuriste Ronn Payne.

Aux yeux de Roland Mesnier, pâtissier en chef, préparer de complexes desserts pour cinq présidents constitua l'apogée de sa carrière : « La Maison Blanche, c'est la crème de la crème. Si on n'atteint pas le summum à la Maison Blanche, quand l'atteindra-t-on ? »

Ce dévouement prononcé du personnel à sa fonction et sa fierté de tenir ce rôle permettent à la famille présidentielle américaine de vivre au sein de la Maison Blanche en toute confiance et sécurité, et de jouir de précieux moments de répit. Les récits des employés de la Résidence offrent un aperçu de la vie de nos présidents et de leurs familles dans les limites de leur environnement, au sens propre comme au sens figuré. Ces anecdotes inouïes – désopilantes, tragiques ou réconfortantes – méritent une place dans l'histoire des États-Unis.

CHAPITRE 1

CHAOS SOUS CONTRÔLE

Lors de la transition entre deux gouvernements,
la transformation de la demeure est aussi soudaine
que la mort, en ce sens qu'elle laisse un étrange sentiment
de vide. Vous servez le petit déjeuner à une famille avec
qui vous avez vécu des années durant, puis, à midi,
celle-ci a quitté votre vie. Vous vous retrouvez
avec de nouveaux visages, de nouveaux tempéraments,
de nouveaux goûts et de nouvelles aversions.

My 21 Years in the White House
(« Mes vingt et une années à la Maison Blanche »)
d'Alonzo Fields,majordome et maître d'hôtel de 1931 à 1953.

C'est la seule et unique fois qu'un emploi m'a quitté,
et non l'inverse.

Walter Scheib, cuisinier en chef de 1994 à 2005.

Une ou deux fois par décennie, souvent en un jour où le froid vous glace jusqu'aux os, les Américains se passionnent pour la passation de pouvoir du Président sortant à son successeur. Des centaines de milliers de personnes se massent sur le National Mall pour voir le Président élu prêter serment, lors d'une cérémonie calme et soigneusement orchestrée que lady Bird

Johnson surnommait « le grand spectacle quadriennal américain ».

En coulisse, cette cérémonie tranquille s'accompagne d'une logistique complexe stupéfiante. Laura Bush qualifie le « transfert de familles » de « chef-d'œuvre de chorégraphie exécuté à une cadence phénoménale ». Le succès de cette opération dépend des connaissances institutionnelles et de la flexibilité du personnel de la Résidence. Le jour de l'investiture, la Maison Blanche bourdonne d'activité encore plus tôt que d'ordinaire, envahie par des ouvriers avant même le point du jour. Lorsque s'achève leur journée de travail, l'histoire américaine est entrée dans une ère nouvelle.

La famille présidentielle sortante loge à la Maison Blanche jusqu'à midi, heure à laquelle le président élu entame son mandat. Le matin de l'investiture, l'ancien locataire des lieux reçoit son successeur et sa famille, le temps d'un café. Juste avant le départ des occupants, les membres du personnel s'entassent dans la somptueuse salle à manger d'État, où ils ont servi au cours de tant de dîners officiels, afin de faire leurs adieux à la famille présidentielle. Passer d'un patron, parfois devenu un ami, à un autre en l'espace de six heures seulement peut être bouleversant. Bien souvent, ils ont passé huit ans auprès de la famille qui les quitte, et ils ont rarement le temps de s'accoutumer à celle qui va la remplacer. Les larmes montent parfois aux yeux dans cette pièce ce jour-là, même si la plupart des employés sont enthousiastes quant à leur avenir.

« Lorsque les Clinton, accompagnés de Chelsea, sont descendus dans la salle à manger, le jour de leur départ, ils n'ont pas prononcé un mot, relate Christine Limerick, la gouvernante, en évoquant l'investiture en 2001. Ce souvenir me noue encore la gorge ; [le président Clinton] a ensuite regardé chaque employé droit dans les yeux et lui a dit merci. Tout le monde était écrasé par l'émotion. »

Lors de ces adieux, le personnel offre un cadeau à la famille qu'il a servie – parfois le drapeau qui a été hissé sur le toit de la Maison Blanche le jour de l'investiture du Président –, disposé dans un superbe coffret sculpté par les menuisiers. En 2001, Christine Limerick, Nancy Clarke, la fleuriste en chef, et Betty Monkman, la conservatrice en chef, offrirent à Hillary Clinton un immense coussin composé d'échantillons des tissus qu'elle avait choisis pour décorer les différentes pièces de la demeure.

Nul n'a le temps de s'éterniser dans de longs discours ; dès 11 heures du matin, les deux familles présidentielles quittent la Maison Blanche pour le Capitole. Entre ce moment et environ 17 heures, heure à laquelle le nouveau Président et les siens regagnent la Maison Blanche pour se reposer et se préparer pour les bals d'investiture, le personnel doit mener à bien la tâche consistant à remplacer les effets de la famille sortante par ceux de celle qui lui succède. En ce moment unique, alors que les regards de Washington et du monde entier délaissent la Maison Blanche pour se tourner vers le Capitole, le personnel apprécie que le grand public néglige temporairement l'incessante agitation qui règne au sein de la Résidence.

Faire appel à des déménageurs professionnels pour une seule journée imposerait la mise en place de contrôles de sécurité peu commodes ; les employés sont donc seuls chargés de remplacer les affaires de la famille sortante par les effets de celle qui emménage. Aucune aide extérieure n'est autorisée. Tout en remplissant leurs tâches habituelles, ils font donc office de déménageurs, ayant seulement six heures pour mener à bien leur mission. Celle-ci est titanesque et physiquement éprouvante, à tel point que tout le monde est mobilisé : les employés de la plonge aident à positionner les meubles, et on peut voir des menuisiers disposer des photos encadrées sur les tables de chevet. Cet effort est si intense que, le jour de l'arrivée des Clinton, un employé se blessa au dos en soulevant un canapé et dut ensuite prendre plusieurs mois d'arrêt de travail.

Pour Tony Savoy, directeur des opérations, le jour d'investiture est le plus important de l'année. D'ordinaire chargé d'organiser les réceptions, dîners et événements en extérieur et d'agencer le mobilier pour l'enregistrement d'interviews télévisées, le service des opérations, ce jour-là, reçoit pour mission de « tout sortir et tout installer », comme le raconte Tony Savoy. Les camions apportant les effets de la nouvelle famille présidentielle sont autorisés à franchir une grille du domaine. Des dizaines d'employés des opérations, techniciens, menuisiers et électriciens déchargent en toute hâte les véhicules, puis installent leur contenu aux endroits précis indiqués par le décorateur des nouveaux occupants.

« Les meilleures transitions sont celles lors desquelles ils ne perdent pas et se voient autorisés à rester quatre années supplémentaires ici », plaisante Savoy, dissimulant l'angoisse bien réelle qui accompagne cette tâche monumentale.

Durant ces six heures cruciales, les membres du personnel doivent installer de nouveaux tapis, matelas et têtes de lit, retirer des tableaux, et surtout redécorer l'intérieur en fonction du goût de la nouvelle famille. Ils défont les cartons, plient les vêtements à la perfection et les rangent dans les tiroirs. Ils vont jusqu'à disposer dentifrice et brosses à dents sur les lavabos des salles de bains. Rien n'est omis.

Bob Scanlan, fleuriste, participa à la transition de Clinton à George W. Bush, en 2001. Celle-ci se déroula relativement aisément, car les nouveaux arrivants s'installaient en territoire connu, Bush fils ayant fréquemment été reçu à la Résidence à l'époque où son père était président. Les Bush étaient déjà habitués à être entourés de nombreux employés ; Laura Bush reconnaît qu'ils bénéficiaient d'un « immense avantage » par rapport aux autres familles présidentielles, ayant eux-mêmes passé tant de temps à la Maison Blanche quand le premier président Bush (le « vieux Bush », comme le surnomment affectueusement les employés) était en fonction. « La seule autre famille à avoir bénéficié de ce privilège fut celle de John Quincy et Louisa Adams », ajoute-t-elle.

Parfaitement conscient de cela, Bill Clinton plaisantait en disant que Bush savait même où se trouvaient les interrupteurs. Lui, en revanche, ne s'était rendu qu'en quelques occasions à la Maison Blanche avant son investiture. Adolescent et membre de l'American Legion Boys Nation, il y fut reçu et photographié serrant la main du président Kennedy. En 1977, il y fut invité par les Carter (ce fut la première visite d'Hillary Clinton à la Maison Blanche). Enfin, il y retourna à plusieurs reprises lors de dîners organisés par la National Governors Association, durant son mandat de gouverneur de l'Arkansas. Avant leur emménagement, Hillary déclara n'être montée qu'une fois au deuxième étage, quand Barbara Bush lui avait fait visiter les lieux quelques mois auparavant, après l'élection de Bill, et ne jamais avoir mis les pieds au troisième. Quand ils furent installés, elle se plongea dans l'histoire de la demeure et demanda au conservateur et à son équipe de lui préparer un dossier recensant l'évolution de chaque pièce au fil des années, depuis les premiers croquis et clichés.

Récemment, la transition la plus brutale fut celle que connut Barack Obama ; avec sa famille, il quitta son quartier de Hyde Park, à Chicago, pour s'installer directement à la Maison Blanche. Les Obama étaient encore moins habitués que les Clinton à un personnel si important. À Chicago, ils avaient une femme de ménage mais pas de nourrice ; durant la campagne électorale, ils avaient confié Sasha et Malia, leurs filles, à Marian, la mère de Michelle. N'ayant pas bénéficié du fait d'être le fils d'un président, ni d'avoir connu le luxe relatif d'une résidence de gouverneur, Obama et sa famille eurent besoin d'un certain temps pour se sentir à l'aise dans leur nouvelle vie.

*
* *

Le 20 janvier 2009, par moins deux degrés, 1,8 million de personnes se massèrent pour voir Barack Obama devenir le premier Afro-Américain à prêter serment. Non seulement ce fut la foule la plus importante jamais rassemblée lors d'une investiture présidentielle, mais cet événement rassembla plus de personnes que n'importe quel autre dans l'histoire de Washington.

La plupart des Américains n'avaient jamais entendu parler de Barack Obama avant 2004, jusqu'au jour où, en tant que sénateur de l'État de l'Illinois, il prononça un discours inaugural passionné lors de la convention nationale démocrate. Son ascension météorique ne laissa que très peu de temps à sa famille pour se préparer à la vie à la Maison Blanche. Conscient de cela, le personnel tint à faciliter la transition. Quand il franchit pour la première fois en tant que président l'imposant portique nord, Obama éprouva sans doute une impression d'irréalité lorsque l'huissier en chef s'adressa à lui en ces termes : « Bonjour, Monsieur le Président. Soyez le bienvenu dans votre nouvelle demeure. »

Le temps de courts instants de tranquillité, cet après-midi et ce soir-là, entre le défilé sur Pennsylvania Avenue et leur premier bal d'investiture, les Obama grignotèrent dans l'ancienne salle à manger familiale, où un buffet avait été préparé à leur intention, jusque dans les moindres détails.

Cette journée fut l'aboutissement d'une soigneuse préparation entreprise plusieurs mois auparavant. Pour le personnel de la Résidence, la transition vers le nouveau gouvernement débute environ dix-huit mois avant l'investiture, dès lors que l'huissier en chef commence à éditer des documents destinés au futur président et à son épouse (avec le défi de ne pas savoir qui seront les heureux élus), dont un plan détaillé de la Maison Blanche, une liste du personnel et une énumération des modifications autorisées au sein du Bureau ovale.

Huissier en chef de 1986 à 2007, Gary Walters commençait à réunir des renseignements sur les candidats dès les primaires, bien avant la sélection d'un candidat pour chaque parti, ce qui fut particulièrement délicat quand les présidents Ford, Carter et Bush père ne furent pas réélus. « Les lieux appartiennent encore à la famille qui les occupe, mais il faut préparer l'avenir », résume Walters.

En décembre, entre l'élection et l'investiture, il fait en sorte que la première dame fasse visiter la Maison Blanche à la future famille présidentielle. À cette occasion, la future première dame reçoit une brochure contenant les noms et photos des membres du personnel. Si elle aide la famille présidentielle à retenir les noms de tous les employés, elle constitue également une mesure de sécurité, car elle permet aux nouveaux occupants d'alerter le Secret Service s'ils aperçoivent une tête inconnue.

La famille qui s'en va règle les frais de déménagement de ses effets personnels, tout comme le président élu prend en charge ceux de son emménagement, soit en puisant dans ses fonds propres, soit grâce à ceux levés pour la campagne ou la transition. Il revient à la famille entrante de se coordonner avec le Secret Service, afin d'acheminer ses affaires le matin de l'investiture.

L'installation des meubles et possessions volumineuses appartenant aux nouveaux occupants est un défi logistique qui accompagne chaque investiture. Après l'élection de 1960, Letitia Baldrige, secrétaire sociale des Kennedy, demanda à Jackie via un mémo qu'elle avait demandé à Mary Jane McCaffree, son homologue auprès des Eisenhower, s'il était possible de « faire entrer en douce un certain nombre d'affaires sans que [les Eisenhower] le sachent » : « Elle m'a répondu par l'affirmative, si bien que l'huissier en chef a pu stocker des cartons, des valises et autres choses hors de vue, puis les installer à l'endroit convenu en un rien de temps sur les coups de midi. N'est-ce pas merveilleux ? On se serait cru dans un film d'Alfred Hitchcock ! »

Letitia Baldrige se rappelle le moment où elle s'est arrêtée devant la Maison Blanche en compagnie de Providencia Paredes, la femme de chambre personnelle de Jackie, et George Thomas, le valet de Kennedy, dans une voiture, avec la robe d'investiture et tous les bagages du couple présidentiel. La foule était alors rassemblée au Capitole pour la cérémonie. Couverte de neige, la pelouse sud étincelait sous un soleil éclatant. « Nous avions minuté le voyage de Georgetown à la Maison Blanche de façon à ne pas arriver avant midi, car c'est à cette heure que le nouveau président prend officiellement possession des lieux. »

Près d'un demi-siècle plus tard, il se passa la même chose. Les conseillers de la famille Obama rencontrèrent le personnel de la Résidence peu après l'élection et, la semaine précédant l'investiture, la plus grande partie des meubles des Obama avaient déjà été envoyés à la Maison Blanche, où ils étaient stockés dans le salon des porcelaines, au rez-de-chaussée, de façon à pouvoir être rapidement montés aux étages supérieurs. Les Bush avaient signifié à Stephen Rochon, l'huissier en chef, qu'ils tenaient à ce que cela soit fait le plus simplement possible ; toutefois, ce dernier s'appliqua à faire en sorte que les Bush ne se sentent pas jetés dehors. « Nous nous arrangions pour que la famille présidentielle ne s'aperçoive de rien, décrit-il. Ils étaient au fait de la présence des affaires du futur président et des siens, bien entendu, mais nous ne voulions pas qu'ils aient le sentiment d'être délogés. »

De même, d'autres conseillers d'Obama entrèrent en contact avec le personnel. Plus de deux mois avant l'investiture, Nancy Clarke, la fleuriste en chef, rencontra Michael Smith, le décorateur des Obama, afin d'évoquer les compositions florales qui seraient disposées dans les chambres destinées aux amis et à la famille du Président, la nuit suivant l'investiture. « Nous ne disposons que de très peu de temps pour préparer la Résidence, aussi nous mettons-nous tous en action, pour nous assurer que tout soit aussi parfait que possible dans le temps qui nous est imparti, explique Desirée Rogers, première secrétaire sociale et amie proche des Obama depuis l'époque de Chicago. Nous sommes arrivés le plus tôt possible, le jour de l'investiture, et nous avons mis en place les meubles, tout apprêté, et même rangé les vêtements dans chaque chambre. »

Plusieurs semaines avant l'investiture, elle rencontra les fleuristes et discuta avec eux du type de bouquets à disposer sur les tables-cabarets, de quels candélabres et quelles bougies installer pour les précieux instants dont la famille présidentielle profiterait pour apprécier son environnement, aussi nouveau que grisant, avant de se préparer pour les bals.

« Ces petits détails font que la famille présidentielle se sent à l'aise et bienvenue », résume Bob Scanlan.

Le nouveau président installa dans la plupart des bureaux de l'aile ouest les fidèles conseillers de sa campagne électorale, ainsi que ceux qui le soutenaient depuis le début de sa carrière politique, dont Robert Gibbs, son porte-parole de longue date, qu'il nomma attaché de presse de la Maison Blanche, et Valerie Jarrett, une amie proche, qu'il nomma conseillère présidentielle principale. Michelle Obama fit quant à elle venir ses conseillères personnelles, qu'elle connaissait pour la plupart depuis des années. Deux jours après avoir emménagé, elle demanda à son équipe de l'aile est et à tous les employés de la Résidence de se rassembler dans le salon est. Katie McCormick Lelyveld, alors attachée de presse de la première dame, se rappelle avoir entendu sa patronne exprimer de façon limpide qui était aux commandes. « Voici l'équipe avec laquelle je m'installe ici, déclara Michelle Obama au personnel en service depuis longtemps, et désignant son petit groupe de conseillers.

Vous faites désormais partie de notre nouvelle équipe. (Elle se tourna vers ses conseillers, parmi lesquels figurait Katie McCormick Lelyveld.) C'est à *vous* qu'il revient de faire connaissance avec le personnel déjà présent ici. Ils étaient là avant vous, ce sont eux qui font fonctionner cet endroit. Nous sommes à présent sur *leur* territoire. »

Les conseillers de la première dame commencèrent alors à se présenter. « C'était à nous de faire le premier pas vers eux, afin de nous assurer que nous sachions quels étaient leurs rôles respectifs, et comment ils s'intégraient à la Maison Blanche en général, relate Katie McCormick Lelyveld. Nous étions les petits nouveaux. »

Les premiers jours, Katie McCormick Lelyveld prit l'habitude de demander des conseils au personnel. Lorsqu'elle voulut donner un aperçu du menu du premier dîner officiel, elle descendit à la cuisine et demanda à Cristeta « Cris » Comerford, la cuisinière en chef, comment agencer au mieux la pièce, de façon que les journalistes assistent à ses préparatifs sans la déranger dans son travail. Quand elle demanda à des membres du service des opérations et des services techniques de modifier la disposition des meubles pour une interview à l'étage d'État, ceux-ci lui rappelèrent que la Maison Blanche n'était pas une demeure ordinaire.

« Nous travaillons dans un musée, explique-t-elle. Par exemple, s'il faut écarter deux chaises, pour l'interview, ce sont deux pièces historiques du salon bleu, plus âgées que nous – de plusieurs siècles – dont il est question. C'est pourquoi nous nous en remettons aux employés chargés de s'occuper de ces lieux. »

Les meubles sont si précieux qu'un jour un agent d'entretien se vit signifier par son supérieur que s'il brisait une certaine horloge française dorée en bronze exposée à la Maison Blanche depuis 1817, il était inutile de revenir travailler le lendemain ; il ne gagnerait pas assez en toute une vie pour la rembourser.

Le vendredi suivant son investiture, le président Obama fit le tour de la Résidence, en toute décontraction, afin de se présenter. Lorsqu'il parvint à la cuisine du deuxième étage, il trouva plusieurs majordomes rassemblés devant un poste de télévision. Il tapota amicalement sur l'épaule de James Jeffries :

« Que regardez-vous ?

– C'est un reportage qui montre le Lincoln Memorial avant l'investiture, répondit Jeffries. Félicitations pour votre élection.

– Merci », dit Obama, avec son grand sourire caractéristique, avant de sortir de la pièce.

Quelques minutes plus tard, lorsque le Président revint dans la cuisine, Jeffries eut le courage d'ajouter :

« Je viens de vous féliciter. Demain, si l'on a besoin de mes services, vous pourrez à votre tour me féliciter ; cela fera cinquante ans que je travaille ici.

– Inutile d'attendre demain, répliqua Obama, du tac au tac. Félicitations. »

Si Desirée Rogers qualifie leurs relations avec le personnel de « très, très cordiales », le nouveau président était bien plus réservé et moins familier que ses prédécesseurs les plus récents. Certains employés dirent regretter la camaraderie établie avec les présidents Bush père, Clinton et Bush fils.

« Les Bush tenaient à ce que nous nous sentions proches d'eux, se rappelle Stephen Rochon, huissier en chef. Avec les Obama, il fallait rester professionnel jusqu'au bout des ongles. »

Cela n'a pas empêché les Obama de nouer des liens

d'amitié avec certaines personnes œuvrant en coulisse. Selon le majordome James Jeffries, il existe une compréhension et un respect tacites entre les Obama et les majordomes, majoritairement afro-américains, à propos des réalités de la vie d'une personne de couleur aux États-Unis. Le président Obama en prit notamment conscience lorsqu'il fit observer que l'attention réservée à sa famille par les majordomes était en partie due au fait que « quand ils regard[aient] Malia et Sasha, ils se dis[aient] qu'elles ressembl[aient] à leur fille ou leur petite-fille ».

Vincent Contee, quatre-vingt-quatre ans, travailla en tant que portier chaque lundi et mardi de 1988 à 2009, accompagnant le Président entre le Bureau ovale et l'ascenseur. « Nous nous entendions très bien, se souvient-il. Je le voyais le matin, il discutait avec moi et me demandait comment se passait ma journée. »

Au cours de ses vingt et une années de service à la Maison Blanche, Contee ne put se permettre de se laisser trop impressionner par les célébrités ; en plus de régulièrement bavarder avec le Président, il conduisait des personnages emblématiques tels que Nelson Mandela et Elizabeth Taylor aux appartements privés de la famille présidentielle. Même les présidents sont parfois incapables de dissimuler leur épuisement, dit-il. Tous ceux qu'il a servis lui ont un jour ou l'autre confié, durant ce court trajet en ascenseur, qu'ils rêvaient de retourner se coucher pour dormir toute la journée.

Sur le chemin du Bureau ovale, Obama parlait sport avec Contee. « Il savait que j'étais un grand fan de football. Je soutiens les Redskins de Washington. Quand ils avaient perdu, il m'expliquait ce qu'ils n'avaient pas fait correctement, ou ce qu'ils devaient modifier. »

Obama demandait parfois à Contee de promener Bo,

le chien d'eau portugais de la famille présidentielle, dans le parc de la Maison Blanche. Quand il en avait terminé, le portier reconduisait Bo dans sa chambre, au troisième étage.

Malgré tout, les Obama restaient une famille assez secrète, et Stephen Rochon percevait une certaine distance entre le personnel et le nouveau président. « Ils ne semblaient pas très à l'aise, avec tant de majordomes et de domestiques soumis à leurs moindres désirs », dit-il.

Pour un couple n'ayant que récemment fini de rembourser ses emprunts pour ses études, la qualité du service offert par le personnel de la Maison Blanche a dû être perturbante. « Il faut leur laisser leur intimité, me confia Contee. Nous discutions avec eux, puis ils partaient de leur côté et nous du nôtre. »

Les Obama étaient particulièrement soucieux d'élever leurs filles dans un environnement aussi normal que possible, même dans une demeure pourvue de dizaines de cuisiniers, majordomes et agents d'entretien. En 2011, Michelle Obama déclara à un journaliste que Malia, sa fille aînée, qui avait à l'époque treize ans, allait sous peu commencer à faire elle-même ses lessives, et que Marian Robinson, la mère de Michelle, logée dans une suite du troisième étage, lui montrerait comment procéder : « Ma mère s'occupe encore elle-même de nettoyer son linge. Elle ne veut pas que des inconnus touchent ses sous-vêtements. »

« Michelle est le genre de mère qui va droit au but, tout comme sa propre mère, confirme Michael "Rahni" Flowers, ancien coiffeur de la première dame. Il leur suffit de vous regarder d'une certaine façon pour vous changer en pierre, pour vous figer sur place. »

Katie McCormick Lelyveld se rappelle que Michelle

Obama avait clairement établi les règles des lieux pour ses filles : « Elle appréciait la présence de personnel pour s'occuper des détails mais estimait que les employés n'avaient pas à s'occuper de ses filles. “Ne prenez pas l'habitude que quelqu'un fasse votre lit à votre place, c'est à vous de le faire”, leur disait-elle. »

D'un autre côté, après deux années de campagnes éreintantes, menées à un rythme infernal, les Obama apprécièrent l'aide du personnel. « Certains aspects pratiques facilitent grandement des journées qui sinon seraient interminables, comme le simple fait d'avoir quelqu'un qui prépare le dîner à votre place », explique Katie McCormick Lelyveld.

Les traditions ont la vie dure à la résidence exécutive. Quand les Obama firent savoir aux majordomes que le week-end ils étaient libres de troquer leur smoking amidonné contre une chemise et un pantalon, la proposition ne fut pas acceptée par tous. « Certains employés parmi les plus âgés, des messieurs de soixante-dix ou quatre-vingts ans, possèdent parfois plusieurs smokings et y sont parfaitement habitués. Porter autre chose leur imposerait de se procurer de nouveaux vêtements. Ils se sentent probablement plus à l'aise en smoking. »

Lorsque bon nombre de majordomes insistèrent pour conserver leur uniforme officiel, Katie McCormick Lelyveld se sentit quelque peu gênée de porter un jean en leur présence, bien qu'habituée au code vestimentaire plus détendu qu'elle avait connu au cours de la campagne électorale. « J'admirais le respect qu'ils avaient pour leur fonction », conclut-elle.

Leur vie à Chicago manquait clairement aux Obama. « Chaque président est parfaitement conscient que sa famille et lui ne sont que résidents temporaires à la

Maison Blanche, dit un jour Obama. Nous ne sommes que des locataires. »

Après deux campagnes électorales exténuantes, le Président refuse de manquer le dîner en famille plus de deux fois par semaine. Ces repas furent préparés par Sam Kass, leur cuisinier personnel qu'ils avaient fait venir de Chicago, jusqu'au mois de décembre 2014, quand Kass démissionna pour s'installer à New York.

Comme s'en souvient Reggie Love, ancien assistant personnel du Président, quand Obama quittait chaque matin ses appartements privés pour rejoindre l'aile ouest, il demandait à Stephen Rochon, l'huissier en chef, de le mettre au courant des problèmes domestiques les plus ordinaires auxquels tout individu doit faire face, que ce soit à la résidence exécutive ou dans une maison située au fond d'une impasse de banlieue.

« Vous vivez dans un bâtiment dont l'entretien est assuré par des personnes compétentes. Si la pression de l'eau ne convient pas ou si le Wi-Fi ne fonctionne plus, il faut bien en parler à quelqu'un, pas vrai ? »

L'une des premières préoccupations du Président, après son installation, fut le terrain de basket de la Maison Blanche. Durant la campagne 2008, Obama avait apprécié son rituel consistant à participer à un match improvisé chaque jour de primaire. Les deux fois où il ne respecta pas cette habitude, au New Hampshire et au Nevada, il perdit l'élection. Peu après son investiture, il fit savoir à Rochon qu'il souhaitait aménager le court de tennis de la pelouse sud, situé à l'ombre de pins, en terrain de basket. Des paniers amovibles furent installés et de nouvelles lignes peintes sur le court. On commanda également des ballons floqués du sigle de la Maison Blanche. L'opération coûta 4 995 dollars.

Plusieurs mois furent nécessaires à la réalisation de ce projet. « Ça n'est pas bien sorcier, pourtant, amiral », disait Obama, qui s'impatientait, à Rochon, quand il se rendait en sa compagnie de ses appartements privés au Bureau ovale.

Un matin, alors que Rochon ne lui faisait pas part de l'évolution de la situation, le Président lui demanda « où en [étaient ses] paniers ». « Eh bien, Monsieur le Président, j'ai le plaisir de vous annoncer qu'ils seront prêts aujourd'hui à 11 h 30 », lui répondit Rochon.

Le regard d'Obama s'illumina. Dès 10 h 30, soit une heure avant l'heure prévue, il jouait au basket sur son court avec Love, autrefois ailier chez les Blue Devils de Duke.

*

* *

Michael « Rahni » Flowers, le coiffeur de Michelle Obama, lui coupait les cheveux depuis qu'elle était adolescente. La nouvelle première dame le chargea donc de s'occuper d'elle pour l'investiture. Bien que ne faisant pas officiellement partie du personnel de la Résidence, les coiffeurs offrent un point de vue unique sur les coulisses des événements de ce jour mémorable.

La journée de Flowers débuta dès 4 heures du matin à Blair House, l'élégante maison de ville située de l'autre côté de la rue, en face de la Maison Blanche, et où le président élu et sa famille sont traditionnellement logés avant d'emménager officiellement dans la résidence exécutive. Ce matin-là, il coiffa Michelle, ses filles et sa mère, puis il suivit les Obama tout au long de la journée, au Capitole et aux dix bals d'investiture qui furent donnés en soirée.

Flowers remarqua d'emblée combien les majordomes, afro-américains pour la plupart, étaient enthousiastes à propos du nouveau président. « Ils éprouvaient une fierté qui allait au-delà de la simple fierté, dit Flowers, lui-même noir. Ils vivaient un événement dont ils n'avaient jamais osé rêver. Je le voyais à la façon dont ils parlaient et marchaient. Leurs visages radieux disaient clairement que ce jour dépassait leurs espoirs les plus fous. »

Tout le monde était calme, ce matin-là, à l'exception de Marian Robinson, raconte-t-il. La mère de la première dame était en effet sur le point de connaître un changement de vie radical. Alors qu'elle venait tout juste de monter un club de course à pied pour seniors à Chicago – elle avait même remporté une course –, sa fille lui avait demandé de s'installer avec elle à la Maison Blanche afin de l'aider à s'occuper des filles. Elle quittait ainsi sa ville pour une vie nouvelle et extrêmement régentée.

« C'est une femme très indépendante, décrit Flowers. Elle n'a pas pris cette décision elle-même, mais elle m'a dit que Michelle y tenait, et elle a les filles pour l'occuper. "Ils m'ont entraînée avec eux, lui avait dit Marian Robinson, qui quittait son cher Chicago. Cela ne m'enchante pas forcément, mais je réagis exactement comme vous : nous agissons comme il convient." »

Le nouveau président semblait quant à lui insensible au spectaculaire virage pris par son existence. Après avoir prononcé un ambitieux discours d'investiture, au cours duquel il avait évoqué des objectifs politiques tels que la réforme de la protection sociale, tout en renouvelant sa promesse plus générale de s'attaquer à la rhétorique washingtonienne génératrice de divisions, il demanda tout en décontraction à son entourage comment il s'en était sorti.

« Barack est toujours très calme, dit Flowers. Il ne se

laisse jamais emporter par des mouvements d'humeur. Michelle, en revanche, a davantage tendance à réagir au quart de tour. »

En raison d'une erreur d'organisation (quelqu'un avait oublié de prendre en compte le traditionnel déjeuner au Capitole, à l'issue de la prestation de serment), les Obama ne disposèrent que de quarante-cinq minutes pour se préparer pour les bals du soir. Alors qu'ils se hâtaient de s'habiller, le Président entra dans le petit salon de coiffure du deuxième étage de la Maison Blanche et demanda à son épouse quel nœud papillon il devait porter, selon elle. « Je veux avoir la meilleure allure possible pour toi », lui dit-il.

Tandis que le Président sortait de la pièce, Flowers remarqua qu'un de ses poignets mousquetaires était mal ajusté.

« Attention à votre manche, Barack, lui lança-t-il.

– Oh, merci, c'est agréable de savoir qu'on se préoccupe de moi », dit aimablement Obama.

Quand Ikram Goldman, la styliste de la première dame, dont cette dernière fréquentait la boutique de luxe à Chicago avant de s'installer à la Maison Blanche, entendit Flowers appeler le Président par son prénom, elle lui lança une remarque cinglante. « Elle m'a conseillé de l'appeler "Monsieur le Président", raconte Flowers, d'évidence encore vexé par ce reproche. Alors que quand j'ai prononcé son prénom, il a souri. J'ai été invité à leur mariage, j'ai rencontré le père [de Michelle], il s'est toujours comporté de la même façon avec moi. L'appeler "Monsieur le Président" n'aurait pas été naturel, pour moi. »

Le passage aux titres officiels est un rite auquel se sont soumis quantité de proches de futurs présidents.

Letitia Baldrige, la secrétaire sociale des Kennedy, qui fut plus tard responsable du protocole, avait connu le couple en tant que « Jack[1] et Jackie ». Aussitôt après l'élection présidentielle de novembre 1960, ils devinrent pour elle « Monsieur le Président » et « Mme Kennedy ».

« Le Président et Mme Kennedy étaient peut-être encore jeunes et des amis, mais ils étaient à présent cernés d'une nouvelle aura, d'une dignité immense », expliqua-t-elle.

Rares sont ceux qui appellent encore le président Obama par son prénom.

*

* *

L'investiture – événement d'un poids écrasant pour tout nouveau président – débute de nombreuses heures avant la prestation de serment, qui se déroule à midi, au Capitole. Dès l'aube, le conseiller à la sécurité nationale du président sortant et le sien lui exposent les grandes lignes de la situation dans ce domaine. À l'issue de cette réunion, un militaire haut gradé de la Maison Blanche lui dévoile les codes confidentiels servant à déclencher une frappe nucléaire. Dès lors que le nouveau président est investi, un conseiller muni du « ballon de football » – une mallette contenant les codes nucléaires – reste en permanence non loin de lui. (On lui remet alors la carte permettant d'activer le système.) Tout cela a lieu avant une messe matinale.

Tout en s'accoutumant au poids de ses nouvelles fonctions, le nouveau président doit également s'habituer à

1. Jack est le diminutif du prénom John. *(N.d.T.)*

la vie à la Résidence. Le lendemain de son investiture, le président Obama se rendit dans le salon est pour se présenter au personnel. Il afficha en cette occasion un « air surpris », se souvient le fleuriste Bob Scanlan : « Comme s'il prenait seulement conscience du nombre de personnes qui s'occupaient de ce bâtiment. »

Les employés que salua Obama, ce jour-là, étaient non seulement chargés d'entretenir les appartements privés mais aussi l'étage d'État, avec en particulier la gestion des incessantes visites guidées.

Les conseillers de l'aile ouest, dont beaucoup se sont habitués au style de vie de la campagne électorale, sont du jour au lendemain propulsés dans leur nouveau rôle, sans réellement comprendre le fonctionnement des lieux.

Pour Katie Johnson, secrétaire personnelle d'Obama, le jour de l'investiture fut un « chaos total ». Lorsqu'elle se présenta à la Maison Blanche, ce matin-là, on lui fit savoir qu'elle n'était pas autorisée à y entrer. « J'ai dû tout apprendre en accéléré », dit-elle. (Denis McDonough, un des principaux conseillers d'Obama, lui fit finalement franchir les cordons de sécurité, mais les problèmes n'étaient pas terminés.) « Quand j'y repense, l'aile ouest est minuscule, mais sur le moment elle m'a fait l'effet d'un véritable dédale. »

Enfin installée dans son modeste bureau attenant au Bureau ovale, elle passa la majeure partie de la journée à recevoir une formation accélérée sur la façon d'utiliser le système téléphonique « affreusement compliqué ». Un jour, alors qu'elle était en poste depuis quelques semaines seulement, elle fut incapable de transférer un appel d'un haut fonctionnaire qui cherchait à joindre le Président, lequel se trouvait à bord d'Air Force One. La communication ne put être établie, si bien qu'Obama dut rappeler lui-même cette personne depuis l'avion. « J'étais complètement paniquée », se rappelle Katie Johnson.

Les employés de la Résidence, qui n'en étaient évidemment pas à leur premier rodéo du genre, calmèrent la petite nouvelle à bout de nerfs. Les conseillers de l'aile ouest comptent sur les huissiers pour les aider à s'installer ; Katie Johnson ne cessa de faire appel à eux, comme quand elle voulut trouver l'atelier floral pour demander qu'on remplisse de pommes gala la coupe du Président, dans le Bureau ovale.

« J'appelais le bureau des huissiers dès que j'avais une question, sur n'importe quel sujet, se souvient-elle. Si quelqu'un, dans le Bureau ovale, désirait tel ou tel vin, je contactais les huissiers, qui se débrouillaient pour en trouver. »

Elle avait parfois besoin de l'aide des valets et des huissiers pour mettre la main sur quelque important mémo présidentiel, surtout quand il s'agissait d'un document qu'aucun conseiller de l'aile ouest ne retrouvait. « Dès que je paniquais, désespérément à la recherche de quelque chose, alors que le Président était en déplacement, injoignable, et qu'on me disait qu'il avait assuré m'avoir transmis un document concernant une décision importante, et que moi, de mon côté, je jurais ne pas l'avoir reçu, je leur demandais de m'aider, dit-elle, le souffle encore coupé à l'évocation de ces souvenirs. Neuf fois sur dix, ils retrouvaient ce que nous cherchions. »

Reggie Love se souvient de la patience avec laquelle les huissiers l'ont aidé à « naviguer à l'intérieur de la Maison Blanche » : « Tous les couloirs et toutes les pièces portent un surnom. »

Quelques jours après l'investiture, les Obama commencèrent à « explorer la demeure », se rappelle Scanlan.

Généralement après le départ des touristes et de la plupart du personnel. « C'est également une épreuve pour eux, car ils doivent faire la connaissance de près d'une centaine de personnes, qu'ils ne voient pas toutes simultanément, dit-il. Ils ne côtoient peut-être qu'un agent d'entretien ou un fleuriste à la fois. Il n'y a parfois qu'un seul cuisinier dans les étages. Ils ne font pas tout de suite la connaissance de tous les autres, qui travaillent dans les ateliers ; ils les rencontrent un jour ou l'autre, mais après un certain temps. »

Ils finissent par s'habituer à bénéficier de cette aide, ou en tout cas à vivre avec. « Je pense que le personnel de la Maison Blanche a vraiment réussi à comprendre comment s'occuper de la famille présidentielle tout lui donnant l'impression de mener une vie la plus normale possible, malgré la présence de dizaines d'employés qui changent les fleurs, passent l'aspirateur et réparent diverses choses en permanence, dit Michelle Obama. On en arrive à les considérer comme des membres de la famille, en bien des façons, et c'est ce qui fait la beauté de cet endroit. »

*

* *

Chaque famille présidentielle se comporte différemment vis-à-vis du personnel. À la fin des années 1920 et au début des années 1930, celle d'Herbert Hoover préférait généralement ne pas voir les domestiques ; un triple tintement de clochette envoyait femmes de chambre, majordomes et agents d'entretien se tapir dans des placards. Nettement plus détendus sur ce point, Franklin

D. Roosevelt et Truman disaient aux employés de continuer de travailler quand ils entraient dans une pièce.

De nos jours, les relations entre la famille présidentielle et le personnel sont beaucoup plus cordiales. D'après Ivaniz Silva, la première dame connaît généralement le prénom de tout le monde en une semaine – au moins celui de la dizaine de femmes de ménage et de majordomes qui travaillent régulièrement aux deuxième et troisième étages.

Un jour, Ivaniz Silva était en train de faire le ménage quand Barbara Bush s'est approchée d'elle.

« Je ne vous ai pas encore rencontrée, lui dit cette dernière.

– Je suis pourtant dans le livre des employés.

– En êtes-vous certaine ? »

La première dame s'en alla quérir l'ouvrage énumérant le personnel de la Résidence préparé par l'huissier en chef et fut de retour quelques minutes plus tard.

« Oh, mais cette photo n'est pas assez nette, c'est pour ça que je ne vous ai pas reconnue », plaisanta-t-elle.

En plus des nouveaux meubles et couches de peinture, chaque famille présidentielle apporte un nouvel état d'esprit à la Maison Blanche. Le changement radical, lorsque les Eisenhower cédèrent la place aux Kennedy, concerna à la fois l'image – ces grands-parents personnifiant les années 1950 furent remplacés par un superbe jeune couple avec deux enfants en bas âge – et la réalité quotidienne. Le personnel dut s'habituer au style plus détendu des réceptions données par les Kennedy : cravate noire et non plus blanche, cocktail servi avant le dîner et cigarette autorisée partout. Lors des dîners officiels, les Eisenhower faisaient servir six plats à leurs invités installés autour d'une immense table de banquet en forme de

E. Les Kennedy décidèrent très vite de plutôt disposer une quinzaine de tables rondes de huit ou dix personnes, réduisant par ailleurs les repas à quatre plats.

Habituée à être entourée de domestiques et de richesses, Jackie Kennedy se lança avec enthousiasme dans la gestion de cette bâtisse de cent trente-deux pièces. Le lendemain de l'investiture de son époux, elle s'adressa à J. B. West, l'huissier en chef : « J'aimerais faire la connaissance de l'ensemble du personnel aujourd'hui. Pourriez-vous me guider partout dans la Maison Blanche, afin que je les rencontre sur leur lieu de travail ? »

Peu enclin à conduire la première dame dans les ateliers sans prévenir ceux qui y travaillaient, West proposa de faire venir les employés à elle, par groupes de trois. Tous, des huissiers aux majordomes, en passant par les femmes de ménage et les cuisiniers, étaient extrêmement nerveux à l'idée de cet entretien formel. En sortant de l'ascenseur, ils découvrirent avec stupéfaction la première dame portant un pantalon (vision particulièrement choquante, à l'époque) et des bottes marron, les cheveux pas vraiment coiffés. Tandis que les employés se présentaient un par un, Jackie chercha des astuces pour retenir leurs noms. Elle les répéta tous lentement et, bien que n'ayant pris aucune note, n'en oublia pas un seul. Lucinda Morman, l'une des femmes de ménage dont elle fit la connaissance ce jour-là, était une couturière de talent ; la première dame lui demanderait plus tard de lui confectionner ses robes uniques imaginées par Oleg Cassini.

Perfectionniste, Jackie Kennedy s'impliquait beaucoup dans le quotidien de la Maison Blanche. En soirée, elle griffonnait des notes et cochait chaque tâche accomplie durant la journée. Elle rédigeait également des mémos destinés à West, sur un carnet jaune qu'elle emportait partout. « Elle avait toujours une liste à me donner, dit l'huissier en chef. Elle écrivait le nom des responsables de tel ou tel service et, en dessous, tout ce dont elle voulait discuter avec eux. »

Madame Kennedy prit également conscience que certains membres du personnel étaient nerveux quand ils côtoyaient la famille présidentielle. « Évoluer à la Maison Blanche, croiser la famille présidentielle les terrifie à tel point qu'ils se raidissent de terreur et paniquent, écrivit-elle, dans une de ses notes. Même Lucinda, qui me connaît bien, s'excuse pendant dix minutes si elle fait tomber une épingle. »

Afin de les aider à surmonter leurs appréhensions, elle proposa que les employés se rendent plus fréquemment aux deuxième et troisième étages, de façon à s'habituer à sa famille. « Je ne peux rien leur apprendre – et je n'ai pas le temps pour cela – s'ils sont si effrayés. »

*
* *

Preston Bruce était habitué au caractère prévisible des Eisenhower, qui se couchaient toujours à 22 heures. En voyant les Kennedy rentrer à la Maison Blanche à 2 heures du matin, après avoir assisté aux bals d'investiture, le portier aurait parié qu'ils étaient épuisés. Il n'en était rien, et ils firent venir des amis pour poursuivre les festivités au deuxième étage, sans songer un instant que les employés de la Résidence devaient rester sur place jusqu'à ce que le couple présidentiel se soit couché. À 3 h 15, Bruce raccompagna le dernier invité jusqu'à la sortie et éteignit les lumières de la salle d'attente ouest.

Il se dirigea ensuite vers la chambre du Président, sans y trouver personne.

« C'est vous, Bruce ? lança ce dernier. Je suis dans la chambre de Lincoln. »

Bruce n'en crut pas ses oreilles. Pour le personnel, cette pièce était maudite. Kennedy réclama un Coca-Cola et demanda à Bruce d'ouvrir une fenêtre, afin de laisser entrer l'air frais de la nuit. Dans la chambre de la Reine, de l'autre côté de la salle d'attente est, Jackie demanda un apéritif à Bruce, qui se montra aussi serviable qu'à son habitude. Il ne rentra chez lui qu'à 4 heures du matin.

Malgré cette interminable première nuit, Bruce apprit à aimer les Kennedy. Travaillant en soirée, il avait un aperçu des facettes les plus intimes de la famille présidentielle. Il riait quand il voyait ces superbes jeunes gens courir d'une chambre à l'autre, tard le soir, lorsqu'il leur apportait un digestif. (« Ne vous tracassez pas, Bruce, nous savons que vous êtes marié, vous aussi », disait Jackie Kennedy, les yeux pétillants.)

De 1953 à 1977, Bruce se présenta chaque jour à 15 heures à la Maison Blanche. Il accueillait les dignitaires à l'entrée, calmait les visiteurs nerveux à l'idée de rencontrer le Président, accompagnait celui-ci du Bureau ovale jusqu'à ses appartements privés, le soir venu, et attendait qu'il se soit couché pour rentrer chez lui. C'était une véritable star, à la Maison Blanche. Ses collègues louaient son élégance et sa capacité à conserver son calme en dépit de l'immense pression inhérente à sa fonction. Pour Lynwood Westray, majordome, c'était un « diplomate » : « C'est pour cela qu'il était tant apprécié. Certaines personnes sont douées pour ça, et d'autres pas. Lui l'était. »

Le lendemain de l'investiture de Kennedy, Bruce

accompagna le Président et la première dame jusqu'à leurs appartements, puis il laissa échapper un soupir de soulagement à l'idée de rentrer chez lui à une heure décente.

« Soudain, la porte de l'ascenseur s'ouvrit, en face du bureau des huissiers, et le Président en sortit d'un pas vif, suivi par des agents du Secret Service », écrivit Bruce. Kennedy voulait s'offrir une promenade nocturne ; il marcha jusqu'à la grille nord-ouest, dans l'air glacial, sans avoir enfilé de manteau. « Il avait déjà besoin de s'échapper, alors qu'il n'était installé que depuis vingt-quatre heures à la Maison Blanche. »

Ses gardes du corps durent freiner Kennedy et lui rappeler qu'il devait limiter ses promenades aux sept hectares du parc de la Maison Blanche. Dès lors, Bruce eut en permanence deux pardessus sous la main, l'un si le Président décidait de sortir du bâtiment par les portes du premier étage, l'autre s'il optait pour le rez-de-chaussée. Chaque fois qu'il proposait son manteau et des bottes au Président, celui-ci protestait. « On aurait dit un gamin prêt à s'élancer dans le froid sans le moindre vêtement chaud. »

*
* *

Les familles présidentielles n'ont pas toutes vécu une arrivée aussi joyeuse que celle des Kennedy.

Le lundi suivant l'élection de 1992, les Clinton joignirent par téléphone la décoratrice d'intérieur Kaki Hockersmith et lui demandèrent de se charger de la tâche monumentale consistant à redécorer la Maison Blanche.

Bien qu'ayant effectué cette mission pour leur compte dans la résidence du gouverneur de l'Arkansas, elle ne s'attendait pas du tout à être contactée. Elle se rappelle avoir été « très, très surprise ». Néanmoins, elle répondit favorablement à cette proposition. Entre l'élection et l'investiture, elle rendit plusieurs fois visite aux Clinton, à Little Rock, afin de leur montrer les différents tissus et meubles qu'elle avait choisis pour la Résidence.

« Lors de ma première visite, le président Clinton était en réunion avec l'équipe chargée de gérer la transition, raconte-t-elle. Hillary l'a appelé dès que celle-ci s'est terminée. »

Kaki Hockersmith déploya des échantillons d'étoffes et des motifs de moquette sur le plan de travail de la cuisine. (Clinton est le seul président contemporain à avoir montré de l'intérêt pour la décoration intérieure.) Au cours des semaines suivantes, elle se rendit à plusieurs reprises à la Maison Blanche, où elle collabora avec les conservateurs. Ceux-ci la conduisirent dans l'immense entrepôt climatisé situé à Riverdale, dans le Maryland, à près de dix-huit kilomètres de Washington, où sont stockés tous les meubles ayant un jour ou l'autre été disposés à la Maison Blanche. Si elle le souhaite, chaque famille du président nouvellement élu peut y choisir des éléments et les réinstaller à la Résidence.

Les meubles entreposés à Riverdale sont méthodiquement classés par catégories ; des rangées de bureaux et de tables de travail alignés non loin de commodes et tapis disposés dans le Bureau ovale durant divers mandats. Les pièces issues d'époques variées, dont la source est précisément établie, sont décrites et cataloguées. Les conservateurs savent précisément où trouver tel chandelier ou telle table de chevet dans ce gigantesque local. Celui-ci comprend même un studio de conservation pourvu de matériel radiographique où l'on peut prendre des photos pour les guides touristiques. Il est sans commune mesure avec l'entrepôt délabré que Jackie Kennedy découvrit avec stupeur à Fort Washington, dans le Maryland, en bordure du Potomac, où elle fut atterrée de trouver des objets anciens de valeur abandonnés à même le sol poussiéreux.

Kaki Hockersmith était munie d'un plan détaillé indiquant les endroits où seraient installés les meubles déjà en place dans la bâtisse comme ceux que l'on sortirait de l'entrepôt. « Nous avions un projet très ambitieux », raconte-t-elle, comme épuisée par l'évocation de ce souvenir.

Les Clinton entamèrent le jour d'investiture par une messe œcuménique. Ils repassèrent ensuite par Blair House, avant de se présenter à la Maison Blanche à 10 h 27, soit avec vingt-sept minutes de retard. Les Bush les attendaient au portique nord.

« Bienvenue dans ta nouvelle maison », dit le président Bush père à Chelsea Clinton, alors âgée de douze ans.

La fillette caressa Millie, la springer anglaise du président sortant. Bush souhaita bonne chance à son successeur ; fidèle à la tradition, il avait laissé un message dans le Bureau ovale, faisant part de ses conseils. (Quand, huit ans plus tard, Clinton s'en alla à son tour, il écrivit de même un mot destiné au président Bush fils, à qui il laissa la note qu'il avait reçue du père de celui-ci.) Le contenu de ces messages n'a jamais été rendu public.

Le grand jour venu, Hillary Clinton signala à Kaki Hockersmith qu'elle ne voulait pas que celle-ci manque la cérémonie d'investiture, qui devait se dérouler sur le côté ouest du Capitole, mais qu'elle devait regagner la Maison

Blanche dès la fin de la prestation de serment. « Nous devons trouver un moyen de vous sortir de cette pagaille et de vous conduire en vitesse à la Maison Blanche », lui précisa Hillary.

À l'issue de la cérémonie, qui avait duré une heure, Hillary recommanda à la décoratrice de rejoindre un colonel stationné au volant d'un fourgon à un angle de rue ; le militaire avait pour mission de la déposer au plus vite à la Maison Blanche, où elle pourrait superviser l'emménagement. « Je me suis demandé si nous y parviendrions », se rappelle la décoratrice.

Noyée dans la foule en liesse massée aux abords du Capitole, en ce 20 janvier 1993, Kaki Hockersmith fut surprise de trouver le fameux fourgon, qui l'attendait. Ensuite, chaque fois qu'ils atteignaient un cordon de sécurité, la police l'ouvrait. La foule bordant Pennsylvania Avenue et attendant l'arrivée du nouveau président leur adressa des signes enthousiastes. « Ils pensaient que nous étions peut-être des personnalités. Nous avons roulé jusqu'à la pelouse sud, où étaient stationnés deux imposants camions de déménagement affichant "Little Rock, Arkansas". Ce fut un trajet riche en émotions ! »

Les Clinton dépensèrent environ 400 000 dollars pour redécorer la Maison Blanche. Bien que provenant intégralement de dons privés, cette somme fit lever des sourcils, tant au sein qu'à l'extérieur de la Résidence. Pourtant d'ordinaire discrets, les employés trouvèrent confus le projet de Kaki Hockersmith, dont les attentes étaient selon eux trop élevées.

Pour Bill Cliber, électricien en chef ayant participé à neuf transitions, l'arrivée des Clinton fut de loin la plus ardue. Peu avant l'investiture, Kaki Hockersmith lui signifia, ainsi qu'à ses collègues, qu'ils devaient suspendre sept lustres – immédiatement.

« Pourquoi est-ce si urgent ? s'étonna Cliber. Laissons le Président et sa famille s'installer, nous suspendrons ces lustres les uns après les autres, un chaque jour.

– Non, ils veulent que tout soit installé avant qu'ils franchissent la porte. »

Cliber n'avait pas le choix. Il se rendit au deuxième étage, dans le salon des traités, dont Clinton comptait faire un bureau privé, pour s'attaquer au premier lustre.

Les Clinton tout juste rentrés du défilé d'investiture, Hillary fit son apparition.

« Combien de temps pensez-vous travailler dans cette pièce ? lui demanda-t-elle.

– Pour être honnête, il faut sans doute compter quatre heures, répondit-il, tout en s'activant sur le lustre en cristal, si complexe, démonté sur le sol.

– Hum… nous verrons », dit-elle, avant de repartir.

Kaki Hockersmith passa alors la tête par la porte et demanda à Cliber de libérer la pièce vingt minutes plus tard. Ce dernier déclara qu'il avait besoin de davantage de temps pour seulement ramasser les centaines de morceaux de cristal hors de prix éparpillés par terre.

« Ne vous en faites pas, on peut les remplacer.

– Non, madame, s'indigna l'électricien. Ce cristal est irremplaçable. »

Mais Cliber obéit et abandonna le salon des traités dans un fouillis total, des morceaux de cristal disséminés un peu partout. Il n'avait toutefois pas l'intention de laisser la première dame ou sa décoratrice avoir le dernier mot. Rex Scouten, le conservateur en chef (très respecté par le personnel, il avait été huissier puis huissier en chef, de 1969 à 1986, avant de devenir conservateur), verrouilla la porte afin de protéger le lustre jusqu'à ce que Cliber puisse reprendre son travail. L'électricien ne fut autorisé à retourner dans cette pièce que trois semaines plus tard.

Gary Walters, qui se garde pourtant toujours de critiquer tel ou tel gouvernement davantage que les autres, observa tout de même un long silence lorsque je l'interrogeai sur la difficulté de l'emménagement des Clinton. « Le plus difficile, c'est quand le nouveau président n'est pas du même parti que le précédent, dit-il enfin. Les Clinton ignoraient tout de la Maison Blanche. »

Il devait se rendre dans les étages un nombre incalculable de fois par jour pour répondre à des questions.

L'huissière Nancy Mitchell était de service à l'aube, quand le couple présidentiel rentra, après avoir assisté aux bals d'investiture. « Le président Clinton souhaitant passer un appel téléphonique, j'étais montée avec lui. Soudain je l'ai entendu rugir : "Nancy ! – Oui, Monsieur le Président ? – Comment puis-je passer un coup de téléphone ?" »

En fait, quand il avait décroché, le Président n'avait pas entendu de tonalité mais la voix d'un opérateur de la Maison Blanche ; il était stupéfait de ne pas pouvoir composer lui-même un numéro. L'ensemble du système téléphonique fut modifié peu de temps après.

Le fait que les Clinton aient invité des amis de Little Rock (« les amis de Bill ») pour les aider à défaire leurs cartons ne fit que compliquer les choses. « Cela fait deux cents ans que nous nous en chargeons, me dit l'huissier Chris Emery. Ils avaient promis à tout un tas de personnes qu'ils les laisseraient les aider. Et bien sûr, ça nous a dérangés, c'était une telle pagaille ! »

Emery, dont la relation avec les Clinton se révéla

difficile et qui fut renvoyé sous leur gouvernement, souligne que quantité d'amis de Bill avaient un casier judiciaire. Selon lui, le Secret Service signifia à plusieurs reprises au bureau des huissiers que certains, parmi ces invités venus d'Arkansas, ne remplissaient pas les conditions nécessaires pour être admis à la Maison Blanche. Emery leur répondit de les laisser venir, car le Président les attendait. Ils allèrent jusqu'à poster des agents à chaque étage de la Résidence. « En règle générale, quand un ouvrier a un passé judiciaire douteux, il doit être suivi quand il se trouve à l'intérieur. »

Il ne fallut guère attendre, à la plus grande consternation d'Emery, pour que plusieurs personnes de cet acabit soient acceptées à la Maison Blanche.

Kaki Hockersmith privilégia parfois le côté pratique, dans la disposition des effets des Clinton, notamment leurs photographies de famille et les bibelots qu'ils avaient apportés de Little Rock, comme leur extraordinaire collection de grenouilles. Apparemment, quand ils commençaient à se fréquenter, Bill avait séduit Hillary en lui racontant une histoire de son enfance, dont la chute était : « On ne peut pas savoir jusqu'où bondira une grenouille tant qu'on ne lui a pas donné un petit coup. » Traduction : on ne peut jamais savoir jusqu'où on peut aller tant qu'on n'a pas essayé, devise parfaitement appropriée à ce jeune couple ambitieux. Quand son mari se présenta pour la première fois à l'élection présidentielle, Hillary lui offrit un dessin d'une grenouille sautant après avoir reçu une petite tape, avec la fameuse phrase en dessous. En 1993, pour l'anniversaire de sa femme, Bill lui offrit une grenouille en verre coiffée d'une couronne, avec un message : « Cela pourrait être moi, si tu n'avais pas été présente. »

Ignorant tout de la portée sentimentale de ces objets, Kaki Hockersmith les considéra dans un premier temps comme un méli-mélo de présents peu heureux : « Les gens que vous invitez chez vous voient toutes ces grenouilles et se disent que vous adorez ça, alors ils vous en offrent une pour votre anniversaire. » Elle fit de son mieux pour les disposer de façon harmonieuse.

Tout le monde disparaît lorsque la famille présidentielle regagne la Maison Blanche après avoir assisté au défilé depuis les tribunes. Les employés de la Résidence, qui ont passé la journée à travailler pour la rendre aussi parfaite que possible, retournent en hâte dans leurs ateliers respectifs, afin de laisser les nouveaux arrivants jouir d'une intimité dont ils ont grandement besoin.

Kaki Hockersmith devint une habituée de la Maison Blanche, logeant par intermittence dans la chambre de la Reine durant les huit années de mandat de Bill Clinton, tandis que se poursuivait son entreprise de redécoration des lieux. Située au deuxième étage, sa chambre était séparée des appartements privés de la famille présidentielle par des portes coulissantes isolant le côté ouest du côté est de la Résidence. Elle tenta de donner un peu de vie à l'intérieur, cherchant notamment à transformer un morne office réservé aux majordomes en une cuisine où Chelsea pourrait faire ses devoirs. Ses efforts suscitèrent des critiques mitigées, l'ameublement victorien du salon de Lincoln étant particulièrement peu apprécié.

*

* *

Ces dernières décennies, il n'y eut aucune transition aussi choquante que celle provoquée par l'arrivée de

Lyndon B. Johnson et de sa famille à la Maison Blanche, bouleversement violent et soudain. Eux-mêmes effondrés de chagrin, les employés durent s'occuper du déménagement d'une première dame dévastée et de ses deux enfants, tout en aidant les Johnson à s'installer. Tout cela sans donner à Mme Kennedy l'impression d'être mise à la porte, ni aux Johnson celle d'être ignorés.

« J'ai rencontré d'autres secrétaires sociales, et toutes racontent avec un enthousiasme délirant leur installation ici, se rappelle Bess Abell, qui occupa cette fonction auprès de lady Bird. (Cette femme aux faux airs de Katharine Hepburn évoque les Johnson avec beaucoup d'affection.) Quant à moi, je suis arrivée ici en des circonstances bien différentes. Au lieu de découvrir la Maison Blanche dans l'excitation de l'investiture, nous avons emménagé dans une demeure dont tous les lustres et colonnes arboraient un crêpe noir. »

Lady Bird Johnson, la nouvelle première dame, se plaignait souvent de la position difficile que sa famille avait du jour au lendemain été contrainte d'adopter : « Les gens voient les vivants et regrettent les morts. »

Par respect pour la veuve du président assassiné, Lyndon B. Johnson – peu apprécié par la plus grande partie du personnel de Kennedy – ne s'installa à la Maison Blanche que le 7 décembre 1963. Il ne commença à travailler dans le Bureau ovale que le 26 novembre, ayant jusque-là occupé la chambre 274 de l'ancien bâtiment du bureau exécutif, juste à côté de la Maison Blanche. Certains conseillers de Johnson estimaient qu'une installation à la Résidence le 7 décembre, date marquant le vingt-deuxième anniversaire de l'épouvantable attaque de Pearl Harbor, serait irrespectueuse. D'autres souhaitaient simplement donner davantage de temps à Mme Kennedy pour quitter la Maison Blanche. Les moindres faits et gestes des Johnson leur furent certainement pénibles, et rien ne pouvait contribuer à les rendre plus sympathiques auprès des conseillers meurtris du président Kennedy.

Âgée de seulement seize ans à l'époque, Luci Baines Johnson se rappelle avoir entendu ses parents se quereller, lors de ce qu'elle décrit comme l'« unique dispute » qu'elle ait jamais surprise entre eux :

« Nous devons nous installer le 7 décembre, Bird, dit Johnson à son épouse.

– N'importe quel jour, mais pas celui-là, Lyndon, le supplia celle-ci, en vain. N'importe quel jour, mais pas celui-là. »

Quand les Johnson emménagèrent enfin, leur fille Luci y transporta leurs beagles, Him et Her, dans son cabriolet. Lady Bird, Bess et Liz Carpenter, son attachée de presse, se chargèrent des objets fragiles et du portrait de Sam Rayburn. Lui aussi texan, cet ancien président de la Chambre des représentants avait été le mentor de Johnson.

La nouvelle famille présidentielle donna dans un premier temps l'impression d'évoluer avec discrétion à la Maison Blanche, comme si elle empiétait sur un sol sacré ; mais, contrairement aux conseillers de Kennedy, le personnel de la Résidence ne lui donna jamais le sentiment d'être une intruse. « Je n'ai jamais eu l'impression que les employés me reprochaient d'être là, raconte Luci. Ils semblaient plutôt regretter les conditions dramatiques qui nous avaient conduits en ces lieux et cherchaient à nous aider, à nous apprendre le fonctionnement de la Maison Blanche. »

Tous n'étaient pas aussi accueillants. Après l'assassinat de Kennedy, Traphes Bryant, un électricien qui avait pris l'habitude de s'occuper des chiens de la famille présidentielle sous l'ère Kennedy (ils en avaient eu jusqu'à neuf simultanément) et s'acquitterait de cette tâche jusqu'à Nixon, se méfiait du président Johnson : « Je perdais un chien et gagnais un président que je ne connaissais pas. Non seulement je ne le connaissais pas, mais en plus je n'avais pas envie de le connaître. Il n'avait pas le côté gamin, l'amabilité ni l'esprit vif de Kennedy, et je l'entendais injurier ses conseillers quand ses ordres n'étaient pas exécutés assez vite. »

Et Bryant de décrire les changements soudains à la Maison Blanche, pour accueillir le nouveau président : « Les terriers furent remplacés par des beagles, Jackie et ses tailleurs roses par lady Bird et ses tenues jaunes, la soupe par des plats pimentés… »

Il espérait qu'une chose resterait inchangée et que Johnson apprécierait la façon dont il apprenait aux chiens présidentiels à saluer leur maître sur la pelouse sud, quand celui-ci rentrait de déplacement à bord de l'hélicoptère de la marine. Le président Kennedy appréciait beaucoup cette tradition ; un grand sourire aux lèvres, il saluait les chiens qui l'attendaient « comme s'ils étaient des hôtes distingués ».

Après le départ soudain des Kennedy, écrit-il avec émotion, « les gamins furent remplacés par des adolescents ». À Caroline et John-John succédèrent en effet Luci et Lynda, les filles adolescentes des Johnson. Cela dit, Bryant finirait par adorer les Johnson.

Dans ses mémoires, lady Bird Johnson décrit la tâche impossible consistant à remplacer Jackie et s'émerveille des « nerfs d'acier et de l'endurance » qui ont dû animer celle qui l'a précédée. Elle s'est alors sentie comme

« précipitée sur scène, dans un rôle qu'elle n'avait jamais répété ».

Tandis que le nouveau président travaillait dans ses quartiers provisoires, le personnel de la Maison Blanche s'occupait discrètement de l'agencement intérieur. Quatre jours après l'assassinat, J. B. West, l'huissier en chef, rendit visite à lady Bird aux Elms, la demeure des Johnson, à Washington, où ils discutèrent des meubles que le nouveau couple présidentiel souhaitait emmener à la Maison Blanche.

Plus tard, cet après-midi, Mme Johnson prit le thé avec la veuve de JFK à la Maison Blanche. L'ancienne première dame fit aimablement visiter le deuxième étage à celle qui allait lui succéder, la laissant réfléchir à la façon de disposer ses meubles dans la chambre et dans le salon qu'elle avait occupés pendant près de trois ans. « Ne soyez pas effrayée par cet endroit, dit Jackie. J'y ai passé les années les plus joyeuses de mon mariage. Vous y serez heureuse. »

Lady Bird confia plus tard que Jackie lui avait si souvent répété ces mots, au cours de cette visite, qu'elle avait eu l'impression qu'elle cherchait à la rassurer.

Jackie lui révéla que J. B. West et Jim Ketchum étaient les éléments les plus fiables du personnel de la Résidence. Conservateur en chef de 1963 à 1970, Ketchum se souvient avec affection de sa première rencontre avec lady Bird, peu après l'emménagement de la famille présidentielle. Avec ses quatre collègues, il était chargé de cataloguer et de protéger tous les meubles et œuvres d'arts constituant la collection privée de la Maison Blanche, dont des tableaux de John Singer Sargent et un service en porcelaine datant de George Washington.

Peu après son installation, lady Bird demanda à

Ketchum d'organiser des « promenades didactiques », afin qu'il lui révèle davantage de détails sur l'histoire et les meubles de chaque pièce de sa nouvelle demeure. Elle disait avoir besoin de posséder une bonne connaissance de la Résidence, de façon, en tant que première dame, à être en mesure de faire visiter les lieux à ses amis et invités. Elle prenait son nouveau rôle très au sérieux, ce qui n'avait rien de surprenant car, sous le gouvernement précédent, elle avait eu la réputation de parfois remplacer Jackie Kennedy. Quand cette dernière ne souhaitait pas assumer une tâche quelconque, lady Bird se dévouait.

La première rencontre de Ketchum avec la nouvelle première dame n'eut rien de glamour. « Je l'ai trouvée dans un placard, entre sa chambre et le salon, à quatre pattes, un carton ouvert devant elle », dit Ketchum, qui était monté après qu'elle l'eut réclamé en appelant le bureau du conservateur.

Elle était entourée d'une vingtaine d'oiseaux en porcelaine, tous soigneusement emballés, en provenance des Elms. Il s'assit lui aussi à même le sol et l'aida à déballer chaque pièce. « Nous n'avions ni l'un ni l'autre pris garde au fait que l'éclairage du placard était situé dans le montant de la porte, raconta plus tard Ketchum, en riant. Alors que nous étions lancés dans notre déballage, les oiseaux plus ou moins alignés par terre, Bonner Arrington, chef d'équipe des menuisiers, et un de ses collègues, qui transportaient un canapé, empruntèrent cet étroit couloir, et bien sûr, ils fermèrent la porte du placard pour passer. Nous nous sommes donc retrouvés à tâtonner dans l'obscurité, cherchant à nous lever sans écraser d'oiseau. »

Ils trouvèrent enfin l'interrupteur et, étonnamment, aucun oiseau ne fut endommagé.

Peu après leur installation, le Président et la première dame furent invités à dîner chez Walter Jenkins, un conseiller de Johnson. « Notre absence a permis au personnel de la Maison Blanche de souffler un peu, après avoir enduré des journées pénibles, le cœur lourd », estima lady Bird.

Beth, la fille de Jenkins, qui était très amie avec Luci, passa la nuit avec elle à la Maison Blanche. « Je n'avais jusqu'alors senti que le défi et le fardeau que représentait cette transition », m'a confié Luci. Sa chambre étant pourvue d'une cheminée – « Je n'avais jamais eu quelque chose d'aussi agréable qu'une cheminée dans ma chambre » –, elle alluma un feu. Les deux adolescentes ignorant tout des règles en ce domaine, la pièce fut rapidement envahie par la fumée. Paniquée, Luci tenta d'éteindre les flammes en versant de l'eau dessus, d'abord avec un verre puis avec une poubelle. Elle dut finalement se résoudre à grimper sur son bureau pour ouvrir la fenêtre, afin de laisser s'échapper la fumée. Elle constata avec horreur qu'un policier de la Maison Blanche l'avait aperçue, alors qu'elle ne portait qu'une chemise de nuit. Le personnel prit rapidement conscience du problème et intervint en toute hâte. « Ma mère a estimé qu'il était normal que j'aide à nettoyer les taches de fumée sur les murs de ma chambre, durant cette première semaine, dit-elle, encore gênée après plusieurs décennies. Ce fut mon baptême du feu, au sens premier du terme. »

Elle frotta donc les murs en compagnie des femmes de ménage, dont aucune ne chercha à la faire culpabiliser.

*

* *

Un peu plus d'une décennie plus tard, le personnel de la Résidence se vit de nouveau confronté à une transition aussi précipitée que dépourvue de cérémonie, lorsque le président Richard Nixon annonça sa démission, le 8 août 1974.

« La passation de pouvoir fut d'une soudaineté stupéfiante, mais aussi ordonnée que celle que nous avions vécue après l'assassinat du président Kennedy », écrivit le portier Preston Bruce. Malgré le scandale du Watergate, qui enflait depuis deux ans, tandis que les appels à la démission de Nixon s'étaient multipliés au cours de l'été, personne, à la Maison Blanche, n'avait anticipé cet événement. Il faut dire qu'aucun président américain n'avait démissionné jusque-là. Les employés ignorèrent ainsi tout de cette décision, jusqu'au moment où Pat Nixon leur demanda des cartons.

À 7 h 30 du matin, le lendemain de l'annonce de sa démission, Nixon était pieds nus et en pyjama lorsque Henry Haller, le cuisinier en chef, le trouva assis seul dans la cuisine familiale. Alors qu'il avait pour habitude de prendre un petit déjeuner léger – des céréales, du jus de fruit et un fruit –, il avait demandé, ce matin-là, qu'on lui prépare un hachis de corned-beef et un œuf poché.

Il s'approcha de Haller et lui serra la main. « J'ai goûté à tout sur cette planète ; votre cuisine est la meilleure », lui dit-il.

Plus tard dans la matinée, juste avant de rejoindre l'hélicoptère posé sur la pelouse sud en lançant son célèbre salut en V de la victoire, Nixon prononça devant ses conseillers un discours d'adieu chargé d'émotion, dans le salon est. Tandis que ces derniers se rassemblaient pour assister à ce moment, le peintre Cletus Clark se trouva inopinément témoin de l'événement : « J'étais occupé à peindre l'estrade du salon est, raconta-t-il plus tard. Alors que j'étais le seul membre du personnel présent dans la pièce, j'ai à un moment levé la tête et vu toutes ces personnes qui entraient dans le salon. Je ne pouvais pas sortir, et la peinture n'était même pas sèche ! »

Il demanda aux agents du Secret Service, qui prenaient position avant l'arrivée du Président, de dire à ce dernier de faire attention à ne pas toucher la peinture encore humide. « La pièce se remplissait. J'ai attrapé mon petit seau et me suis mêlé à la foule, du côté sud. J'ai posé mon seau entre mes jambes et je suis resté là. »

Debout dans sa combinaison blanche, Clark écouta le trente-septième président des États-Unis commencer ses adieux en louant le personnel de la Résidence qui, comme d'ordinaire, était resté confiné dans l'ombre : « Cette demeure est dotée d'un cœur immense, d'un cœur qu'elle doit à ceux qui sont à son service, dit Nixon, déjà nostalgique. Je suis navré qu'ils ne soient pas descendus, nous nous sommes fait nos adieux dans les étages. Ce sont des hommes et des femmes extraordinaires. Ils m'ont tant de fois remonté le moral, après un discours assez pénible ou une journée difficile, et mes journées ont généralement été plutôt longues. En ces instants où j'étais peut-être un peu moins enthousiaste, ils m'ont toujours offert leur sourire. »

Reprenant leur rôle familier de déménageurs, les employés de la Résidence emballèrent les affaires de la famille présidentielle et contribuèrent à une transition aussi fluide que possible au vu des circonstances.

Barbara Bush, dont le mari était alors président du Comité national républicain, décrivit avec stupeur la vitesse à laquelle la Maison Blanche devint le territoire des Ford : « Le jour où le président Nixon démissionna, nous nous rendîmes à la Maison Blanche pour assister à son départ et à la prestation de serment de Jerry Ford, quelques heures plus tard. Après avoir fait nos adieux aux Nixon, nous constatâmes que les portraits suspendus aux murs étaient ceux de la famille Ford. Les photographies avaient été changées alors que nous saluions l'ancien président, près de l'hélicoptère. »

*

* *

Le style protocolaire des Nixon fut remplacé par le comportement plus souple de Gerald et Betty Ford, qui autorisèrent leurs quatre enfants à évoluer en jean partout dans la Maison Blanche. Susan Ford alla jusqu'à faire du patin à roulettes sur les sols impeccables de l'étage d'État, quand ses parents étaient en déplacement, ce dont elle avoue être quelque peu honteuse aujourd'hui.

Quand on lui fit visiter les appartements privés du deuxième étage, Betty Ford, qui était une femme extrêmement indépendante, repoussa instantanément l'idée de faire chambre à part avec son époux. « Ce sera inutile », dit-elle à l'huissier en chef.

Par ailleurs, elle ne comprenait pas que les femmes de ménage et majordomes soient si silencieux près d'elle et craignaient de ne pas leur plaire. Elle découvrit rapidement que Pat Nixon préférait qu'il en soit ainsi.

Milton Frame, menuisier, fut impressionné par le caractère avenant de Betty Ford : « Un jour, Mme Ford m'a invité à m'asseoir avec elle pour prendre une tasse de thé », dit-il, la voix chargée de tendresse. Elle lui demanda d'où il était originaire et bavarda un peu avec lui, charmante initiative que la première dame précédente n'aurait jamais prise.

Elle aimait également taquiner le personnel. Lors d'une visite des appartements privés, Sheila Rabb Weidenfeld, son attachée de presse, remarqua une cigarette coincée dans la main d'un des deux anges qui formaient un vase à fleurs. « Ah oui ! dit la première dame en riant. C'est moi qui l'ai mise là. C'est ma façon de vérifier que les femmes de ménage ont bien nettoyé la pièce ! »

*

* *

La nouvelle famille présidentielle doit s'habituer à ces très nombreux employés – et à régler chaque mois des factures d'un montant astronomique. Contrairement à la croyance populaire, elle prend elle-même en charge ses dépenses personnelles. Les premières dames finissent presque toutes par supplier l'huissier en chef de réduire les coûts.

La famille présidentielle paie ses frais de nettoyage à sec, qui est confié à un pressing voisin choisi par la gouvernante ou par la famille elle-même. Durant le premier mandat de Bush et les deux de Clinton, on faisait souvent appel au Willard Hotel tout proche, raconte Christine Limerick. Si banale soit-elle, cette tâche doit comme toutes les autres être menée dans le plus grand secret : les vêtements de la famille présidentielle sont discrètement déposés et récupérés par des membres du service des opérations.

La famille présidentielle doit en outre assumer le coût de sa nourriture et de ses boissons – ce qui comprend non seulement ses propres repas mais aussi ceux de leurs invités à titre privé, qui peuvent être des dizaines, lors d'une investiture ou de vacances. Gary Walters m'a confié que « toutes » les premières dames, à l'exception de Barbara Bush, lui ont paru surprises et peu enchantées lorsqu'elles ont pris connaissance de ce détail. Beaucoup ont réclamé que les portions de viande soit revues à la baisse, afin de réduire les dépenses mensuelles affolantes ; les Carter demandèrent même qu'on leur serve des restes.

Jackie Kennedy elle-même donna pour instruction à l'huissier en chef de « gérer cette maison comme s'il était au service du président le plus radin jamais élu ! »

« Nous ne sommes pas aussi riches que le disent les journaux, loin de là », précisa-t-elle, baissant la voix d'une façon quelque peu comique.

Obsédé par les coûts occasionnés par la nourriture, son époux expliquait avec force détails aux huissiers comment maintenir la facture de lait au plus bas dans leur demeure de Hyannis. Nancy Tuckerman, la secrétaire sociale des Kennedy, raconta ne jamais l'avoir vu rester aussi longtemps assis ou être à ce point intéressé par quoi que ce soit plus de cinq minutes. La facture des alcools augmenta durant les années Kennedy, parce que avant l'élection de JFK, aussi étonnant que cela puisse paraître, la Maison Blanche acceptait discrètement du whisky de contrebande fourni par l'Administration des services généraux. Une nouvelle loi empêchant la Maison Blanche de poursuivre ce manège sans le rendre public, le Président ne perdit pas un instant pour ordonner qu'on y mette un terme et envoya dès lors Anne Lincoln, la gouvernante, acheter de l'alcool bon marché. Kennedy disposait de son meuble à alcools privé, dissimulé dans un placard du troisième étage, dont seuls Anne Lincoln, son valet et lui-même possédaient la clé. Il restait en permanence attentif aux frais de fonctionnement de la Maison Blanche, même s'il ne réglait pas personnellement les immenses quantités d'alcool que l'on servait principalement lors de réceptions officielles.

Reggie Love, l'assistant d'Obama, avait vingt-sept ans lorsqu'il intégra l'équipe de la Maison Blanche. Il se rappelle le jour où l'amiral Rochon lui montra pour la première fois la facture mensuelle des Obama : « J'ai vu ces chiffres et je me suis dit : "Je vois à quoi correspondent ces montants mais, étant célibataire et sans enfants, je n'ai aucun moyen de dire" : "Très bien, cela me semble correct." »

Le cuisinier en chef envoie tous les dimanches le menu de la semaine à la première dame. Si elle y remarque quelque chose qui lui déplaît ou qu'elle estime déraisonnable pour un repas familial, elle peut lui demander de remplacer ce plat par un autre.

Selon Luci Baines Johnson, sa mère évoquait « sans cesse » les coûts exorbitants de la vie à la Maison Blanche. Après son mariage, Luci et sa famille passèrent le week-end à Camp David… puis elle reçut une facture correspondant à ce qu'ils y avaient consommé. Elle en fut stupéfaite. « Ah oui, il en va toujours ainsi, expliqua lady Bird Johnson à sa fille furieuse. Mais tant que tu étais mineure et vivais chez nous, nous nous chargions de ta part. »

« Ma mère était très étonnée que je le sois », dit plus tard Luci, en riant.

D'une certaine façon, voir un total mensuel au bas d'une page donne l'illusion que les frais sont plus élevés que si la famille présidentielle faisait elle-même ses courses ou allait au restaurant. Susan, la fille du président Ford, raconta que son père avait pour habitude d'agiter la facture sous son nez en lui disant : « Garde bien à l'esprit que quand tu reçois des amis, moi je reçois ceci. »

Rosalynn Carter se souvient parfaitement de sa première facture mensuelle, dont le montant s'élevait à 600 dollars : « Ce chiffre n'est pas très impressionnant, mais pour moi c'était une somme énorme, en 1976 ! »

Sur le moment, elle estima que ce coût était plus élevé qu'il ne l'aurait été à l'extérieur de la Maison Blanche car la nourriture devait être inspectée, afin de s'assurer qu'elle n'ait pas été empoisonnée.

Les Carter ne se souciaient pas uniquement du prix de leurs repas, à en croire le fleuriste Ronn Payne. Jimmy Carter tenait aussi à ce que ses fleurs soient bon marché. Même si la famille présidentielle n'est pas censée régler ces factures, Carter estimait que le gouvernement n'avait pas davantage à payer pour des compositions florales élaborées. « Nous devions sortir et cueillir des fleurs dans les parcs de la ville, pour les dîners », se rappelle Payne.

Avec d'autres membres du personnel, ils se rendaient au Rock Creek Park, pour y cueillir des jonquilles, et au Parc zoologique national, pour y trouver des fleurs des champs. « La police nous en empêchait parfois. Un collègue fut même arrêté, un jour, et il fallut aller le chercher à la prison, où il avait été incarcéré pour avoir cueilli des jonquilles sur la grosse colline de Rock Creek Park, pour la décoration d'un dîner. » La Maison Blanche dut intervenir pour qu'il soit libéré.

« Nous achetions aussi des fleurs au marché, ou nous prenions celles que les dames des *garden clubs* faisaient sécher. »

Sous d'autres gouvernements, il n'était pas rare que l'on dépense 50 000 dollars en fleurs pour un dîner d'État, certains bouquets pouvant coûter à eux seuls plusieurs milliers de dollars.

Barbara Bush, qui avait pourtant tout de la matriarche

patricienne, n'éprouve aucune sympathie pour les premières dames surprises de recevoir la facture mensuelle de leur famille, qu'elle concerne la nourriture ou autre chose. « Si elles étaient choquées, c'est qu'elles avaient un problème, affirme-t-elle sévèrement. Nous recevions de nombreux invités, tout comme notre fils George, et nous réglions tous les frais qu'ils occasionnaient. Mais la facture se limitait à des choses comme : "Un œuf : 18 cents". Mme Untel a pris un œuf et un toast. C'est moins cher de prendre ses repas à la Maison Blanche. »

Barbara Bush souligne par ailleurs le fait que, si elle doit régler les frais de nourriture et de nettoyage à sec, la famille présidentielle n'a pas à se soucier des notes d'électricité, de climatisation, de fleuriste, des majordomes, de plomberie ou de jardinage. Le coût de la vie reste ainsi relativement peu élevé, en particulier pour la famille Bush, habituée à être entourée de domestiques. « Vivre à la Maison Blanche me semblait particulièrement économique ! ajoute-t-elle. J'aimerais beaucoup m'y installer de nouveau et me décharger de toutes ces responsabilités. »

Peut-être la belle-mère de Laura Bush avait-elle préparé sa belle-fille au coût de la vie à la Maison Blanche, toutefois cette dernière fut étonnée lorsqu'elle reçut sa première facture. Elle découvrit en cette occasion que la fête d'anniversaire de son mari avait coûté cher, car il fallait payer une fois et demie le personnel resté travailler après 17 heures.

Walter Scheib, cuisinier en chef, raconta avoir parfois reçu des instructions de l'huissier en chef, à qui le bureau de la première dame avait demandé de modérer le coût de la nourriture ou que l'on emploie moins de personnel en cuisine.

« Aviez-vous vraiment besoin de tant de monde pour

organiser cette réception ? lui demandait régulièrement Gary Walters.

– Pas forcément, Gary, répondait Scheib, éternellement intransigeant. Nous aurions peut-être pu assurer le service avec deux personnes en moins, mais imaginons qu'une erreur soit commise à la Maison Blanche. Nous nous retrouverions assis face à Mme Bush (ou Mme Clinton), tentant de lui expliquer pourquoi les humoristes de télévision se moquent d'elle. "Mais la bonne nouvelle, Mme Bush (ou Mme Clinton), c'est que nous avons économisé 500 dollars." Comment se poursuivra cet entretien, d'après vous ? Notre objectif premier est de nous assurer que la famille présidentielle ne soit jamais mise dans l'embarras. Quel qu'en soit le coût. »

*
* *

Quand une nouvelle famille présidentielle emménage, les habitudes sont subitement bousculées. Les Obama ont ainsi légèrement retardé leur heure de réveil, par rapport à leurs prédécesseurs, et préfèrent éteindre eux-mêmes la lumière le soir. Ils souhaitent aussi que l'on dispose des pommes gala dans le Bureau ovale, en plus des fleurs habituelles, ce qui représente une tâche supplémentaire pour les fleuristes qui doivent chaque jour en vérifier la quantité car le Président encourage ses invités à se servir, si bien que leur nombre diminue rapidement. Les fleuristes sortent du Bureau ovale au plus tard à 7 h 30, heure à laquelle le président Obama se met généralement au travail.

Si les requêtes de la famille Obama ne détonnent pas tant que cela par rapport à celles des familles présidentielles précédentes, Desirée Rogers, leur secrétaire sociale, lorsqu'elle arriva avec eux à la Maison Blanche en 2009, fut chargée de secouer les traditions en apportant une énergie et des idées nouvelles dans cette résidence exécutive un peu trop sage. Titulaire d'un MBA obtenu à Harvard, et descendante d'une prêtresse vaudou créole, Desirée Rogers fut la première Afro-Américaine à occuper le poste de secrétaire sociale ; sa seule présence était déjà un défi lancé à la tradition. Au cours de ses soixante premiers jours à la Maison Blanche, elle coordonna plus de cinquante événements, soit deux fois plus que durant les deux premiers mois de mandat du président Bush fils. Pendant cette période, elle surpassa même les Clinton, pourtant grands amateurs de réceptions. Elle chercha à faire évoluer le fonctionnement de la Maison Blanche, mêlant des services en porcelaine datant de différentes époques lors de dîners officiels et conviant des républicains lors de chaque réception relative au Congrès. Elle s'impliqua aussi dans des domaines traditionnellement gérés par le personnel de la Résidence, ce qui agaça profondément certains employés. « Elle était vraiment dans son petit monde, quand elle est arrivée ici, dit le fleuriste Bob Scanlan. Elle nous a clairement fait comprendre que les Obama ne voulaient plus de ce que nous avions fait jusqu'alors, qu'ils voulaient de la nouveauté. Je ne saurais vous dire combien de fois nous avons entendu Desirée Rogers réclamer un “style Four Seasons”. »

Il interpréta les ordres de la secrétaire sociale comme une volonté de voir des compositions florales plus modernes, les fleurs placées d'un côté du bouquet, par opposition aux fleurs fraîchement coupées plantées dans de la mousse et régulièrement disposées, arrangements plus traditionnels. Scanlan et ses collègues se hérissèrent quand on leur imposa la présence d'une femme chargée de « repenser l'atelier floral » – coincé dans le passé, leur avait-on expliqué.

Toujours d'après Scanlan, bon nombre de fleuristes estimèrent dès le départ que Desirée Rogers manquait de respect vis-à-vis des traditions de longue date de la demeure. Aussi furent-ils ravis de la voir s'en aller quinze mois plus tard – après le scandale provoqué par des individus ayant fait irruption sans invitation au premier dîner officiel donné par les Obama. « Quand vous faites partie intégrante de ce bâtiment en tant que fleuriste, vous devez avant tout respecter son image. Cette demeure n'est pas uniquement celle de la famille présidentielle, c'est aussi celle du grand public. Nous composons des bouquets pour tout le pays. »

Desirée Rogers garde un souvenir légèrement différent de cette controverse à propos des fleurs. Elle assure ne pas avoir immédiatement réclamé de modifications et être restée fidèle à la tradition, au moins le jour de l'investiture. « Les fleurs furent disposées d'une certaine façon à la Maison Blanche, dit-elle, ajoutant que ce jour-là rien de nouveau n'avait été fait pour satisfaire les goûts de la famille présidentielle. N'oubliez pas qu'ils n'avaient pas encore mis les pieds dans leur future demeure. Ils n'étaient pas en mesure de dire qu'ils appréciaient ceci ou cela, qu'ils voulaient plus de ceci ou moins de cela. L'intérieur était donc assez fidèle, du point de vue des compositions florales, à ce qu'il avait été au cours des années précédentes, sous la direction de ce fleuriste. »

Lorsque je demandai à l'amiral Rochon, l'huissier en chef, de me décrire sa collaboration avec Desirée Rogers, il me répondit en plaisantant qu'il allait avoir besoin d'une aspirine. En arrivant à la Maison Blanche pour s'occuper de la transition, cette femme d'affaires habituée au succès avait imposé ses attentes irréalistes. « Elle n'était pas seulement exigeante, elle réclamait l'impossible, dit-il, agacé par ce souvenir. Elle voulait que les murs soient repeints et secs quand les Obama se présenteraient, à l'issue du défilé d'investiture. Nous avons dû les convaincre qu'il était impossible de repeindre tel ou tel mur, car cela ne pouvait être fait avant le départ du président Bush. »

Si la nouvelle famille présidentielle n'est pas autorisée à modifier l'étage d'État et le rez-de-chaussée, les deux niveaux historiques, elle est libre d'apporter divers changements aux deuxième et troisième étages, après y avoir emménagé. À l'emménagement des Obama, le personnel monta même une cloison dans la chambre de Malia, car cette pièce donnait sur une passerelle extérieure et l'adolescente souhaitait davantage d'intimité. Cela étant, de telles modifications ne peuvent être entreprises avant le départ de la limousine de la famille présidentielle sortante.

Bénéficiant d'une longue expérience dans l'industrie hôtelière – il avait travaillé au Savoy, à Londres, et à l'Homestead, en Virginie, au cœur des monts Allegheny –, Roland Mesnier, pâtissier en chef, avait la réputation de très rapidement deviner ce qui plaisait au Président. Au lieu d'écouter les conseillers politiques d'Obama, qui prétendaient tous savoir quels étaient les plats préférés du Président et de la première dame, il s'entretint discrètement avec d'autres membres de la famille, lorsque ces derniers découvrirent la Maison Blanche.

Un conseiller de George Bush fils expliqua à Mesnier qu'il ne devait pas se tracasser à préparer des gâteaux d'anniversaires compliqués, lui suggérant plutôt de confectionner un gâteau des anges avec des fraises. « Je n'ai jamais fait de gâteau des anges avec des fraises au milieu !

s'exclama Mesnier, un Français dodu et plein d'entrain aux joues roses. Quand ils découvrent ce qu'on peut leur préparer, ils oublient ce à quoi ils sont habitués. »

*
* *

Après l'élection d'un nouveau président américain, tous les regards se tournent vers l'avenir. Mais pour le personnel de la Résidence, la vie continue. Aux yeux de David Hume Kennerly, photographe officiel du président Ford et ami proche de la famille, travailler à la Maison Blanche revient à se trouver sur un plateau de cinéma : « Quand le tournage est terminé, on passe au suivant. »

Pour les employés de la Résidence, il n'est pas toujours facile de gérer cette succession de familles présidentielles. Le jour de l'investiture, ils ont l'impression de débuter à un nouveau poste ; ils sont au service de la famille la plus puissante de la planète, sans vraiment savoir à quoi s'attendre. Davantage au contact du personnel que le Président, la première dame trouvera-t-elle à redire sur la nourriture, sur les compositions florales ou sur la façon dont les lits sont faits ? « Des milliers de détails de ce genre tourbillonnent dans votre esprit, confesse Scanlan. Va-t-elle appeler pour dire qu'elle a horreur de ceci ou de cela ? Ils peuvent agir comme bon leur semble. »

Walter Scheib, le cuisiner en chef, fut embauché par Hillary Clinton et renvoyé par Laura Bush. L'arrivée des Bush fut douloureuse pour lui. Après avoir servi aux Clinton de la cuisine américaine haut de gamme durant la quasi-totalité des deux mandats de Bill, il ignorait ce que les Bush attendaient de lui. Du jour au lendemain ou presque, il dut abandonner les légumes de fin d'été à la citronnelle et les soupes au curry rouge pour ne plus servir que des spécialités tex-mex et des sandwichs BLT – composés de bacon, laitue et tomate. Le président Clinton satisfaisait la plupart de ses envies de nourriture peu saine lorsqu'il était en déplacement, loin du regard vigilant de la première dame, laquelle allait jusqu'à demander que l'on tienne compte des calories dans l'élaboration du menu des repas familiaux.

« C'est la seule et unique fois qu'un emploi m'a quitté, et non l'inverse : les lieux étaient restés les mêmes, tout comme les casseroles, les poêles et le réfrigérateur, mais nous ne savions plus comment effectuer notre travail. Nous avons dû tout réapprendre en un après-midi. »

Pour Mesnier, les adieux à la famille présidentielle sortante étaient « à peine moins lugubres qu'un enterrement ».

Quitter l'environnement chargé de gaieté de la Maison Blanche n'est pas plus facile pour la famille présidentielle. Le président George Bush père s'effondra en larmes, incapable de prononcer un mot, quand l'ensemble du personnel se rassembla devant lui. « Nous avions la gorge trop nouée par l'émotion pour exprimer ce que nous ressentions, mais je pense qu'ils avaient conscience de l'affection que nous éprouvions pour eux », estime Barbara Bush. Avant de quitter les lieux pour rejoindre le Capitole, elle se rendit au pas de course dans les salons rouge et bleu, où elle étreignit en privé tous les majordomes. « À partir de ce moment, je n'avais plus qu'à me laisser aller ; le plus difficile était derrière moi. »

Le retour à la vie de citoyen ordinaire est ardu, quoi qu'en disent les présidents et premières dames, qui prétendent souvent rêver de retrouver leur intimité. Quand les Reagan firent leurs adieux au personnel de la Résidence, dans la salle à manger d'État, le Président lança une plaisanterie : « Savez-vous quel est l'unique problème, quand on quitte la Maison Blanche ? Lorsque je vais me réveiller, demain matin, comment vais-je faire pour allumer la lumière ? Je ne l'ai pas fait depuis huit ans. C'est vous qui vous en êtes chargés, pendant toutes ces années. Comment vais-je faire pour appuyer sur l'interrupteur ? Aucune idée. »

Nancy Reagan dit un jour que son mari raffolait du luxe de la Résidence, qu'il considérait comme un hôtel huit étoiles, avis qu'elle partageait : « Tous les soirs, pendant que je prenais un bain, une femme de chambre se chargeait de porter mes vêtements au nettoyage. Le lit était en permanence prêt à nous accueillir. Quand Ronnie rentrait, il retirait son costume ; cinq minutes plus tard, celui-ci avait disparu de la penderie pour être repassé, nettoyé ou brossé. »

Dans ses mémoires, Barbara Bush relate combien la famille présidentielle est couvée, vivant des années durant avec des cuisiniers, des femmes de ménage et des majordomes à son service. Ayant passé des décennies au service du pays, les Bush étaient connus pour ne pas être habitués à faire leurs courses eux-mêmes. (Au cours de sa campagne électorale de 1992, Bush père se ridiculisa en s'émerveillant devant un scanner de supermarché.)

Peu après avoir quitté la Maison Blanche, raconte Barbara Bush, son époux se rendit pour la première fois dans un supermarché et « acheta le plus gros bocal de spaghettis en sauce qu'on ait jamais vu » pour le dîner. Alors que le Président regardait les informations du soir, l'ancienne première dame se mit aux fourneaux. Elle cogna malencontreusement l'énorme bocal contre le plan de travail et le lâcha ; il se brisa sur le sol de la cuisine.

Leur dîner fichu, ils se rabattirent sur une autre option : « Ce soir-là, George et moi avons fait une découverte stupéfiante : on peut se faire livrer des pizzas à domicile ! »

Les adieux sont parfois drôles. Luci, la plus jeune des filles de Lyndon Johnson, aujourd'hui âgée de soixante-sept ans, commença ses études d'infirmière alors qu'elle vivait à la Maison Blanche. Des mois durant, elle conserva le fœtus de chat qu'elle avait disséqué en cours dans le réfrigérateur du solarium, au troisième étage. Elle l'avait surnommé Crunchy[2], car elle l'avait placé dans un bocal de beurre de cacahuètes croustillant. Le jour où les Johnson quittèrent les lieux, une femme de ménage nommée Clara, dont Luci était devenue particulièrement proche, lui mit le bocal dans les mains en disant : « Pour moi, c'est le seul bon côté de ton départ. » Elles s'étreignirent et fondirent en larmes. « J'avais conscience que plus rien ne serait comme avant entre nous, raconte Luci. Je savais qu'elle consacrerait son énergie, sa déférence et sa grâce, en aussi peu de temps qu'il m'en faudrait pour franchir la porte, à faire en sorte que les filles Nixon se sentent à l'aise, comme elle l'avait fait pour moi. L'allégeance dont fait preuve le personnel de la Maison Blanche à l'égard du Président et de sa famille a de quoi vous rendre très fier d'être américain. »

Sceptique à propos de Lyndon Johnson quand ce dernier, tout en arrogance, avait emménagé à la Résidence, Traphes Bryant, électricien et gardien de chiens à la Maison Blanche, fut dévasté quand les Johnson repartirent au Texas, en 1969. « C'était terminé, écrivit-il dans ses mémoires. C'était vraiment terminé. Quel soulagement. En fait, non, je n'étais pas du tout soulagé.

2. « Croustillant ». *(N.d.T.)*

C'était comme si quelqu'un m'avait annoncé que je ne reverrais plus jamais un membre de ma famille. J'avais connu Johnson, dont je me sentais plus proche que d'un frère. Pourtant, si nous nous recroisions, nous serions des étrangers l'un pour l'autre. Je me sentis perdu un moment. Puis libre, quand je compris que je n'aurais plus à subir son caractère bourru. »

*
* *

Certaines transitions se déroulent plus facilement que d'autres. Le président George Bush fils et sa famille n'apportèrent qu'une commode et quelques photos de famille car, comme le précisa Laura Bush, se rendre à l'entrepôt du Maryland et piocher dans la collection de la Maison Blanche pour la meubler constituait une « partie du plaisir » qu'il y avait à y vivre. Les Bush furent bien sûr aidés par le fait qu'ils connaissaient déjà l'agencement des lieux. « Tout fut terminé en deux temps trois mouvements », dit Bob Scanlan à propos de leur emménagement.

Avant de choisir leurs meubles, les Bush durent cependant gérer une complication des plus inattendues : le recomptage des voix de l'élection de 2000, qui repoussa le résultat du vote jusqu'au 12 décembre, soit plus d'un mois après le jour du scrutin. Personne, sans doute, en dehors des candidats eux-mêmes, ne suivit le déroulement de ces événements d'aussi près que le personnel de la Résidence. Entre le jour de l'élection et celui où la Cour suprême confirma la victoire de Bush, Gary Walters ne perdit pas une miette des informations, impatient de découvrir qui ses collègues et lui serviraient : George W. Bush ou Al Gore. Quand le résultat fut dévoilé, Laura

Bush eut moins de la moitié du temps habituel pour préparer leur déménagement.

Ce recomptage fut vivement contesté, l'élection dans son ensemble dépendant des résultats en Floride. Lorsque le verdict tomba, aux dépens de Gore, les conseillers de Clinton entrèrent dans une rage folle. Les plus jeunes, en particulier, exprimèrent haut et fort le mépris que leur inspirait le président fraîchement élu. L'un d'eux s'emporta devant Mesnier, le pâtissier, en des termes on ne peut plus clairs ; selon lui, Bush exercerait le temps d'un seul mandat. Il alla jusqu'à brailler qu'« on [allait] le foutre à la porte ». « Je l'ai laissé dire, sans faire le moindre commentaire », raconte Mesnier, fidèle au credo du personnel de la Résidence, qui se doit de rester apolitique. Il ajoute que les Clinton eux-mêmes ne furent pas ravis du comportement de leur équipe, malgré sa loyauté à leur égard.

Indépendamment de l'identité du vainqueur de cette élection, quitter la Maison Blanche fut un crève-cœur pour les Clinton. Hillary déclara que même après huit années passées à la Résidence, où elle avait vécu des moments très douloureux, elle considérait toujours la Maison Blanche « avec le même émerveillement que quand, enfant, [elle] plaquai[t] le visage contre les grilles pour admirer au mieux cette demeure ». Toute la famille, y compris Chelsea, s'installa une dernière fois dans la salle de cinéma privée, le temps d'une projection du film *Séquences et conséquences*, qui se termina bien après minuit, la veille de l'investiture du président George W. Bush. Ils voulaient profiter jusqu'à la dernière minute de leur statut de résidents officiels. « Ils étaient si épuisés, après les festivités de cette nuit-là, que Barbara, Jenna et moi avons vu Bill s'assoupir pendant le discours d'investiture de George », se rappelle Laura Bush.

Ce jour-là, le président Clinton avoua aux Bush qu'il repoussait depuis si longtemps le moment de faire ses bagages que, au dernier moment, il avait simplement « vidé le contenu des tiroirs dans les cartons ».

Bien qu'ayant toujours apprécié la majesté de la Maison Blanche, Hillary Clinton entretenait quelques regrets. Elle confia à Laura Bush qu'elle se reprochait d'avoir insisté pour obtenir un bureau dans l'aile ouest et d'avoir refusé certaines propositions quand son programme était trop chargé. Elle se sentait encore particulièrement coupable d'avoir décliné une invitation de Jackie Kennedy, pour assister à un ballet. Jackie était décédée quelques mois plus tard. « Ne perdez pas de vue l'essentiel », conseilla-t-elle à Laura Bush.

*

* *

Les employés de la Résidence se retrouvent souvent au cœur d'événements de portée mondiale. Betty Monkman, qui fut conservatrice puis conservatrice en chef de 1967 à 2002, supervisait les personnes chargées de disposer et de retirer les œuvres d'art à chaque arrivée d'une nouvelle famille présidentielle. Lors de la transition entre les Carter et les Reagan, se rappelle-t-elle, le personnel avait allumé les postes de télévision partout dans la Résidence, tout en travaillant, de façon à suivre le dénouement de la crise des otages en Iran : « Le président Carter était resté toute la nuit dans le Bureau ovale avec ses conseillers et n'en était sorti que quelques minutes, le temps de se préparer pour sa rencontre avec le président Reagan, prévue à 10 heures du matin. Personne ne savait comment la situation allait évoluer. Le pays tout entier était dans l'attente. »

Les Iraniens libérèrent les cinquante-deux otages restants quelques minutes après que Reagan eut prêté serment et été investi quarantième président des États-Unis, dernier sale coup adressé à Carter, qui avait travaillé jour et nuit pour obtenir cette libération avant la fin de son mandat.

Quoi qu'il se passe à l'extérieur, le personnel reste toujours particulièrement concentré sur le déménagement. « Nous étions constamment debout, décrivit Betty Monkman. Un jour, à la fin de l'ère Ford, nous étions en train de nous activer dans la chambre de Susan Ford quand le Président se présenta pour faire ses adieux au personnel, tandis que l'on avait commencé à démonter des meubles, juste avant de descendre aux niveaux inférieurs ; il s'était donné pour mission de remercier chaque employé pour son travail, ce qui fut grandement apprécié. » Dès qu'il fut parti, l'intense activité reprit.

Bien que tâchant de ne pas trop s'attacher aux occupants de la Résidence, les employés ont souvent tendance à souhaiter que le président en poste soit réélu, qu'il soit démocrate ou républicain. Lorsque Bill Clinton l'emporta sur le président Bush père, Mesnier, le pâtissier, tint ce résultat pour une « véritable catastrophe ». Il était devenu si proche des Bush qu'il n'était vraiment pas certain d'être capable de servir un autre président. Il n'était pas le seul : quand des employés tombèrent malades après l'élection du président Clinton, on plaisanta en disant qu'ils avaient contracté la « grippe républicaine ».

Ce phénomène est en partie dû au fait que l'arrivée d'une nouvelle famille présidentielle impose de mettre de côté tout ce que les employés ont appris à propos de chaque membre de la famille sortante et de tout recommencer de zéro. Cela dit, beaucoup s'accordent à penser que le dévouement du personnel à l'égard du président

George Bush père fut plus intense que d'ordinaire, sincère et profond. Les Bush étaient généralement faciles à satisfaire, et les employés de la Résidence se sentirent très vite à l'aise en leur compagnie. Avant même qu'elle emménage, raconta Gary Walters, l'huissier en chef, Barbara Bush lui assura qu'elle n'apporterait aucun changement à la cuisine :

« On ne m'a jamais servi quoi que ce soit de mauvais [à la Maison Blanche], alors laissez les cuisiniers composer le menu à leur guise, cela nous fera une surprise à chaque dîner.

– Mais si un plat n'est pas à votre goût ? s'inquiéta Walters, peu habitué à servir une première dame aussi facile à vivre, après avoir travaillé pour Nancy Reagan.

– Dans ce cas, nous demanderons qu'on ne nous le serve plus. »

*

* *

Le 11 novembre 1968, quelques jours après que Richard Nixon eut remporté l'élection présidentielle, son épouse Pat et lui furent invités par les Johnson à la Maison Blanche. Johnson et Nixon étaient ennemis acharnés en politique, pourtant tout se passa bien pendant ce déjeuner qui dura quatre heures. La courtoisie de Johnson surprit même sa femme : « J'ai trouvé Lyndon généreux et plutôt paternel. Il ne s'adressait plus à Nixon mais au président qui allait prendre les rênes du pays. »

Lady Bird fit visiter à la future première dame les deuxième et troisième étages et la rassura sur « l'efficacité, le dévouement et le professionnalisme impartial » du personnel de la Résidence.

À cause du stress et des efforts du déménagement qui

sont à leur maximum, on a parfois vu des premières dames s'isoler quelques instants, le matin de l'investiture, afin de s'offrir un peu de calme. « On se demande à quoi elles pensent », s'interroge Christine Limerick.

Les Johnson se plaisaient particulièrement à la Résidence. Tôt le matin de l'investiture, lady Bird flâna en robe de chambre aux deuxième et troisième étages, une tasse de café à la main, pour commencer ce qui serait sa dernière journée à la Maison Blanche. Un peu plus de cinq ans auparavant, elle avait emménagé avec sa famille dans une demeure envahie par le chagrin. Le soir du 7 décembre 1963, alors que Jackie Kennedy s'en allait, lady Bird fut certainement émue aux larmes par un message laissé par la première dame : « Je vous souhaite une agréable installation dans votre nouvelle demeure, lady Bird. Je vous promets que vous y serez heureuse. » Cinq ans plus tard, la peine éprouvée ces premiers mois lui revint certainement à l'esprit.

Elle passa un moment dans le salon ovale jaune puis dans le salon de Lincoln, désireuse de s'imprégner une dernière fois du riche passé historique de ces pièces. Elle fit ainsi ses adieux, en privé, à la bâtisse que sa famille et elle considéraient comme leur foyer depuis tant d'années. « En tant que maîtresse de maison, c'était en partie pour vérifier qu'aucun objet personnel n'avait été oublié quelque part, mais avant tout pour en profiter et y passer un moment de calme », dit-elle.

Lady Bird jeta un coup d'œil dans la chambre de sa fille Luci, jonchée de sacs et cartons à moitié remplis, et feuilleta un livre d'or qui contenait les noms de tous les invités qu'ils avaient reçus au cours des années. En se rendant au solarium, elle constata avec stupeur que cette pièce avait une tout autre allure une fois vidée de ses meubles : « Dépourvu de sa personnalité, il me parut froid, aseptisé, alors que cet endroit, la citadelle des enfants, avait été plein de vie. »

À l'étage d'État, elle perçut une odeur d'ammoniaque ; les femmes de ménage, majordomes et presque tous les autres membres du personnel de la Résidence donnaient un coup de main pour apprêter la demeure pour les Nixon.

Pendant le défilé d'investiture, les employés satisfirent une dernière demande. Grand amateur d'informations télévisées, le président sortant avait rempli la Maison Blanche de postes de télévision. « Lyndon Johnson aimait s'installer comme un roi face à quatre télévisions alignées, pour se regarder, décrivit Bryant. Il lançait ses commentaires, baissait ou augmentait le son de tel ou tel poste, en laissait parfois plusieurs allumés en même temps, avec le volume assez fort. »

Richard Nixon, à l'inverse, était connu pour être très peu à l'aise avec ce média. Dès son élection, le personnel de la Résidence reçut pour instruction de retirer la plupart des postes. Certains furent même emportés, alors que des employés voulaient regarder le défilé d'investiture.

En fin de matinée, tandis que Johnson et Nixon, son successeur, se rendaient ensemble au Capitole, lady Bird monta à bord de la même voiture que Pat Nixon. En s'éloignant de la Maison Blanche, la dernière image qu'elle vit dans son rétroviseur fut celle de John Ficklin, le maître d'hôtel, et de Wilson Jerman, un majordome, venus assister au départ des Johnson. Elle leur lança un baiser d'adieu. Elle était sans doute envahie d'un sentiment quelque peu doux-amer en songeant que, lors de sa prochaine venue à sa Maison Blanche adorée, elle ne serait plus qu'une invitée comme les autres.

CHAPITRE 2

DISCRÉTION

Confidentialité, fidélité et discrétion sont de mise,
même à l'échelon le plus bas de la hiérarchie.
Il ne s'agit pas tant de loyauté envers le président en poste
que de loyauté envers la fonction.
L'ambiance à la Maison Blanche serait insupportable
si le Président craignait que le moindre membre
du personnel puisse l'espionner ; il n'a d'autre solution
que de considérer sa loyauté comme allant de soi.
Les secrets d'État ou privés sont bien gardés, cependant,
en ce lieu où l'on échange au quotidien nombre
de confidences, certaines finissent forcément
par atteindre les oreilles des employés.

« *Who's Who, and Why, in the White House* » (« Qui est qui, et pourquoi, à la Maison Blanche »), article paru le 10 février 1934 dans le *Saturday Evening Post* et signé Irwin « Ike » Hoover, huissier en chef de 1913 à 1933.

Q : Pourquoi n'y a-t-il pas beaucoup de photos de vous
à la Maison Blanche ?
R : Parce que je savais où étaient les photographes.

Nelson Pierce, huissier de 1961 à 1987.

« Je ne vois rien, je n'entends rien, je ne dis rien », répondent souvent les employés de la Résidence, quand on leur demande de partager des détails concernant l'intimité de la famille présidentielle.

S'ils ont une qualité en commun, c'est bien cette capacité à garder les secrets, en particulier quand ils sont encore en poste. Parmi ces derniers, seul James Jeffries accepta de parler de son expérience ; quant aux retraités, ils refusèrent plusieurs fois avant de céder et confier leurs souvenirs, faisant tout de même le maximum pour masquer les aspects douloureux ou négatifs en les présentant sous le meilleur jour possible, en dépit de la tension évidente qu'ils ressentaient. Les récits retranscrits dans ces pages ne reflètent donc que la part qu'ils ont bien voulu divulguer et, dans la quasi-totalité des cas, leur volonté de présenter ces anecdotes de façon prévenante et mûrement réfléchie. Néanmoins, leurs souvenirs lèvent le voile et offrent un aperçu fascinant, parfois stupéfiant, de la personnalité des occupants de la résidence exécutive.

Majordomes, femmes de ménage et valets ont plus que quiconque accès à l'intimité de la famille présidentielle. Ce sont également les langues les plus difficiles à délier, car ils chérissent la confiance qui leur est accordée. Ils sont les premiers à croiser la famille présidentielle, le matin, et les derniers à la côtoyer en fin de soirée. Avec quelques autres, comme les cuisiniers, ces employés voient le Président et la première dame se comporter comme tous les couples – se disputer, rire et pleurer. Ils emporteront d'innombrables secrets dans leur tombe, cela ne fait aucun doute.

Un exemple révélateur de l'importance de leur discrétion nous est donné, non pas par l'un d'eux mais par un membre de la famille présidentielle. Ron Reagan se rappelle avoir rendu visite à ses parents à la Maison Blanche en pleine affaire Iran-Contra, avant que le gouvernement de son père reconnaisse avoir favorisé la vente d'armes à l'Iran en échange de la libération d'otages, utilisant les fonds récupérés pour financer les Contras, mouvement rebelle nicaraguayen.

Lors de cette visite, le fils du Président, alors âgé d'environ vingt-cinq ans, fut stupéfait par la franchise dont ses parents faisaient preuve en présence des domestiques. Ce soir-là, ils dînèrent dans la salle à manger familiale, au deuxième étage, puis ils se rendirent dans la salle d'attente ouest – une pièce au caractère moins formel, pourvue d'une extraordinaire baie vitrée en demi-lune du sol au plafond donnant sur la colonnade ouest et l'aile ouest –, où le fils Reagan se surprit à quelque peu bousculer son père à propos de la situation Iran-Contra. « À un moment, je me suis un peu emporté sur ce sujet, raconte-t-il. Et soudain, alors que je réprimandais mon père, j'ai pris conscience qu'un employé était présent dans la pièce, avec un plat rempli de cookies. Je me suis aussitôt dit que j'avais fait une gaffe, en me comportant ainsi en public. » Il constata en fait avec stupéfaction que la présence du domestique « ne préoccupait en rien » ses parents. « Ils étaient si discrets qu'il n'y avait absolument pas à craindre que l'un d'eux se répande dans les journaux. »

Une telle discrétion est indispensable, estime aujourd'hui Ron Reagan. Si le Président devait redouter que ceux qui le servent communiquent avec des journalistes, « sa vie serait insupportable ; il a besoin d'un refuge où il n'est pas observé en permanence ».

Parvenir à ce niveau de confiance peut prendre du temps, et chaque administration est particulière. Chaque membre du personnel sait quand la famille présidentielle lui fait enfin confiance, selon Gary Walters, huissier en chef. Le moment qu'il préfère, après qu'un nouveau gouvernement s'est mis en place, est le jour où le Président commence à l'appeler par son prénom. « Le personnel sait quand le degré de confiance atteint le point qui nous permet de pousser un soupir de satisfaction. Ce moment clé, c'est généralement quand l'arrivée d'un majordome ou d'un huissier dans une pièce n'interrompt pas la conversation. Nous pouvons alors nous réjouir, car nous avons prouvé que nous sommes dignes de confiance. »

Il arrive tout de même que le Président ait besoin d'une intimité totale. Comme s'en souvient le majordome Herman Thompson, George Bush père lui-même, pourtant abordable, lançait parfois un « Merci beaucoup ! » à tel ou tel employé : « Cela signifiait que le moment était venu de sortir de la pièce. »

Chaque président a un majordome préféré. Pour George Bush fils, il s'agissait de James Ramsey, ou simplement « Ramsey » – comme tout le monde l'appelait affectueusement au sein de la Résidence. Il était très professionnel mais aimait aussi échanger des piques avec le Président, avec qui il finit par tisser de véritables liens. Ramsey fut l'un des rares employés de la Maison Blanche invités par les Bush à les accompagner à bord d'Air Force One pour travailler dans leur ranch de Crawford, au Texas. Il protégeait avec zèle l'intimité de la famille présidentielle, ne parlait jamais aux journalistes et ne donna jamais l'occasion au Président de douter de sa fidélité. Il déclinait les invitations à prendre un verre avec ses collègues, car, disait-il, les autres « vous causent des ennuis ».

Doté d'un sourire joyeux et facile, Ramsey semblait admirer sincèrement les familles qu'il avait servies en tant que majordome trois décennies durant.

Le très sociable Reggie Love, jeune et séduisant assistant personnel du président Obama, n'a pas oublié le sens de l'humour contagieux de Ramsey : « J'ai soixante-dix ans ; quand tu auras mon âge, j'espère pour toi que tu seras au moins à moitié aussi beau que moi aujourd'hui », aimait-il me lancer, pour plaisanter.

Ramsey portait une moustache argentée, qu'il ne rasa qu'après avoir pris sa retraite, en 2010. Il donnait tous ses vêtements à nettoyer au pressing, même ses maillots de corps, et s'assurait de toujours avoir les ongles manucurés, ses mains étant de fait visibles par ceux qu'il servait. Il n'avait aucunement honte de sa tendance à prendre soin de lui : « Je tiens à avoir une belle allure des pieds à la tête, les ongles bien coupés et les cheveux coiffés, dit-il. J'ai tout de même été majordome à la Maison Blanche ! »

Se décrivant lui-même comme un homme à femmes, Ramsey fit quelques rencontres après son divorce et présenta même quelques-unes de ses petites amies au président Bush fils, lors de fêtes de vacances données pour le personnel. Il parlait parfois de ses conquêtes aux filles Bush : « Jenna et Barbara… Je les aimais comme personne. C'étaient mes amies… Quand elles me posaient des questions, je leur disais : "J'ai une petite copine, je ne suis pas si vieux que ça, pas vrai ?" »

George W. Bush, que Ramsey surnommait affectueusement le « jeune Bush », le taquinait férocement… et Ramsey répliquait de son mieux. Il se souvient avec émotion du jour où, alors qu'il servait des rafraîchissements lors d'un match de tee-ball[1] organisé sur la pelouse sud, le Président sortit du salon de réception des diplomates. « Au boulot, Ramsey ! » lui lança-t-il en plaisantant.

1. Version simplifiée du base-ball. *(N.d.T.)*

S'ils entretenaient une relation très décontractée, ni l'un ni l'autre ne perdaient de vue qui commandait.

Le président Bush adorait faire d'innocentes blagues aux dépens des majordomes et femmes de ménage ; il tournait sur le côté les photos encadrées, quand les employés ne le voyaient pas, et chassait des mouches imaginaires avec une tapette quand ils passaient près de lui. « Le Président faisait de très bonnes farces aux majordomes », se souvient Andy Card, le chef de cabinet de Bush. « Ah, Bush… dit Ramsey. Je n'oublierai jamais sa famille, même si je dois vivre jusqu'à cent ans. »

Son minuscule appartement, qu'il appelait lui-même sa garçonnière, était couvert d'étonnantes photos de lui en compagnie de présidents et d'autres personnages historiques, dont Nelson Mandela (« Oh, j'en ai plein, mon petit… »), et de messages personnels du président Reagan et d'Hillary Clinton le remerciant pour son aide lors de dîners officiels. Un de ces clichés porte la signature d'Obama : « Vous êtes un ami très cher, vous me manquerez », a écrit le Président.

Il était si fier de son travail à la Maison Blanche que Buddy Carter, son ami et collègue majordome, le taquinait : « Ramsey ? Il dort dans sa fichue Maison Blanche. »

Quand la famille présidentielle se trouve dans ses appartements privés des deuxième et troisième étages, un majordome est presque toujours disponible, à l'office du deuxième étage, prêt à servir. Les pièces sont toutes équipées d'un bouton qui fait retentir une sonnette dans l'office, quand on réclame ses services, mais Ramsey n'en avait que rarement besoin : « Je le sentais, quand ils souhaitaient quelque chose. »

On comprend facilement pourquoi Ramsey était si apprécié. Il avait conservé son doux accent du Sud – il avait grandi à Yanceyville – en Caroline du Nord. Son beau-père était planteur de tabac (il n'a jamais rencontré son véritable père) ; il a passé une bonne partie de son enfance à labourer les champs, avec l'aide de la mule de la famille. « C'était dur. J'ai dit à mon père que je ne pouvais pas rester, que je partirais dès la fin du lycée, après avoir décroché mon diplôme. Il m'a demandé comment je m'y prendrais pour vivre. J'ai répondu que c'était un risque à courir. Je suis donc arrivé à Washington, où je ne connaissais personne. »

Il avait alors vingt ans. Il n'avait nulle part où aller, jusqu'à ce que le patron d'une station-service, compatissant, le laisse y dormir et se laver dans les toilettes. Il finit par dégotter une chambre sur Rhode Island Avenue pour dix dollars par semaine. C'est là qu'il se lia d'amitié avec un homme qui travaillait au Kennedy-Warren, un immeuble Arts déco très chic situé au nord-ouest de Washington. Ayant affirmé à son compagnon qu'il était travailleur, ce dernier lui obtint un entretien. Il fut engagé sur-le-champ.

Peu après, lors d'une réception, Ramsey fit la connaissance de quelqu'un qui travaillait à la Maison Blanche. Il lui demanda s'il pouvait l'aider à y décrocher un emploi.

« Ton casier judiciaire est vierge ? lui demanda aussitôt l'employé de la Maison Blanche.

– Oui, mon gars, pas de problème, répondit Ramsey.

– Si ce n'est pas le cas, inutile de remplir le formulaire d'embauche, insista l'autre, plutôt sceptique. Ils ne te prendront pas s'il y a le moindre délit dessus, si insignifiant soit-il. »

Tony Savoy, directeur des opérations, se rappelle avoir été stupéfait de découvrir que bon nombre de candidats possédaient de sérieux antécédents judiciaires. « Ils disent tous qu'ils sont blancs comme neige. Puis nous procédons à des vérifications et une multitude de squelettes sortent du placard. Un jour, sous l'ère Clinton, un jeune homme s'est présenté et, à la dernière minute, nous a avoué qu'il avait été arrêté et condamné pour viol. Alors que Chelsea, treize ans, vivait juste au-dessus ! Sa candidature est allée directement à la poubelle. »

Le casier judiciaire de Ramsey étant vierge, il remplit le formulaire d'embauche et attendit.

« Je passais devant la Maison Blanche, en me rendant au Kennedy-Warren. Mon Dieu, cela a duré deux ou trois ans, et je me demandais ce que ça devait être d'y travailler », se rappelait-il, le sourire aux lèvres.

Quelques années s'écoulèrent en effet avant qu'il reçoive un appel de la Maison Blanche. Quand ils le rencontrèrent, Eugene Allen, le maître d'hôtel, et Rex Scouten, alors huissier en chef, l'embauchèrent le jour même.

Ayant débuté en tant que majordome sous la présidence Carter, Ramsey travailla à la Maison Blanche trente années durant et servit six présidents : Jimmy Carter, Ronald Reagan, George Bush père, Bill Clinton, George Bush fils et Barack Obama. Il fut toujours reconnaissant à Eugene Allen – « Il me parlait comme à un fils » – de lui avoir conseillé de ne pas s'attirer d'ennuis et de garder pour lui tout ce qu'il entendait au sein de la Résidence. (*Le Majordome*, film sorti en 2013, est librement adapté de la vie d'Allen.)

Des décennies plus tard, Ramsey restait fidèle aux instructions d'Allen ; jamais il ne révéla au monde extérieur quoi que ce soit de privé à propos de ceux qu'il avait servis. « Tu ne travailles pas chez McDonald's ou chez Gino's, mais à la "Maison", lui avait dit Allen, à ses débuts. Si tu t'attires des problèmes ou si tu dis des choses que tu ne devrais pas dire, tu pourrais vite passer à la trappe. »

Cette loi du silence ne s'appliquait pas à ses collègues. Ramsey fut le premier employé de la Résidence à accueillir l'huissier en chef Stephen Rochon, lorsque celui-ci prit ses fonctions, et à prendre la peine de lui décrire la vie aux deuxième et troisième étages.

*

* *

Comme ses collègues les plus fidèles, Wilson Jerman, un homme à la voix posée, ne perdit jamais de vue la responsabilité allant de pair avec le fait d'évoluer dans le secret du sanctuaire privé de la famille présidentielle. Il avait quatre-vingt-cinq ans lorsque je l'ai interviewé, récemment. Après avoir débuté en tant qu'agent d'entretien en 1957, il était majordome lorsqu'il prit sa retraite en 1993, retraite qu'il interrompit en 2003 (la « Maison » lui manquait) pour travailler à temps partiel comme portier jusqu'en 2010. À l'instar de tout portier d'immeuble, il était au fait de toutes les entrées et sorties du bâtiment, qu'il gardait secrètes.

Pour Jerman, sa loyauté envers la famille présidentielle et la protection de l'intimité de celle-ci sont une réponse naturelle à la confiance qu'elle lui accorde : « C'est très gratifiant de pouvoir se rendre dans la chambre de la première dame pour y chercher quelque chose qu'elle vous a demandé. »

Katie Johnson, ancienne secrétaire personnelle du président Obama, adorait questionner les majordomes. Quand elle demanda à l'un d'eux ce qui avait le plus changé à la Maison Blanche, au cours de ses décennies de service, celui-ci souligna deux aspects : davantage de femmes et la suppression de l'alcool au déjeuner. « Les gens avaient l'habitude de boire beaucoup à midi, lui raconta-t-il. Si le personnel était si nombreux à l'époque, c'est entre autres parce qu'il fallait préparer des Martini pour les réunions de la mi-journée, ce qui ne se fait plus du tout de nos jours, explique la jeune femme. Aujourd'hui, personne n'imagine un conseiller réclamer un Martini en pleine réunion du cabinet. »

Huissier à la Maison Blanche pendant vingt-six ans et décédé en 2014 à l'âge de quatre-vingt-neuf ans, Nelson Pierce fut souvent appelé pour transmettre au Président des documents classés « top secret », des informations si sensibles que seul le Président est autorisé à les lire. J'ai eu la chance d'interviewer Nelson Pierce avant sa disparition. Il m'a dit qu'un jour il avait dû apporter un document à signer au président Lyndon Johnson, lors d'un déjeuner d'affaires auquel participaient Dean Rusk, le secrétaire d'État, Robert McNamara, le secrétaire à la Défense, et au moins une demi-douzaine d'autres conseillers. Étant donné l'époque, ces messieurs discutaient certainement du Vietnam.

Quelque peu angoissé, Pierce demeura auprès du Président, attendant qu'il signe le document, lorsqu'il entendit un éclat de voix inhabituel : « Le secrétaire McNamara avait haussé le ton et criait quelque chose au Président. Il était furieux, pour je ne sais quelle raison. Je serais incapable de répéter un seul mot de ce qu'il a dit, ou de ce que le Président lui a répondu. Je n'en ai aucune idée et je pourrais jurer sur une pile de bibles que je ne me souviens de rien de cet échange, car nous avions l'habitude d'oublier instantanément ce que nous entendions. Même si on me plaçait sous hypnose, on ne tirerait rien de moi. »

Des décennies plus tard, Andrew Card, le chef de cabinet de la Maison Blanche, raconta que, durant des réunions avec George W. Bush dans le Bureau ovale, il avait remarqué que certains conseillers devenaient nerveux lorsqu'un majordome ou un autre membre du personnel entraient dans la pièce : « Ils faisaient tout pour gêner le moins possible mais devaient tout de même nous servir. Les conseillers du Président et de la première dame ont toujours été moins à l'aise qu'eux en présence d'un majordome ; ils ne savaient jamais s'ils devaient s'interrompre ! »

Cela étant, la qualité dont le personnel est le plus fier, cette capacité à se fondre dans le décor, peut aussi être déshumanisante. Que le Président les sache capables de ne pas prêter attention à une conversation leur a parfois donné le sentiment de ne pas exister. « Les gens parlaient de tout en notre présence, j'en étais très étonné, décrit Herman Thompson, majordome occasionnel depuis l'ère Kennedy jusqu'à la fin de l'ère Bush père. Je pensais qu'ils chuchoteraient certains détails, quand nous officierions dans la salle à manger d'État, mais non. Ils se comportaient comme si nous n'étions pas là. »

En certaines occasions, le Président ou la première dame oublièrent la présence des employés à un point tel que cela en fut gênant pour ces derniers. Nelson Pierce fut ainsi très embarrassé un soir, alors qu'il montait des bagages dans la chambre des Reagan, quand Nancy se mit à crier sous ses yeux sur son mari, l'homme le plus puissant de la planète : « Elle l'a insulté parce qu'il avait allumé la télévision. "Je regarde simplement les informations, chérie", s'est défendu le Président. À peine entrée dans la chambre, elle l'a tancé comme vous n'avez pas idée. Juste devant moi, alors que je pensais qu'elle s'en prendrait à lui une fois seuls. Il regardait les informations de 23 heures, et elle estimait qu'il aurait déjà dû être au lit. Quelque peu étonné par cet éclat, j'ai posé les valises et suis sorti de la pièce aussi vite que possible. »

Le président Johnson se déshabillait souvent devant le personnel ; il était même connu pour aboyer des ordres assis sur la cuvette des toilettes. Un jour, le journaliste Frank Cormier vit avec stupéfaction le sergent Paul Glynn, steward et valet à bord d'Air Force One, s'agenouiller devant le Président en plein vol et lui laver les pieds, qui plus est sans même que ce dernier prête la moindre attention à la présence du militaire : « Tout en discutant, Johnson ne s'intéressa pas une seconde au jeune homme, si ce n'est lorsqu'il décroisa et recroisa les jambes de l'autre côté, quand il fut temps pour Glynn de s'occuper de l'autre pied. »

Après avoir assisté à cette scène, Cormier ne manifesta aucune surprise quand il apprit que Glynn était également chargé de couper les ongles de pieds de Johnson.

La plupart du temps, travailler au contact de la plus puissante famille de la planète donne au personnel le sentiment d'être respecté. Il est dans son intérêt de ne rien dévoiler de ce qu'il entend. « Ils ne seraient pas là depuis tant d'années s'ils parlaient à tort et à travers », dit Susan Ford, âgée de dix-sept ans lorsque son père devint président.

Cletus Clark, peintre à la Maison Blanche qui servit de la présidence de Nixon à celle de Bush fils, n'a jamais trahi de secret : « Je suis comme un fantôme. J'ai toujours tout gardé pour moi. Je sais distinguer ce qu'il convient de dire de ce qu'il faut taire. »

« Ils servent les présidents les uns après les autres, connaissent toutes les familles et sont toujours discrets », m'a confié Laura Bush, d'une voix nettement plus posée que celle de sa belle-mère. Ils restent discrets, même lorsqu'ils s'entretiennent avec la famille présidentielle : « Ils ne disent rien concernant les présidents qui ont précédemment occupé la fonction suprême, pas plus qu'à propos des anciennes familles présidentielles ; c'est une qualité que nous admirions et respections car, bien entendu, nous souhaitions qu'ils en fassent autant après notre départ. »

Les souvenirs issus de la vie quotidienne que n'importe quel foyer chérit sont de véritables trésors pour les familles présidentielles, qui ont souvent invité des employés de la Résidence à se joindre à eux lorsqu'ils n'étaient pas de service. Laura Bush raconte que son mari et Ron Guy, un majordome, partageaient une passion pour la pêche : « Chaque fois que les majordomes venaient au ranch, ce qui se faisait lorsque nous y invitions des chefs d'États, George et Ron Guy partaient pêcher le bar dès qu'un moment de liberté se présentait. J'ai un agrandissement d'une photo de George avec le vice-président Cheney et Ron Guy, en train de pêcher sur la barque à moteur que nous possédons au ranch. » Et Mme Bush de poursuivre : « Il y avait tant de façons de bien connaître chaque personne qui travaillait là-bas. Nous les connaissions vraiment bien. Je me souviens d'Harold Hancock, un portier que nous adorions. C'était un homme si gentil, si charmant… Il est mort pendant que nous vivions à la Maison Blanche. J'ai gardé une merveilleuse photo de lui, devant une porte, attendant que le Président revienne, avec Spot, notre chien. […] Ils étaient toujours formidables avec les animaux. Ils donnaient toujours l'impression d'aimer les bêtes, que ce soit le cas ou pas ! »

Luci Baines Johnson adorait Wilson Jerman, dont elle garde aujourd'hui encore un souvenir très fort, près de cinquante ans après avoir quitté la Maison Blanche : « Son sourire pouvait apaiser une bête sauvage », affirme-t-elle avec son accent traînant du Sud.

Autre exemple de cette discrétion, Jerman avait trouvé un moyen d'esquiver les questions en ne disant jamais clairement où il était employé : « Je disais que je travaillais au 1600, Pennsylvania Avenue. La quasi-totalité des gens ne savent pas à quoi correspond cette adresse. On me demandait alors de quel entrepôt il s'agissait, de quel bâtiment. Je répondais que ça se situait en centre-ville. »

Il ne souhaitait pas répondre à la pluie de questions qui ne manquerait pas de tomber s'il dévoilait la vérité.

À l'image de Ramsey, Jerman craignait tant d'être renvoyé s'il parlait trop de son travail qu'il ne l'évoqua jamais tout le temps qu'il fut employé à la Maison Blanche. « On m'aurait posé trop de questions. On voit, mais on ne voit pas. On entend, mais on n'entend pas. Et on ne sait rien. »

Même lorsqu'il voyait l'Histoire s'écrire sous ses yeux, Jerman restait concentré sur sa mission, donnant l'impression de ne pas avoir la moindre envie de dévoiler des nouvelles sensationnelles au monde extérieur. Le 15 avril 1986, en début de soirée, Jerman et Frank Ruta, un cuisinier, étaient occupés à préparer le dîner pour les Reagan lorsque le Président fit irruption. Il venait souvent dans la cuisine mais, cette fois, ce n'était pas seulement pour voir si tout se déroulait bien.

« Je voulais juste vous prévenir que nous allons commencer à bombarder la Libye d'ici cinq minutes, les gars, leur annonça-t-il. Je tenais à ce que vous en soyez les premiers informés.

– Merci de cette attention, Monsieur le Président, répondit Jerman. Mais à quelle heure souhaitez-vous que le dîner soit servi ? »

Reagan prit une seconde pour réfléchir. « Demandez plutôt à ma femme », dit-il enfin.

Ruta s'esclaffa, un peu plus tard, en repensant à l'expression sidérée de Reagan. Mme Reagan fit rapidement sortir son époux de la cuisine ; elle se méfiait toujours quand il s'entretenait avec le personnel, craignant qu'il ne divulgue des secrets concernant la sécurité nationale.

Ruta n'avait que vingt-deux ans lorsqu'il prit ses fonctions de cuisinier à la Maison Blanche, où il prépara l'immense majorité des repas de la famille Reagan. Il m'a confié que Nancy Reagan protégeait jalousement son mari – elle lui était entièrement et sincèrement dévouée –, mais qu'elle n'avait rien à craindre de la part des employés de la Résidence. Ruta ne répandit jamais le moindre ragot, pas plus qu'il ne demanda aux femmes de ménage ou aux majordomes de lui en raconter : « Il faut respecter leur intimité. Nous ne sommes pas là pour être les yeux du grand public. »

Les employés ne peuvent parfois pas éviter d'être témoins de scènes de vie privée. Tous les soirs, l'huissier de service pour la nuit apporte au Président le « carnet de notes », qui contient des données sensibles rassemblées par l'équipe de l'aile ouest, afin qu'il se prépare pour le lendemain, puis il éteint les lumières. Chris Emery a souvent trouvé les Reagan dans le salon, après le dîner, lorsqu'il déposait le carnet de notes : « Ils regardaient parfois *Madame est servie*, à un volume très élevé car le Président était un peu dur d'oreille. Vers 20 heures ou

21 heures, il travaillait, installé dans un fauteuil à fleurs, en robe de chambre rouge et avec ses grosses lunettes noires de GI, son plateau-repas posé à côté de lui et encombré de documents. Madame Reagan n'était jamais très loin. Bien souvent, quand je montais, je les trouvais se tenant par la main. Il n'y avait personne pour les voir. »

Le peintre Cletus Clark se donnait du mal pour éviter de déranger la famille présidentielle, même si cela compliquait son travail : « Ils ne souhaitaient pas tant que cela nous voir tourner autour d'eux, il fallait donc travailler le moins possible dans leur environnement proche. Quand nous avions quelque chose à faire dans la chambre de la Reine, qui se trouve du côté est, et qu'ils se trouvaient dans la salle d'attente ouest, nous passions par le troisième étage pour ensuite redescendre par l'escalier du fond. Il fallait bien poursuivre notre travail. »

La loyauté de Clark s'illustra pleinement quand on lui demanda d'effectuer des travaux de peinture au domicile de Charles « Bebe » Rebozo, le meilleur ami du président Nixon. La presse s'empara de l'affaire et s'étonna que l'on ait confié une telle tâche à un membre du personnel de la Maison Blanche. « Je n'ai fait qu'obéir aux ordres, se défendit Clark. Je ne pose pas de questions. »

Selon Barbara Bush, les employés de la Résidence « sont probablement moins portés sur les ragots que la moyenne ». Et d'ajouter malicieusement : « Bien sûr, il faut avouer que nous formons une famille exemplaire. »

Rosalynn Carter appréciait la discrétion du personnel : « Je leur faisais entièrement confiance. Ils étaient tous si parfaits. Je ne me rappelle pas avoir jamais cherché à leur cacher quoi que ce soit, mais il faut dire que je ne les ai jamais surpris tentant de nous écouter. Ils s'activaient certainement près de nous quand nous discutions, mais j'en oubliais leur présence. »

Tous fuient les projecteurs. L'huissier Nelson Pierce, un homme fin doté d'un sourire doux, ne possédait pas beaucoup de photos de son passage à la Maison Blanche, principalement parce qu'il s'était efforcé d'éviter le plus possible les photographes durant ses vingt-six années passées en ces lieux, de 1961 à 1987 : « Je n'étais pas là-bas pour être pris en photo. Je me suis fait surprendre trois fois par la télévision : une fois, alors que je branchais les illuminations de Noël sur le portique nord – les caméras n'étaient pas censées filmer, mais c'était le cas –, puis à deux reprises alors que je portais un parapluie, une fois pour le Président et une autre pour la première dame, à leur descente de l'hélicoptère. »

*

* *

La discrétion est primordiale quand il s'agit de la manière dont la nourriture destinée à la famille présidentielle est vérifiée. Pour les commandes en grande quantité, la Maison Blanche fait appel à des sociétés passées au crible et dont les employés ont été approuvés par le FBI et le Secret Service. Ces derniers sont chargés d'aller chercher les produits et de les apporter à la Maison Blanche. Si le Président trouve à son goût tel ou tel plat découvert au cours d'un déplacement et souhaite qu'il soit servi à la Maison Blanche, on s'arrange parfois pour l'envoyer à l'adresse personnelle d'un employé, afin que personne ne devine qu'il est destiné au Président.

Concernant les repas ordinaires de la famille présidentielle, les produits de base sont achetés de façon anonyme par des employés, afin de ne courir aucun risque. Responsable de la réserve, et employé de l'histoire récente à être resté le plus longtemps en service à la Maison Blanche (il fut engagé sous Eisenhower et prit sa retraite en 2013), William « Bill » Hamilton était chargé d'acheter de quoi préparer les repas de la famille présidentielle, et occasionnellement les dîners plus importants. Mince et chauve, cet homme de soixante-dix-sept ans qui paraît encore étonnamment jeune courait souvent à l'épicerie voisine se procurer ce dont la famille présidentielle avait besoin, que ce soit du papier toilette ou des pommes. Il ne veut toujours pas dire à quelle épicerie il se rendait – « Le Secret Service ne veut pas ! » Cet anonymat était d'une importance capitale : comme on ignorait qu'il faisait des courses pour la famille présidentielle, personne n'aurait pu chercher à empoisonner ce qu'il achetait.

Le bureau de Hamilton était situé sous le portique nord, en face de la cuisine du rez-de-chaussée. Cela lui permettait de facilement s'entretenir avec le cuisinier en chef à propos des ingrédients nécessaires pour l'élaboration des repas. Quand venait le moment d'aller faire des commissions, Hamilton se rendait généralement au marché dans un véhicule banalisé du Secret Service, plutôt que d'emprunter une des imposantes voitures noires utilisées pour les parades. « De l'extérieur, il ressemblait à n'importe quel autre fourgon, mais on avait retiré les sièges à l'intérieur. »

Les colis n'étant pas acceptés dans le courrier destiné à la Maison Blanche, ils doivent tous être contrôlés par le Secret Service dans un bâtiment situé dans le Maryland. Quand on lui demandait comment envoyer un présent au Président, Roland Mesnier, le pâtissier en chef, conseillait de ne pas s'embêter à le faire : « Vous pouvez l'envoyer, mais il ne le verra pas ; votre cadeau sera détruit. »

Quand le Président prend un repas à l'extérieur de la Maison Blanche, un militaire est généralement chargé d'inspecter la cuisine du lieu, de surveiller la façon dont la nourriture est préparée et de la goûter.

La chambre d'hôtel de Jane Erkenbeck, qui fut l'assistante de Nancy Reagan, était toujours voisine de celle de la première dame, en partie pour permettre à cette dernière de se faire servir des plats par le service d'étage, rapidement et sans risque. Son assistante commandait elle-même les repas : « On les livrait dans ma chambre, jamais dans la sienne, puis je les lui portais. »

*

* *

Travailler à la Maison Blanche exige de savoir garder son sang-froid dans les circonstances les plus inhabituelles, même pour les employés qui ne sont pas quotidiennement au contact de la famille présidentielle. Reds Arrington, responsable de la plomberie, et son frère Bonner, en charge de la menuiserie, avaient l'un et l'autre été avertis par leur oncle – qui leur avait décroché leur emploi – de l'importance de ne rien dire. « Ils étaient muets comme des carpes, dit Margaret Arrington, la veuve de Reds qui, après tant d'années, se sent libre de partager quelques épisodes vécus par son époux derrière ces portes closes. Lorsque la famille présidentielle se trouvait dans les environs, mon mari et son frère disparaissaient, s'écartaient de son chemin, mais faisaient tout ce qu'on leur demandait. Un jour, ils durent ainsi déplacer des chaises pour Jackie Kennedy. En sortant de l'ascenseur, ils la trouvèrent assise à l'autre bout du couloir, au téléphone. Les jambes croisées et calées en hauteur sur un autre meuble, elle jouait avec ses orteils. » Elle portait un pantalon ; son attitude décontractée prit les deux hommes au dépourvu. « Ils furent si stupéfaits de la voir dans une position si peu digne d'une grande dame qu'ils se cognèrent tous les deux contre le mur, avec leurs chaises à la main ! » Le choc fut si violent qu'ils craignirent d'avoir endommagé les meubles anciens hors de prix.

Quand la première dame ou le Président décident de descendre le temps d'une visite impromptue, les employés se serrent les coudes : ils se font passer le mot, afin que nul ne soit surpris. D'après Reggie Love, le Secret Service ou le secrétaire du Président téléphonent au bureau des huissiers pour prévenir que le Président se rend à la Résidence ou descend faire un tour dans les ateliers.

Cletus Clark reçut ainsi un appel du bureau des huissiers, quelques minutes avant que Betty Ford descende pour le remercier, alors que son époux s'apprêtait à passer la main à son successeur : « La première dame vient vous voir, attention à vous comporter comme il convient. »

Christine Limerick fut gouvernante de la Maison Blanche durant trente-quatre ans, avant de prendre sa retraite en 2008. Contrairement au domicile de certains de ses collègues, son pavillon jaune situé dans le Delaware n'est pas un sanctuaire dédié à ses années passées à la Maison Blanche. (Une pièce entière est en fait réservée à sa collection d'ours en peluche.) La seule allusion à son extraordinaire carrière est une carte de Noël envoyée par les Clinton, accrochée dans la salle à manger. Cette femme amicale aux cheveux blancs coupés court a commencé à fréquenter Robert, son futur mari, lorsque celui-ci était technicien à la Maison Blanche. Elle ne met aucunement en avant les relations très étroites qu'elle a nouées avec les familles les plus célèbres de la planète, et tout le monde l'adore, parmi les employés qui ont travaillé tant d'années à ses côtés. « C'était ma patronne et mon amie, dit Betty Finney, femme de ménage de 1993 à 2007. Elle était prête à tout faire pour vous aider en cas de besoin. »

Le chemin qui la mena au 1600, Pennsylvania Avenue fut des plus improbables. Elle abandonna en effet en 1972 les études d'histoire chinoise qu'elle suivait à la prestigieuse université George-Washington, à Washington, pour devenir serveuse de cocktails à l'élégant Mayflower, un hôtel situé sur Connecticut Avenue. Très déçu, son père ne se réjouit pas davantage lorsqu'elle suivit la formation d'agent d'entretien de l'hôtel. « Je n'ai pas élevé ma fille pour qu'elle nettoie des cuvettes de toilettes », lui dit-il alors. Sa déception n'allait pas durer. « Quand j'ai été prise à la Maison Blanche, je l'ai appelé et lui ai dit : "Ta fille est maintenant chargée de nettoyer les toilettes de la Maison Blanche ! Qu'est-ce que tu en dis ?" »

En tant que gouvernante, Christine Limerick avait pour mission d'engager et de renvoyer les femmes de ménage – en accord avec l'huissier en chef. Durant son passage à ce poste, deux ou trois employées sont parties au bout de quelques semaines, soit parce qu'elles étaient trop béates d'admiration pour travailler convenablement au contact du plus puissant couple au monde, soit parce qu'elles n'étaient pas assez discrètes. « Il faut trouver le juste équilibre, quand on sert la famille présidentielle, et comprendre quand on doit les laisser seuls. Certaines femmes de ménage n'étaient peut-être pas les meilleures lorsqu'il était question de faire un lit, elles n'auraient pas remporté de trophée dans ce domaine, mais elles devinaient quand on avait besoin d'elles et quand elles devaient libérer les lieux. »

Les Clinton furent sa famille présidentielle préférée. Ils formaient à ses yeux le couple le plus passionné qu'elle ait servi, les tristement célèbres hauts et bas de leur couple s'accentuant en privé. Durant l'ère Clinton, travailler à la Maison Blanche revenait à faire un tour de montagnes russes, estime Christine Limerick. Bill et Hillary se livraient parfois à de véritables règlements de comptes, choquant le personnel en employant des insultes mordantes, pour à d'autres moments se réfugier dans un silence pesant. En des temps plus heureux, on pouvait les voir flâner tard le soir dans la Résidence, quand ils ne trouvaient pas le sommeil, bavardant avec insouciance et s'émerveillant des beautés du bâtiment.

Ancienne collègue de Christine Limerick au Mayflower, Ivaniz Silva fut embauchée par celle-ci au service d'entretien de la Maison Blanche en 1985. Retraitée depuis 2008, elle vit désormais non loin de l'université Howard, avec sa sœur cadette Sylvia, qui est aujourd'hui encore femme de ménage à la Résidence. À l'époque où elle y était employée, Ivaniz devait se lever à 5 h 30 du matin et prendre deux bus afin de rallier la Maison Blanche à temps pour prendre son service à 7 h 30. « Quand il neigeait, je devais m'y rendre à pied », se souvient-elle.

Elle travaillait trois semaines d'affilée le matin, de 7 h 30 à 16 heures, puis une semaine l'après-midi, de midi à environ 20 heures.

Elle faisait toujours ce qu'on lui demandait. Si un invité avait besoin d'un service qui requérait d'autres aptitudes que celle de ménagère, comme faire un ourlet à une robe, elle s'exécutait. Elle fit ainsi beaucoup de couture pour les Clinton et pour Laura Bush.

Christine Limerick décrit le délicat ballet des femmes de ménage pour déranger le moins possible la famille présidentielle : « Nous travaillions dans leur environnement proche. Quand ils entraient dans une pièce, ils nous disaient souvent que nous pouvions terminer notre travail en cours, que nous n'étions pas obligés de partir. Dans ce cas, nous reprenions notre tâche, avec cette capacité à ne pas tenir compte de ce qui se passait autour de nous. Si le Président et la première dame étaient en discussion – virulente ou non, passionnée ou non –, nous demandions si nous pouvions achever notre nettoyage. Nous faisions donc simplement notre travail, soit en oubliant le reste, soit en l'enfouissant au fond de notre mémoire. »

Lorsque la famille présidentielle souhaitait un peu d'intimité, les employés quittaient souvent la chambre pour s'activer dans une pièce voisine. « S'ils veulent être tranquilles, ils ferment la porte de la salle de bains, par exemple, où nous pouvons poursuivre notre nettoyage. »

Les femmes de ménage suivent les mêmes règles que les majordomes, explique Christine Limerick : elles voient mais ne voient pas, entendent mais n'entendent pas. Elles ne s'adressent aux membres de la famille présidentielle ou aux invités que pour répondre si on les interroge, et elles ne leur soumettent jamais la moindre requête personnelle.

Elles durent parfois fermer les yeux sur quelques mauvais comportements des enfants du Président, comme la consommation d'alcool à l'adolescence. Les employés de la Résidence savent généralement se mettre à la place des enfants qui grandissent à la Maison Blanche, avec si peu d'intimité. « Je n'avais rien d'un ange, quand j'avais vingt ou vingt et un ans, fait remarquer Christine Limerick, s'identifiant à certains de ces jeunes. Ils font la fête et aiment recevoir des amis, et forcément, nous assistons à tout cela. »

La plupart des employés estiment d'ailleurs qu'il vaut mieux pour ces adolescents boire de l'alcool à l'intérieur de la Maison Blanche qu'en dehors, où ils risquent de compromettre leur sécurité et la réputation de leurs parents.

Susan Ford, encore adolescente quand sa famille s'est installée à la Maison Blanche, se rappelle que le personnel la « réprimandait mollement » lorsqu'elle commettait un acte répréhensible, sans commune mesure avec les réactions plus fermes de ses parents.

Susan et ses amis faisaient des bêtises, comme lancer un feu d'artifice dans le parc de la Maison Blanche le 4-Juillet, jour de la fête nationale (ce qui est interdit à Washington), car ils savaient qu'ils ne risquaient rien : « Qui viendrait vous arrêter dans les jardins de la Maison Blanche ? »

Elle ajoute qu'il était facile pour les mineurs de consommer de l'alcool à la Résidence : le réfrigérateur du solarium était rempli de sodas et de bières destinés aux invités. « Quel adolescent ne va pas boire de bière quand on en range juste sous son nez ? »

Les trois fils adultes du président Carter passèrent beaucoup de temps à la Maison Blanche durant le mandat de leur père. Le fleuriste Ronn Payne, présent de Nixon à Clinton, raconte qu'il devait souvent faire davantage que simplement s'occuper des bouquets de fleurs dans les chambres des fils Carter, au troisième étage : « Je devais régulièrement ranger des pipes à eau. »

Sous couvert d'anonymat, un autre membre du personnel confirma que ces jeunes ne se gênaient pas pour fumer de l'herbe dans la demeure du Président. Si être contrôlés dans la rue avec des substances illicites aurait valu une arrestation aux fils Carter, ils pouvaient fumer à la Maison Blanche sans craindre quoi que ce soit.

Séjournant également régulièrement à la Maison Blanche, Lillian, la mère du président Carter, et Billy, le frère cadet de ce dernier, étaient deux personnalités hautes en couleur. Ayant à l'époque déjà dépassé les quatre-vingts ans, Lillian était connue pour se délecter de bourbon – comme le Président avait ordonné au personnel de ne pas la laisser approcher des réserves d'alcool, elle avait pris l'habitude d'envoyer un majordome chercher une bouteille de Jack Daniel's dans une boutique de vins et spiritueux située sur Connecticut Avenue et de la lui apporter dans sa chambre. Quant à Billy, il fut impliqué dans plusieurs scandales alors que son frère était président. Le personnel le surnommait « Billy Beer », en référence à la bière dont il vantait tant les mérites, et s'assurait qu'il ne « traîne pas dans la rue » lorsqu'il était ivre, raconte le majordome Herman Thompson. « S'ils voyaient un proche du Président, comme un frère ou un cousin, complètement soûl, alors ils ne le laissaient aller *nulle part.* »

Lors d'un 4-Juillet, sous le gouvernement Bush fils, alors que Jenna et Barbara, les filles du Président, étaient en âge de consommer de l'alcool en toute légalité, leurs parents les laissèrent seules à la Maison Blanche, tandis qu'ils s'offraient une escapade à Camp David. « Ils ont autorisé Jenna et Barbara à organiser une soirée au deuxième étage, se rappelle Christine Limerick, souriant à l'évocation de ce souvenir. Nous avons retiré tous les meubles du salon ovale jaune pour que les jeunes puissent danser. Ils ont fait la fête toute la nuit. Nous avons verrouillé les chambres de Lincoln et de la Reine, afin qu'ils ne puissent y accéder, mais ils étaient libres d'investir toutes les autres pièces. Ils se sont donc amusés et, le lendemain, nous leur avons préparé un brunch. Certains n'ont pas dormi de la nuit, certains ont un peu eu la gueule de bois, mais mieux valait cela plutôt qu'ils traînent dans la rue. »

Les employés de la Résidence se portent souvent au secours de la famille présidentielle pour la protéger de la curiosité du grand public et qui pourrait la mettre dans l'embarras. L'huissier Skip Allen se rappelle avoir été appelé par le bureau du Secret Service le jour où un tireur d'élite posté sur le toit de la Maison Blanche aperçut quelque chose d'inhabituel. Les filles Bush organisaient une fête dans le solarium, laquelle avait débordé sur la passerelle et sur le toit, comme souvent lorsque le temps était clément. Manifestement, un invité avait mis au défi un camarade d'aller toucher le mât du drapeau américain. « Ce n'est pas l'endroit le plus sûr qui soit, même en plein jour. Les obstacles sur lesquels on risque de trébucher sont nombreux, explique Allen. Sur le toit, on n'est en sécurité que sur l'étroite passerelle, et les projecteurs braqués sur le drapeau aveuglent quiconque n'est pas habitué à grimper là-haut. »

Les tireurs d'élite estimèrent que cette situation embarrassante et potentiellement dangereuse serait mieux gérée par un employé de la Résidence. Quand il parvint sur le toit, Allen constata que le fêtard en état d'ébriété était déjà en train de redescendre, après avoir atteint son but.

Il n'en parla jamais à George et Laura Bush.

*

* *

Dans une demeure où la moindre rumeur peut faire la une des journaux nationaux, Bill et Hillary Clinton mirent du temps à faire confiance au personnel. S'ils modifièrent le système téléphonique du bâtiment, c'était pour s'assurer que nul n'écoute leurs conversations privées, ce qui frustra les huissiers, pour qui le système en place, permettant d'orienter les appels, était absolument fiable.

Lorsqu'un correspondant cherchait à joindre un membre de la famille présidentielle, un opérateur appelait le standard du bureau des huissiers. « Si l'on demandait la première dame, nous insérions une clé dans la fente lui correspondant, ce qui déclenchait une sonnerie personnalisée, décrit Skip Allen. Elle pouvait alors décrocher n'importe quel téléphone des appartements privés, après quoi l'opérateur la mettait en relation avec son correspondant. »

Ce système avait été mis en place sous le gouvernement Carter, car un grand nombre de personnes vivaient à la Maison Blanche. À chacun était associée une sonnerie particulière. Une seule sonnerie signifiait que l'appel était destiné au le Président, deux à la première dame, et trois courtes à Chelsea.

Tous les matins, le Président est réveillé par un appel téléphonique émanant des opérateurs de la Maison Blanche. La plupart des présidents se lèvent à 5 h 30 ou 6 heures ; un huissier est de service dès 5 h 30, au cas où le Président aurait besoin de quoi que ce soit.

Le lendemain de l'investiture du président Clinton, l'opérateur chargé de le réveiller eut une surprise. Les Clinton étaient rentrés de leur tournée des bals d'investiture vers 2 heures du matin. Lorsque l'huissier en question fit sonner le téléphone présidentiel à 5 heures du matin, comme pour son prédécesseur, le Président s'emporta : « On n'a pas le droit de dormir, ici ?! » Le président Clinton était réputé pour être un oiseau de nuit, comme Johnson avant lui ; ses habitudes rendaient fou le personnel : certains soirs, les huissiers n'étaient autorisés à rentrer chez eux qu'à 2 heures du matin.

Les Clinton décidèrent qu'à cause de cet ancien système « trop de personnes avaient la possibilité d'écouter leurs conversations », relate Allen. Ils firent donc changer tous les téléphones de la Maison Blanche et installer un circuit intérieur. Si la première dame se trouvait dans sa chambre et le Président dans son bureau, elle pouvait désormais le joindre sans passer par un opérateur. « Cette décision a en réalité nui à la sécurité du système téléphonique, estime Allen, encore agacé par ce changement. N'importe qui pouvait décrocher un combiné, dans n'importe quelle pièce. »

Selon l'huissier, l'obsession du secret des Clinton rendit leurs relations avec le personnel « chaotiques » durant leurs huit années de présence. Au moins une employée, à savoir la fleuriste Wendy Elsasser, met cette paranoïa sur le compte d'inquiétudes parentales : « La protection de Chelsea était sans doute pour beaucoup dans leur attitude… disons "réservée", faute d'un meilleur terme, avec le personnel. »

Il est pourtant évident que les Clinton avaient très peu de raisons de craindre que les employés de la Résidence ne trahissent le moindre secret. Aujourd'hui encore, alors que des années se sont écoulées depuis, la plupart restent muets quand on leur demande de raconter ce qui se déroulait derrière ces portes closes. La discrétion est inscrite dans les gênes de l'immense majorité d'entre eux. Ils ont conscience que leur retenue est essentielle à la protection de la présidence. Sans cela, la vie à la résidence exécutive serait insupportable.

CHAPITRE 3

DÉVOUEMENT

Carson : Downton est une grande maison, M. Bates, et les Crawley sont une grande famille. Nous vivons en respectant certains critères, et ces critères peuvent sembler rebutants, a priori.
Bates : Bien entendu...
Carson : Si vous ne trouvez plus vos mots en présence de Monsieur le Comte, je peux vous assurer que ses manières et sa grâce vous aideront rapidement à accomplir vos devoirs au mieux de vos capacités.

Downton Abbey, saison 1, épisode 1.

« Dimanches et vacances ne sont que des mots, pour un huissier de la Maison Blanche », fit un jour remarquer Irwin « Ike » Hoover, huissier en chef de 1913 à sa mort, en 1933. Les employés de la Résidence sont à ce point dévoués à leur tâche qu'ils refusent parfois de rentrer chez eux, même quand on le leur demande. Lady Bird Johnson était si gênée par les habitudes nocturnes de son mari qu'un matin elle prit J. B. West, l'huissier en chef, à part dans son dressing ; la veille, les majordomes n'avaient été autorisés à rentrer chez eux qu'à minuit. « Je suis vraiment navrée que les domestiques doivent rester si tard le soir, lui dit-elle. J'ai depuis longtemps renoncé à faire dîner mon mari à une heure décente. Ne pourrait-on pas demander à Zephyr [la cuisinière des Johnson] de préparer un plat que l'on pourrait garder au chaud, ou que je réchaufferais moi-même, ou encore dont le Président pourrait facilement se servir, si je suis allée me coucher ? Les majordomes pourraient alors rentrer chez eux à 20 heures tous les soirs, comme ils sont censés le faire. »

Lorsque West transmit cette requête à Charles Ficklin, le maître d'hôtel, ce dernier se mit en colère. C'était un plaisir pour eux de rester aussi longtemps que le Président le souhaitait. « Que le Président des États-Unis prépare lui-même son repas ? Jamais ! » John, le frère de Charles, lui aussi majordome, ajoute : « Nous avons servi aux présidents et aux premières dames tous leurs repas, aussi loin que remontent mes souvenirs. Même lorsqu'il s'agissait d'un sandwich au fromage, d'un bol de sauce chili ou d'un œuf dur. C'est la tradition. »

Lorsque West signifia à lady Bird que les majordomes se révolteraient purement et simplement s'ils étaient congédiés en début de soirée, celle-ci répondit : « Je n'ai jamais connu une telle maison : non seulement il faut deux personnes pour allumer un feu de cheminée – ils ne veulent pas que je m'en charge –, mais en plus les domestiques ne veulent pas rentrer chez eux le soir ! »

Huissier en chef de Reagan à Bush fils, Gary Walters était chargé d'embaucher et de renvoyer le personnel. Il avertissait systématiquement les candidats, lors des entretiens : « Ne vous attendez pas à avoir des horaires normaux, de 9 heures à 17 heures. »

Lui-même subit ce rythme. En effet, s'il prit sa retraite, ce fut entre autres pour enfin pouvoir établir son propre emploi du temps et partir en vacances avec sa famille. « J'attribuais un planning à chaque employé, bien sûr, mais tous savaient que les journées du Président dépendaient toujours de la situation dans le monde, et qu'on pouvait à tout moment leur demander de rester plus tard que prévu au travail ou de s'y rendre en avance, les convoquer à la dernière minute, leur ordonner de rester plusieurs jours d'affilée. Tout dépendait du programme de la présidence. »

Walters avait l'habitude d'être appelé alors qu'il passait des moments en famille. En 1991, il sortait à peine de l'allée de la Maison Blanche, afin d'aller assister à un match de basket de l'université du Maryland, lorsqu'il apprit que les États-Unis, aux côtés d'une coalition internationale, avaient commencé à bombarder les forces irakiennes au Koweït. « Je suis sorti par une grille du parc, j'ai roulé quelques dizaines de mètres sur Pennsylvania Avenue, puis je suis rentré par l'autre grille. »

Cletus Clark, peintre à la Maison Blanche de 1969 à 2008, estime avoir renoncé à sa vie au profit de son travail, durant ces années. Il portait en permanence un talkie-walkie et était régulièrement appelé chez lui pour travailler le week-end, en fonction des caprices de la famille présidentielle. « Si la première dame souhaitait déplacer un tableau et percer un trou dans un mur, on me mettait la main dessus pour que je vienne m'en occuper. »

Tony Savoy, ami de Clark et directeur des opérations, travaillait en étroite collaboration avec lui. Si la première dame décidait de faire repeindre une pièce, les deux hommes faisaient en sorte que cette tâche non négligeable paraisse insignifiante : « Nous sortions tous les meubles de la pièce, qui était repeinte le vendredi et le samedi, puis nous venions à la Maison Blanche le dimanche pour tout remettre en place, raconte Savoy. Quand [la famille présidentielle] rentrait, le dimanche soir ou le lundi, tout était rentré dans l'ordre. »

Personne n'a jamais eu envie de dire non au Président ou à la première dame. Et toutes les premières dames sont impatientes. « Tout le monde a peur d'elles, dit Clark. Personne n'ose leur dire la vérité. Si elles leur demandent s'il est possible de repeindre toute la Maison Blanche en une journée, les employés répondent "Oui, madame !" Ils ne disent pas non, car personne ne veut risquer de perdre son emploi en disant la vérité. »

Clark ne pouvait jamais prendre son temps, pas même lorsqu'il s'attelait à une tâche complexe, comme quand il lui fallut trouver la teinte de jaune précise pour rafraîchir le salon ovale jaune. Personne n'avait noté les références de la couleur exacte dont on s'était servi précédemment, des années auparavant. Son bureau étant situé en sous-sol, donc dépourvu d'éclairage naturel, il dut multiplier les allers et retours dehors avec des échantillons de couleurs pour les observer à la lumière du jour. Son dévouement ne passait pas inaperçu.

Laura Bush lui a un jour dit qu'il était « né pour devenir peintre », souvenir qui lui fait relever fièrement le menton.

Le Président est souvent happé par son travail. La Résidence a alors besoin de tout son personnel sur le pont. Jimmy Carter vivait dans une agitation presque constante, due à l'inflation à deux chiffres que subissait le pays, aux interminables files d'attente dans les stations-service et à la crise énergétique. (Rosalynn raconte qu'il faisait si froid à la Résidence – son mari avait exigé qu'on ne chauffe pas la Maison Blanche à plus de dix-huit degrés – qu'une femme de ménage avait eu pitié d'elle et lui avait acheté un caleçon long !)

Carter et ceux qui le servaient furent épuisés par la crise des otages en Iran plus que par le reste. Durant quatre cent quarante-quatre jours éreintants, le personnel dut s'adapter au nouveau programme du Président, complètement chamboulé en raison du décalage horaire – plus de huit heures – avec l'Iran. Tous les soirs, jusque tard dans la nuit, les cuisiniers apportaient des sandwichs et des cookies dans le Bureau ovale, pour le Président et son équipe de politique étrangère sur les rotules. Comme Carter se mettait au travail dès 5 heures du matin, il fallait que son bureau soit nettoyé et que de nouveaux bouquets de fleurs y soient disposés avant 4 h 45.

Madame Carter se rappelle que le personnel était particulièrement attentif durant la crise. « Ils s'inquiétaient pour nous », dit-elle, reconnaissante.

Ils s'arrangeaient en outre pour offrir au couple présidentiel les quelques instants d'intimité dont il avait désespérément besoin. En ces moments de calme, le Président se détendait avec son épouse sur le balcon Truman, l'après-midi : « Cela nous faisait une agréable pause. »

Trente-cinq ans plus tard, la défaite de Carter face à Reagan est encore vécue comme un drame personnel. Rester plus de deux mois à la Maison Blanche après avoir perdu l'élection fut un supplice : « Nous étions prêts à rentrer chez nous dès le 4 novembre, jour du scrutin. »

Le fleuriste Ronn Payne, qui n'a pas oublié le choc que fut cette défaite pour la famille présidentielle, se souvient : « Ils ont pleuré pendant deux semaines. Ils ne pouvaient plus s'arrêter. On ne pouvait pas se rendre au deuxième étage sans entendre quelqu'un sangloter. »

*

* *

Travailler à la Résidence devient un mode de vie. Bill Hamilton, responsable de la réserve, prit sa retraite après avoir fait partie du personnel durant cinquante-cinq ans. Peu après son départ, il partit enfin avec sa femme Theresa visiter Londres et Paris, pour leur cinquante-huitième anniversaire de mariage. Ils ont sept enfants, treize petits-enfants et quatre arrière-petits-enfants. Ni l'un ni l'autre n'avaient jamais mis les pieds en Europe ; ils n'en avaient jamais trouvé le temps.

« Je ne suis jamais sorti avec une autre fille que ma femme, me confia-t-il, juste assez fort pour que son épouse l'entende, dans la pièce voisine. Nous nous sommes connus en CM2. Quand j'ai annoncé à ma mère que j'allais me marier avec cette fille, elle m'a donné une gifle qui m'a fait tomber de ma chaise. [...] Elle m'a dit que je ne savais pas de quoi je parlais. »

Hamilton fut engagé en tant qu'agent d'entretien à l'âge de vingt ans. Comme presque tous ses collègues, il a obtenu ce poste parce qu'il connaissait quelqu'un qui travaillait déjà à la Maison Blanche. Son cher ami Wilson Jerman, dont il a fait la connaissance alors qu'il travaillait au Wardman Park Hotel, à Washington, lui a décroché un entretien. Les deux hommes se téléphonent aujourd'hui encore toutes les deux ou trois semaines, afin de se donner des nouvelles, et s'amusent à se disputer pour savoir lequel est resté le plus longtemps à la Maison Blanche.

Autre employé de la Résidence on ne peut plus habitué aux exigences peu communes des lieux et menuisier au nom prédestiné[1], Milton Frame est aujourd'hui âgé de soixante-douze ans. Il débuta sa carrière à la Maison Blanche en 1961, en aidant Traphes Bryant à s'occuper

1. *« Frame »* signifie « cadre », ou « charpente ». *(N.d.T.)*

des chiens des Kennedy ; puis il passa les trente-six années suivantes à se rendre quotidiennement depuis sa Virginie rurale à l'atelier menuiserie de la Résidence, un trajet d'une heure et demie. Lorsqu'il prit sa retraite, en 1997, alors qu'il s'était élevé au poste de menuisier en chef, il fut ravi de ne plus avoir à se lever à 4 heures du matin pour être à son poste à 6 h 30.

Wilford Frame, son père, avait lui aussi été menuisier à la Maison Blanche. Cette filiation facilita l'entretien d'embauche de Milton, par rapport à ce que devaient subir les candidats qui n'avaient pas de parents sur place.

Il rencontra ainsi J. B. West, l'huissier en chef, un dimanche matin.

« Aimeriez-vous travailler à la Maison Blanche ? lui demanda celui-ci.

– Eh bien, je recherche un emploi, monsieur, répondit Frame, qui à l'époque multipliait les petits boulots.

– Si je vous embauche, quand pouvez-vous commencer ?

– Dès que vous me le demanderez, monsieur. »

Frame débuta le lendemain et enchaîna aussitôt de longues journées et de longues nuits. Tenant absolument à ce que ses employés soient à la hauteur des incessants divertissements prisés par les Kennedy, West leur faisait régulièrement subir des exercices à l'improviste. « Un soir, il nous a fait faire une répétition un peu spéciale, raconte Frame, riant encore à l'évocation de ce souvenir improbable. Nous avons passé la soirée à monter une estrade dans le salon est et, dès que nous avons eu fini, M. West nous a demandé de la démonter. Il est resté avec nous tout au long de l'opération, à surveiller l'heure pour voir combien de temps nous mettions à mener cette tâche à bien. Environ quatre heures pour monter l'estrade, et une heure et demie pour la démonter. »

Pour bon nombre d'employés, les journées étaient encore plus longues en raison du temps de trajet pour rejoindre le centre-ville. Presque tous les jours, on pouvait voir Tony Savoy, le directeur des opérations, dans sa voiture, sur le parking, attendant que le Secret Service le laisse entrer à 5 heures du matin. Il ne prenait son service qu'à 6 h 30 mais préférait se rendre à la Maison Blanche avant les heures de pointe. Il effectuait généralement un millier d'heures supplémentaires par an, travaillant parfois un mois d'affilée sans le moindre jour de repos. Retraité depuis 2013, il compte à présent faire « tout ce dont [il a] envie », y compris « rien de spécial ».

*
* *

Quand on leur demande d'évoquer les sacrifices consentis pour ce travail, très peu citent l'argent. Les employés de la Résidence sont des fonctionnaires fédéraux dont le salaire est « déterminé par l'administration des lieux », plutôt que fixé sur une grille de salaires gouvernementale. Ces émoluments dépendent de leur expérience et de la complexité de leur poste. Certains gagnent 30 000 dollars par an, tandis que les mieux placés dans la hiérarchie, comme l'huissier en chef, le cuisinier en chef, le pâtissier en chef, la gouvernante et le maître d'hôtel, peuvent gagner plus de 100 000 dollars annuels.

Roland Mesnier, le pâtissier en chef, a décliné des propositions d'emploi, avec à la clé plusieurs centaines de milliers de dollars annuels, de la part de restaurants de Las Vegas, et du Ritz, à Paris, pour travailler à la

Maison Blanche : « J'aurais pu gagner le triple, voire le quadruple de ce que j'empochais à la Maison Blanche ! »

Mesnier est quasiment une légende au sein du personnel, qu'il a rejoint en 1979 pour le quitter en 2006. Incroyablement rigoureux dans son travail, il comparait ses desserts à des œuvres d'art et leur donnait des noms recherchés. Comment résister à la « Perle noire australienne », un coquillage en chocolat blanc orné d'algues en chocolat et de minuscules poissons, eux aussi en chocolat, qu'il créa à l'occasion d'un dîner officiel donné en l'honneur de l'Australie, ou au « Jardin de bonzaïs de douce sérénité », un sorbet de griottes avec de la mousse d'amande, des petits macarons et des morceaux de nougat, accompagné de pêches et cerises fraîches fourrées à la compote de kumquat, composé à l'occasion d'une réception officielle du Japon ? Il passait de longues journées à réfléchir à ses préparations, dans le bureau du troisième étage qu'il partageait avec le cuisinier en chef et l'adjoint de ce dernier. Il lui arrivait de rester tard sur place, au point de se servir de la pièce voisine où étaient installés un lit et un canapé, afin de pouvoir passer la nuit à la Maison Blanche. L'amour que porte Mesnier à son travail est contagieux. Sept ans après avoir pris sa retraite, il m'a confié qu'il se faisait encore du souci pour la famille présidentielle. Aujourd'hui encore, lorsqu'il apprend qu'un dîner officiel va avoir lieu, il continue à imaginer des desserts élaborés.

Malgré tout, les employés les plus passionnés reconnaissent eux-mêmes qu'il y a un prix à payer pour vivre à la Maison Blanche. Mesnier avoue qu'il a manqué davantage d'anniversaires et de dîners familiaux qu'il ne saurait le dire. Il dut ainsi souvent annuler le vendredi soir des sorties au restaurant prévues le week-end avec sa femme et son fils, car la famille présidentielle avait décidé d'organiser un anniversaire ou une fête au bord de la piscine le dimanche, et il savait qu'il lui faudrait être présent. Ainsi conservait-il son travail, dit-il : en ayant conscience que la Maison Blanche passait toujours avant le reste. Ceux pour qui elle ne primait pas sur leur vie privée finissaient par être renvoyés, raconte-t-il, car la famille présidentielle avait le pouvoir de licencier n'importe quel membre du personnel à tout moment, sans explication. « La famille présidentielle est au courant de tout, vous pouvez me croire. Elle ne fourre pas son nez partout dans la Résidence, à tout vérifier, mais certaines personnes la tiennent informée de ce qu'il se passe. »

En particulier le secrétaire social, qui sert souvent d'intermédiaire entre le personnel et la famille présidentielle.

Le pâtissier perfectionniste fut le plus mis à l'épreuve, physiquement parlant, sous l'ère Clinton. Ceux-ci donnèrent en effet vingt-neuf dîners officiels durant leur passage à la Maison Blanche, contre six organisés sous la présidence de George Bush fils. Pour le passage à l'an 2000, ils convièrent mille cinq cents personnes. Ce jour-là, Mesnier ne quitta les lieux qu'à 7 heures du matin, le lendemain. « Les Clinton m'ont tué. J'avais les jambes détruites, complètement détruites. Je ne m'asseyais presque jamais, c'était impossible ! J'avais toujours quelque chose à faire. Dans une journée de seize heures, je m'asseyais peut-être vingt minutes, c'est tout. Je prenais mes repas debout. »

Mesnier et son épouse choisirent une date pour son départ en retraite quatre ans avant qu'il quitte vraiment son travail.

Et même quand il s'en alla enfin, il fut incapable de couper définitivement les ponts avec la Maison Blanche, où il retourna à deux reprises, quand Laura Bush le lui demanda personnellement. « J'ai préparé le gâteau d'anniversaire [de George W. Bush] puis j'ai de nouveau pris ma retraite. Deux semaines plus tard, elle m'a demandé de revenir, ce que j'ai fait, pour ne repartir qu'en décembre 2006. Je crois qu'aucun membre du personnel n'avait vécu ça avant moi. »

La pression pour satisfaire la famille présidentielle n'a peut-être jamais été aussi forte qu'avec les Reagan. Nancy Reagan allait jusqu'à s'occuper des plateaux, insistant pour que l'on ne serve jamais de nourriture « grise », mais uniquement des mets très colorés. Avant chaque dîner officiel, le cuisinier en chef déterminait chaque plat en accord avec la première dame puis, plusieurs semaines avant le grand jour, les Reagan invitaient quelques amis pour goûter ce menu et leur demandaient ce qu'ils en pensaient. La première dame examinait chaque plateau et le commentait : « Non, je pense que le rôti de bœuf devrait plutôt être placé ici, et les petits pois de ce côté », se rappelle l'huissier Skip Allen. Et si un dîner ne se déroulait pas exactement comme elle l'avait demandé, gare à vous !

Il ajoute qu'elle appelait parfois le bureau des huissiers, à qui elle demandait de faire venir le cuisinier au deuxième étage. « Si c'était grave, par exemple si on lui avait servi des haricots alors qu'elle s'attendait à des asperges, mieux valait avoir une bonne excuse. »

Mesnier dut un jour préparer plusieurs desserts originaux, à l'occasion d'un dîner officiel, avant que Nancy Reagan soit satisfaite d'une de ses créations.

Il est aujourd'hui encore hanté par un incident. Quelques jours avant une réception officielle en l'honneur de la reine Beatrix et du prince Claus des Pays-Bas, prévue un mardi du mois d'avril 1982, Nancy Reagan était installée à une longue table, dans son cher solarium, où elle déjeunait en compagnie du Président, assis face à elle. Après qu'elle eut repoussé deux choix de dessert, Roland lui en présenta un troisième. Les membres du personnel devinaient quand elle n'était pas satisfaite : elle penchait la tête sur la droite et esquissait un léger sourire. Elle inclina la tête…

« Je suis navrée, Roland, mais ça n'ira pas non plus.

– Entendu, madame. »

C'est alors que le Président intervint, depuis l'autre bout de la table :

« Laisse donc le pâtissier tranquille, chérie. C'est un dessert splendide. Qu'il fasse donc cela, ce sera magnifique.

– Contente-toi d'avaler ta soupe, Ronnie, ce n'est pas ton problème », lui lança-t-elle.

Il baissa les yeux sur son bol, qu'il vida sans ajouter un mot.

Mesnier était sous le choc. « Je suis retourné à la cuisine – c'était un dimanche, je m'en souviens –, où j'ai tourné en rond. J'ai vraiment pensé au suicide. Qu'allais-je donc préparer ? Combien d'années allais-je devoir endurer cela ? Huit ans ? J'étais désespéré. Vraiment désespéré. Je me disais que je n'avais pas d'idée, que je ne savais pas quoi faire. Et à cet instant, le téléphone a sonné. C'était Mme Reagan, qui me demandait de monter la rejoindre.

Nancy Reagan annonça à Mesnier qu'elle avait finalement décidé ce qu'elle voulait en dessert : des paniers en sucre très élaborés, chacun remplis de trois tulipes, également en sucre. Mesnier devait préparer quinze paniers pour le dîner, sachant que chacun lui prendrait plusieurs heures – en comptant le panier, les tulipes et les cookies pour accompagner le tout.

« Voilà ce que j'aimerais que vous nous serviez,

conclut-elle d'une voix posée, ravie de sa merveilleuse idée.

– C'est charmant et très joli, madame Reagan, et je pense que c'est une idée formidable, mais il ne me reste plus que deux jours avant le dîner. »

Elle inclina la tête sur la droite, un petit sourire aux lèvres : « Non, Roland, vous avez deux jours et deux nuits avant le dîner. »

Mesnier n'avait plus le choix : « Dans ces cas-là, vous dites "Merci, madame, pour cette merveilleuse idée". [Puis] vous tournez les talons et filez vous mettre au travail. »

Il s'activa ainsi jour et nuit. Après le dîner officiel, quand il eut appris que la première dame était satisfaite du résultat, il rentra chez lui très tard, aux anges d'avoir relevé le défi avec succès.

Avec le recul, Mesnier apprécie la façon dont Nancy Reagan l'a poussé, même si ce fut une expérience pénible sur le moment. Il se revoit encore rentrer chez lui, au volant de sa voiture : « Je me disais que j'avais réussi. C'est comme ça qu'on juge quelqu'un : quand il est piégé de cette façon, va-t-il s'en sortir ? Dans cas-là, on fait ce qu'il faut pour y parvenir, tout simplement. »

Le 8 décembre 1987, les Reagan furent les hôtes d'un dîner officiel très attendu en l'honneur de Mikhaïl Gorbatchev et de son épouse Raïssa. C'était la première fois qu'un dirigeant soviétique se rendait à Washington depuis Nikita Khrouchtchev, en 1959. La réussite de cette visite extrêmement importante reposait en partie sur les épaules du personnel de la Résidence.

« Accompagnée de sa secrétaire sociale, Nancy Reagan entra dans l'atelier floral et nous fit savoir qu'elle voulait "épater [Raïssa]", raconte le fleuriste Ronn Payne. C'est ce que nous avons fait. Nous avons changé toutes les fleurs de la Résidence trois fois en une journée : le matin, pour l'arrivée des invités, puis pour le déjeuner, en début d'après-midi, et enfin pour le dîner officiel. *Toutes* les fleurs, jusqu'à la dernière, trois fois. »

*
* *

Les employés qui en font trop pour donner l'image de serviteurs dévoués ne restent généralement pas longtemps. Worthington White, un colosse d'un mètre quatre-vingt-cinq pour cent quatre-vingts kilos, ancien plaqueur de l'équipe de football américain de Virginia Tech et huissier à la Maison Blanche de 1980 à 2012, estime que s'il est resté en poste si longtemps, c'est parce qu'il a toujours su quand rester discret. Quand certains se forçaient à « rire à des blagues pas vraiment drôles » ou rivalisaient avec leurs collègues pour « avoir du temps de présence, c'est-à-dire qu'ils faisaient tout pour se faire voir du Président ou de la première dame », cela ne fonctionnait jamais. « Ils avaient horreur de ça, insiste White. C'est ce que je disais aux nouveaux : le pire que vous puissiez faire, c'est de vous comporter de façon pas naturelle. Ces gens sont les politiciens les plus sûrs d'eux de la planète. Restez vous-mêmes. Ils vous apprécieront ou non, mais vous ne les duperez pas. »

*
* *

Si les tâches diverses des majordomes, femmes de ménage, fleuristes et cuisiniers peuvent sembler des plus ordinaires, les employés de la Résidence sont pleinement conscients du fait que leur mission consiste également à protéger le Président et sa famille des menaces de plus en plus nombreuses depuis le 11 septembre 2001. D'après un article du *Washington Post*, c'est une femme de ménage, et non un agent du Secret Service, qui la première découvrit des éléments indiquant qu'un individu avait tiré sur les appartements privés de la famille présidentielle.

En effet, le 11 novembre 2011, à 20 h 50, alors que le calme régnait dans le quartier en ce vendredi soir, un certain Oscar Ortega-Hernandez, vingt et un ans, gara sa Honda Accord noire de 1998 sur Constitution Avenue, abaissa la vitre côté passager et fit feu avec son fusil semi-automatique en direction de la Maison Blanche, qui se dressait à sept cents mètres, de l'autre côté de la pelouse sud. Au moins sept balles touchèrent les deuxième et troisième étages de la résidence privée de la famille présidentielle. Une vitre du salon ovale jaune, le salon officiel de la famille, vola en éclats. Le président Obama et la première dame étaient en ville, tandis que leur fille Malia se trouvait avec des amis, mais Sasha, leur cadette, et Marian Robinson, la mère de la première dame, étaient présentes à la Résidence au moment des tirs. Plusieurs agents du Secret Service entendirent les coups de feu mais reçurent l'ordre de ne pas intervenir. Sur le moment, il fut estimé à tort que ces tirs provenaient de bandes rivales et qu'aucun n'avait visé la Maison Blanche.

Quatre jours plus tard, vers midi, le mardi 15 novembre, une femme de ménage demanda à Reginald Dickson, huissier en chef adjoint, de la rejoindre sur le balcon Truman, où elle avait remarqué une fenêtre brisée et des morceaux de béton blanc sur le sol. Arrivé sur place,

Dickson repéra aussitôt un impact de balle et une ébréchure sur un rebord de fenêtre. Sans perdre une seconde, il avertit le Secret Service. Le FBI ouvrit aussitôt une enquête et découvrit une balle dans le cadre d'une fenêtre et des fragments métalliques d'un rebord de fenêtre. (Celles-ci étaient pourvues de verre ancien à l'extérieur et de verre pare-balles à l'intérieur.) Le Président était en déplacement, ce jour-là, et la première dame, rentrée avant lui, dans la matinée, faisait la sieste. Dickson décida de s'entretenir avec elle, imaginant qu'elle avait été mise au courant des événements, mais ce n'était pas le cas. Les conseillers d'Obama avaient en effet préféré attendre le retour du Président pour l'en informer d'abord et le laisser révéler à son épouse ce terrifiant incident. La maintenir dans l'ignorance se révéla une très mauvaise idée.

La première dame entra dans une colère noire, ce qui est compréhensible, quand Dickson lui apprit les faits. Lorsque Mark Sullivan, alors directeur du Secret Service, fut convoqué à la Maison Blanche pour discuter de l'incident, Michelle Obama était si furieuse qu'on entendit sa voix à travers la porte close, dit-on. Sans une femme de ménage observatrice et un huissier consciencieux, les balles auraient peut-être été découvertes beaucoup plus tard, voire jamais.

L'huissier en chef Stephen Rochon, qui avait pris sa retraite quelques mois avant ces coups de feu, avait engagé Dickson et dit que ce dernier est particulièrement proche de la famille présidentielle. Il n'est pas surpris que Dickson et une domestique anonyme aient joué un rôle capital dans la mise au jour de ces faits. « Le personnel est formé à garder les yeux ouverts et à signaler tout détail inhabituel – qu'il s'agisse d'un carreau cassé ou d'un colis abandonné à l'issue d'une visite guidée – aux huissiers, lesquels le rapportent au Secret Service. Nous ne sommes pas là uniquement pour faire le ménage et servir des repas. »

Une autre inquiétante faille dans la sécurité se révéla le 19 septembre 2014, lorsqu'un individu armé d'un couteau escalada la clôture de la pelouse nord et courut jusqu'à la Maison Blanche, esquivant plusieurs agents du Secret Service. Arrivé dans le bâtiment, il prit le dessus sur un agent et, délaissant l'escalier menant au deuxième étage, se précipita dans le salon est. (Selon certaines sources, le bureau des huissiers avait demandé à ce que l'alarme située près de l'entrée principale de la Résidence soit éteinte, car elle était trop forte. Si elle avait été activée, elle aurait alerté tous les agents.) L'intrus, un certain Omar Gonzalez, fut finalement maîtrisé par un agent du Secret Service qui n'était pas de service, non loin de la porte donnant sur le salon vert.

Skip Allen, qui fut membre du Secret Service durant huit ans avant de devenir huissier en 1979, est atterré par ces atteintes à la sécurité. « J'ai vu un type sauter par-dessus la clôture, un jour, depuis le bureau des huissiers, raconte-t-il. Il n'a traversé que la moitié de la pelouse nord avant d'être cerné par des agents du Secret Service. Je ne comprends pas comment quelqu'un a pu courir de la grille jusqu'au salon est sans être intercepté. »

Le Président et sa famille ont fait l'objet d'autres menaces, moins spectaculaires mais tout aussi dangereuses. Walter Scheib, cuisinier en chef, assurait que son objectif était de garder la famille présidentielle en bonne santé, mais aussi en vie : « Et ce n'est pas rien, étant donné le nombre de personnes qui en veulent au Président, que ce soit dans notre pays ou à l'étranger. »

Pour Scheib, qui servit les Clinton puis Bush fils,

« personne n'est plus important, pour la sécurité du Président, que les cuisinier et pâtissier en chef ». Mesnier partage son avis. Même après le 11-Septembre, on ne fit pas venir de gouteurs en cuisine. « Nous nous en chargions. On nous faisait confiance pour que rien de fâcheux ne se produise dans notre secteur. »

Lyndon Johnson savait comment contourner les règles régissant la livraison de nourriture à la Maison Blanche – certes moins strictes dans les années 1960. Le Président raffolant des blinis préparés par Margaret, la femme de Robert McNamara, le secrétaire à la Défense, celle-ci chargeait de temps à autre son mari d'en remettre quelques-uns à Johnson en les transmettant à un employé de la Maison Blanche. Un jour, McNamara les remit à un policier, qui les confia à un agent du Secret Service. Les blinis furent détruits. Quand McNamara demanda à Johnson s'il avait apprécié la dernière fournée de sa femme, le Président s'emporta : « Laissez ma nourriture tranquille ! hurla-t-il à un agent du Secret Service qui eut la malchance de croiser son chemin ce jour-là. Servez-vous de ce truc, dans votre crâne, qui est censé être un cerveau. Pensez-vous vraiment que le secrétaire à la Défense va m'empoisonner ? »

Mesnier ne profita de sa position qu'une seule fois. En préparant le dîner officiel donné par les Reagan en l'honneur de Mikhaïl Gorbatchev, il inclut des framboises dans son fameux dessert, car en Russie elles sont « si chères qu'elles sont aussi prisées que le caviar ». Quelques jours après le retour du dirigeant soviétique dans son pays, Mesnier se trouvait dans la cuisine quand on lui remit un imposant colis marron envoyé par Gorbatchev, qui avait réussi à lui parvenir. Conscient que, quel que fut son contenu, ce paquet devrait être détruit sans délai, Mesnier décida de l'ouvrir d'abord.

Il découvrit alors avec joie deux grosses boîtes de trois kilos du meilleur caviar russe. « Fais ce que tu veux de la tienne, je m'en fiche, mais moi, j'emporte la mienne à la maison, dit-il à son collègue. Je suis prêt à risquer ma vie pour ça ! »

La famille présidentielle est consciente des longues heures de présence et de l'extraordinaire loyauté du personnel. Sachant que Frederick « Freddie » Mayfield adorait nager, le président Ford lui proposa un jour d'apporter son maillot de bain, et les deux hommes firent quelques longueurs ensemble, avant de regagner l'intérieur en riant, chacun enveloppé dans sa serviette.

Les premières dames savent souvent comprendre sans un mot leurs employés préférés et les aident lorsqu'ils se trouvent dans une situation délicate. En 1986, Anita Castelo, la femme de chambre de Nancy Reagan, fut accusée d'avoir aidé deux compatriotes paraguayens à expédier clandestinement trois cent cinquante milles cartouches de calibre 22 dans leur pays. La première dame rédigea une déclaration sous serment attestant de l'intégrité d'Anita Castelo. Les charges pesant contre l'employée furent abandonnées au moment où l'affaire Iran-Contra, dans laquelle il était question de vente illégale d'armes à une échelle beaucoup plus importante, commençait à faire la une des journaux nationaux. Le Président était accusé d'avoir donné son aval concernant la vente d'armes à l'Iran en échange de la libération d'otages et du financement des rebelles Contras du Nicaragua. Ce scandale était sur le point d'éclater, et il est évident que la Maison Blanche préféra ne pas ébruiter les accusations pesant sur Anita Castelo. Cela dit, Nancy Reagan tenait tant à garder sa femme de chambre à ses côtés qu'elle était prête à courir le risque d'un embarras public.

*
* *

Le dévouement exceptionnel du personnel de la Résidence à l'égard de George Bush père et de sa famille provient probablement du fait que cette dernière était très accessible. Les Bush mettaient tout le monde à l'aise dans leur entourage. Barbara Bush se souvient d'une scène, durant la guerre du Golfe, alors qu'elle suivait avec angoisse les informations télévisées. Tandis qu'elle attendait que son époux la rejoigne, George Hannie, le maître d'hôtel, s'adressa à elle : « Que désirez-vous boire ? Et qu'est-ce qui ferait plaisir à Pops ? » (Si certains médias surnomment Bush père « Poppy » depuis que son fils est devenu président, « Pops » est un surnom qu'on lui donne depuis sa jeunesse. Lorsqu'il était en poste à la Maison Blanche, personne ne l'employait, en dehors de la famille.)

Barbara Bush rit encore quand elle repense à ce moment : « Je lui ai dit – et il savait que je plaisantais, tout comme je savais qu'il plaisantait ; voilà à quel point nous étions proches : "Enfin George, vous ne pouvez pas appeler ainsi le Président des États-Unis !" Et lui m'a répondu du tac au tac : "Les présidents vont et viennent, à la Maison Blanche, mais George Hannie reste, lui, vous pouvez me croire, madame Bush." Voilà le genre de relations que nous entretenions. Nous nous taquinions, riions ensemble, mais lorsque quelque chose de grave arrivait à l'un de nous, nous le soutenions. »

Aux yeux de Linsey Little, agent d'entretien, le président

Bush était plus abordable que tous ceux qui occupèrent son poste, avant ou après lui, y compris son fils : « Le vieux Bush détonnait par rapport aux autres. L'autre, son fils, nous parlait mais sans s'arrêter de marcher. Pas de conversation, rien. Le vieux, lui, était adorable, tout comme sa femme. »

Né à Robbinsville, bourgade de Caroline du Nord peuplée de moins d'un millier d'habitants, Little avait dû abandonner l'école en cinquième pour aider ses parents à s'occuper de ses six frères et sœurs. Bien que son père fût métayer, Little échappa au labeur éreintant qu'enduraient ceux qui récoltaient l'arachide, le coton ou le tabac, en filant vers le nord et Washington, au début des années 1950.

Il commença à travailler à la Maison Blanche en 1979. Il quittait sa maison de ville – située si près du FedEx Field[2] qu'il entendait de chez lui les acclamations des spectateurs les jours de match – dès 5 heures du matin, afin d'être à son poste à 6 heures. Jusqu'à 7 h 30, il préparait la Résidence pour les visites guidées ouvertes au public, disposant les cordons, passant la serpillière et roulant les tapis. Les visites terminées, il procédait à l'opération inverse, pour tout recommencer le lendemain matin. Après un rapide petit déjeuner, il recevait un appel téléphonique de Christine Limerick, la gouvernante, qui les prévenait, ses collègues et lui, dès que la famille était levée ; ils pouvaient alors passer l'aspirateur au deuxième étage, pendant que les femmes de chambre faisaient les lits.

2. Stade de football américain où évolue l'équipe des Redskins de Washington. *(N.d.T.)*

La relation de Little avec le président Bush père dépassait de loin ses fonctions d'agent d'entretien. Little était un des rares employés à jouer au lancer de fer à cheval avec le Président plusieurs fois par mois, parfois deux ou trois fois par semaine.

Le Président et son fils Marvin étaient toujours ravis de se rendre sur l'aire de jeu, près de la piscine, pour affronter Little et sa supérieure à l'issue de leur journée de travail. Ils se prirent tant au jeu que Little fit même imprimer sur des tee-shirts le slogan « Fier d'être agent d'entretien ». « Nous l'avons toujours battu, sauf à la fin, dit en riant Little. La dernière année, Marvin et lui ont remporté le championnat. »

D'après Barbara Bush, le Président et elle étaient bouleversés, quand ils durent s'en aller, car ils savaient qu'il était très peu probable que les Clinton perpétuent la tradition.

Un jour, le Président demanda même à Little de se joindre à lui à la table de la salle à manger familiale, au deuxième étage. « Il m'a dit de m'asseoir, ce que j'ai fait, et nous avons bavardé, se souvient Linsey, secouant la tête. Discuter en toute décontraction avec le Président, à sa table… Aucun autre n'aurait fait une telle proposition. »

Bush pardonnait très rapidement les erreurs qui auraient rendu furieux d'autres présidents. Un week-end d'été, alors qu'il jouait au lancer de fer à cheval, il demanda à un membre du personnel un spray anti-insectes. L'employé avait couvert le Président des pieds à la tête lorsqu'il se rendit compte qu'il avait par erreur utilisé un pesticide industriel. Quelques minutes plus tard, ayant pris conscience de sa méprise, le malheureux courut, au sens propre du terme, prévenir le médecin de service, qui se trouvait non loin de là, raconte l'huissier Worthington White : « Quand il fut de retour avec le médecin, le visage du Président était déjà rouge. » Il fallut « décontaminer » Bush sous une douche. « Fidèle à lui-même, le Président se contenta de dire : "Tout va bien, ce n'est pas grave. Dépêchons-nous de reprendre notre tournoi de lancer de fer à cheval !" »

Personne ne fut renvoyé.

Les Bush semblaient sincèrement apprécier le sacrifice consenti par le personnel et, de son côté, celui-ci se pliait en quatre pour les satisfaire. Les employés des cuisines savaient que Barbara Bush avait horreur que l'on chante *Joyeux anniversaire.*

« Pendant la campagne électorale, j'ai reçu quatre gâteaux le même jour, de la part de personnes qui se fichaient éperdument de moi, m'a-t-elle confié, avec sa franchise coutumière. Un jour, en rentrant à la maison pour déjeuner, j'ai trouvé un dessert – à propos, les repas sont excellents, à la Maison Blanche –, un minuscule petit gâteau carré décoré des notes de la mélodie de *Joyeux anniversaire.* Ils ne me l'ont pas souhaité, pas plus qu'ils ne me l'ont chanté. C'étaient juste des notes. »

Mesnier avait confectionné ce dessert de façon qu'elle l'apprécie dans le calme, tout en lisant, comme d'habitude pendant le déjeuner.

Barbara Bush passait presque tous les matins par l'atelier floral pour dire bonjour, parfois vêtue d'un peignoir par-dessus son maillot de bain, avant de s'offrir sa séance de natation matinale. Quand elle croisait Mesnier dans un couloir, elle le tapotait gentiment avec un dossier et le taquinait : « Que faites-vous donc ici ? N'avez-vous pas des cookies à faire cuire ? »

Selon Tony Savoy, elle se comportait avec les employés comme si elle était leur grand-mère : « Si elle vous voyait dans l'ascenseur, elle y entrait avec vous et vous disait : "Non non, mes garçons, ne sortez pas. Je monte, moi aussi." »

En 1992, lorsque l'ouragan Iniki ravagea Hawaï, la fleuriste Wendy Elsasser tenta désespérément de contacter ses parents, qui s'y étaient installés pour leur retraite. Bien que n'ayant pas eu de nouvelles d'eux pendant plusieurs jours, elle refusa d'embêter les Bush avec ses problèmes personnels. Puis, un dimanche, alors qu'elle changeait les bouquets dans les appartements privés, Barbara Bush lui demanda comment elle allait.

« Ça va, madame Bush, merci », répondit-elle, tâchant de dissimuler son inquiétude, avant de se remettre au travail.

Quelques minutes plus tard, la première dame s'approcha de nouveau d'elle :

« Dites-moi ce qui vous arrive, insista-t-elle. Je n'ai pas l'impression de voir la Wendy que je connais.

– Mes parents habitent là où s'est abattu cet ouragan, madame Bush, et je n'ai pas eu de leurs nouvelles depuis plusieurs jours, expliqua la fleuriste, les yeux remplis de larmes. Je suis morte d'inquiétude…

– Si vous pensez que je peux faire quelque chose pour vous aider, Wendy, dites-le-moi », dit Barbara Bush, sans hésiter un instant.

Il n'y avait rien que Barbara Bush puisse faire, bien entendu, mais Wendy Elsasser fut touchée par sa compassion. Quelques jours plus tard, elle reçut enfin des nouvelles de ses parents.

L'huissier Chris Emery demeura un moment avec « l'esprit engourdi » quand il eut la surprise de recevoir un appel téléphonique des Bush, le jour de la mort de son père. En cette période de Thanksgiving, la famille présidentielle était en vacances à Camp David. Moins de trente minutes après qu'il eut prévenu Gary Walters, son supérieur, du décès de son père, il reçut un appel d'un opérateur militaire de Camp David : « Veuillez rester en ligne, le Président va vous parler. »

Le président Bush dit qu'il était « navré d'apprendre cette nouvelle », se rappelle Emery, à qui il demanda « s'il y [avait] quelque chose qu'il [pouvait] faire ». L'huissier le remercia mais, évidemment, il n'y avait rien à faire. Le Président marqua une pause, puis reprit : « Ne quittez pas, Chris. Bar [Barbara Bush] voudrait vous parler. »

« Vous vous rendez compte ? » dit aujourd'hui Chris Emery.

Les Bush prenaient soin de s'assurer que les membres du personnel disposent de temps avec leur famille. Quand Emery était de service en soirée, il était censé attendre que le Président et la première dame lui en donnent l'autorisation pour rentrer chez lui. « Les Reagan sonnaient deux fois vers 21 heures ou 22 heures, signal qui m'indiquait que je devais monter éteindre les lumières, puis prévenir l'agent de service que je m'en allais. Du temps des Bush, Mme Bush m'appelait parfois pour me dire : “Mais que faites-vous encore ici ? Filez rejoindre votre famille !” Il n'était généralement que 20 heures. »

Barbara Bush et Chris Emery échangent toujours quelques courriers électroniques deux fois par an. L'ancienne première dame signe toujours ainsi : « Tendrement, BPB[3]. »

3. Barbara Pierce Bush. *(N.d.T.)*

CHAPITRE 4

EXIGENCES HORS DU COMMUN

Le jet d'eau de la douche, large et puissant,
était l'un des rares conforts de cette vie.
Luci Baines Johnson

Être au service de la famille présidentielle dépasse de très loin ce que l'on peut connaître en s'occupant des clients d'hôtel les plus exigeants qui soient. Si l'un de ses membres désirait un mille-feuille de la pâtisserie du Watergate Hotel (comme ce fut souvent le cas de Tricia Nixon), il l'obtenait. Si un autre avait besoin que quelqu'un l'écoute sans le juger, tandis qu'il évoquait les décisions éprouvantes qu'il devait prendre chaque jour, alors on lui offrait une oreille compatissante. Toutefois, certains présidents avaient parfois des exigences impossibles à satisfaire.

Doté d'un tempérament rustre et houleux, le président Lyndon Johnson était rarement satisfait. (« Dépêchez-vous, bon sang ! Bougez-vous le cul ! l'entendit-on crier tout au long de son mandat. Vous allez vous remuer le cul, oui ? ») Un jour, le majordome Wilson Jerman servit du riz créole aux crevettes au Président, sur le balcon Truman. Il y avait deux fourchettes dans le plat de riz. « Il a levé les yeux vers moi et m'a dit – peut-être pas au mot près : "Je fais comment pour prendre du riz avec deux fourchettes, d'après vous ? – Désolé, Monsieur le Président, je vais immédiatement vous chercher une cuiller" », ai-je répondu.

Nombre d'employés de la Résidence faisaient tout pour éviter Johnson, en raison de son caractère entier et de sa propension à les agresser verbalement. « Un signe illustrait clairement combien il détonnait, par rapport aux autres présidents, concernant cet aspect : alors que, d'ordinaire, une demi-douzaine de membres de son équipe et autres parasites accompagnaient le Président du Bureau ovale à la Résidence, Johnson n'avait que des agents du Secret Service à ses côtés dans ces moments-là », raconte Rex Scouten, ancien huissier en chef.

Le portier Preston Bruce se brouilla avec Johnson le jour même de l'installation de ce dernier à la Maison Blanche. Ce jour-là, le Président invita plus de deux cents personnes à une réception dans les appartements privés, parmi lesquels d'anciens conseillers de Kennedy et sa propre équipe. Bruce luttait pour manier seul l'ascenseur quand, soudain, il vit le témoin lumineux clignoter : cela ne pouvait que signifier que le Président voulait s'en servir. Et qu'il n'était pas content.

Lorsque Bruce parvint enfin au deuxième étage, Johnson fulminait.

« Où étiez-vous passé ? J'attends cet ascenseur depuis je ne sais combien de temps ! tempêta le Président, bombant le torse et se dressant de toute sa hauteur face à Bruce – c'était là ce que l'on appelait "le Traitement", attitude dont il se servait pour intimider les membres du Congrès.

– Je tentais de faire sortir vos invités, Monsieur le Président, se défendit Bruce, sans se laisser impressionner.

Je sais comment m'y prendre, mais il me faut le temps nécessaire. »

Johnson continua de beugler sur Bruce, sous les yeux de Ted Sorensen et de Ken O'Donnell, d'anciens conseillers de Kennedy. Bruce était humilié. « Il est hors de question que je continue à travailler ici si je suis traité de cette façon ! annonça-t-il à l'huissier Nelson Pierce, plus tard dans la soirée. Je ne me remettrai jamais de la mort du président Kennedy. »

Le lendemain, Johnson se comporta comme si rien ne s'était produit ; Bruce décida que la seule façon de gérer ce nouveau président, si difficile, serait de refuser de céder face à lui. « Pour moi, il était clair que si je commençais à m'abaisser chaque fois qu'il s'énervait, je ne m'en sortirais pas. »

Bruce avait compris dès le début que Johnson était un tyran, qu'il respectait la force : « Si je ne me trompais pas, je me ferais un ami pour la vie en restant ferme avec lui. »

Bruce avait vu juste : avant de quitter son poste, Johnson cita le portier comme l'une des personnes qui l'avaient aidé à survivre à sa fonction. Le trente-sixième président était un homme complexe.

Grand adepte d'humour scatologique, Johnson déclenchait des rires aux éclats lorsqu'il était lancé. Un jour, il brisa la lunette d'une cuvette de toilettes. « On aurait cru l'Apocalypse venue », raconta Traphes Bryant, électricien et gardien de chiens.

Un siège en bois, extra large, fut commandé aussi vite que possible. Loin d'être gêné, Johnson exhiba fièrement devant ses amis masculins sa nouvelle lunette sur mesure, se présentant comme un expert en la matière. « Il connaissait les avantages et les défauts de tous les types de sièges qu'il aurait pu faire installer : en plastique, pas en plastique, en bambou, fleuri, de style grec ou américain. » Johnson disait à ses amis : « Mais que personne n'ose dire que c'est pour aller avec le cul le plus important du pays. »

Autrefois professeur de lycée, Johnson parcourait les couloirs de la Maison Blanche et donnait à tout le monde – y compris aux membres de sa famille – des notes sur leurs performances. Il glissait la tête dans les différents ateliers, au sous-sol, et criait une note à chaque employé.

Un jour, il se présenta ainsi à l'atelier électricité et lança à Bill Cliber : « Vous avez un F, aujourd'hui ! »

Cliber ne se souvient plus de ce qui lui a valu une note si désastreuse. « D'un autre côté, il arrivait qu'après un dîner, quand les invités étaient partis, il nous rejoigne et nous dise : "Bravo les gars, vous avez fait du bon boulot, ce soir" », tempère le majordome Herman Thompson.

Si Reds Arrington, plombier en chef qui devait son surnom à sa tignasse roux vif, trouva peut-être Johnson amusant dans un premier temps, il fut rapidement atterré par les exigences excentriques du Président. Après avoir été embauché à la Maison Blanche en 1946 et avoir pris sa retraite en 1979, Arrington est décédé en 2007. Sa femme Margaret a cependant couché par écrit bon nombre des anecdotes relatées par son époux. Elle n'a pas oublié combien les horaires irréguliers de Johnson affectaient leur vie, ainsi que celle de leurs trois filles : « Un jour, nous étions au restaurant à Annapolis quand on est venu nous trouver : "La Maison Blanche réclame M. Arrington, la Maison Blanche réclame M. Arrington !" Cela m'a fait rire, car le président Johnson voulait que mon mari arrange quelque chose sur ses toilettes. »

Johnson torturait Reds avec son obsession de la pression et de la température de l'eau de sa douche. Quoi que fasse le personnel, le jet n'était jamais assez fort ni l'eau assez chaude pour le Président. Quand il était d'humeur à distribuer des notes, les employés chargés de l'entretien de la douche récoltaient systématiquement un F.

L'obsession de Johnson pour la douche fut évidente dès les premiers jours, pour le personnel qui pleurait encore son prédécesseur. Le 9 décembre 1963, lorsque J. B. West, l'huissier en chef, fut de retour à la Résidence après avoir pris son premier jour de repos depuis l'assassinat de Kennedy, il fut convoqué d'urgence au rez-de-chaussée, devant l'ascenseur, où il devait retrouver le Président. Installé depuis seulement deux jours, Johnson avait déjà un problème pressant à régler. « M. West, si vous n'êtes pas capable de réparer ma douche, je vais devoir retourner aux Elms », lança-t-il, l'air sévère, avant de s'éloigner.

Les Elms, le pavillon que possédaient les Johnson à Washington, étaient équipés d'une douche comme les membres du personnel de la Maison Blanche n'en avaient jamais vu : l'eau jaillissait en plusieurs jets, dans toutes les directions, aussi dense que des piqûres d'aiguille et avec une puissance considérable. Un de ces jets était orienté sur le pénis du Président, qu'il surnommait « Jumbo ». Et un autre était braqué sur ses fesses. Ces détails font glousser, aujourd'hui, mais l'obsession de Johnson pour sa douche finit par influer sur sa relation avec le personnel.

Johnson voulait que la pression de l'eau à la Maison Blanche soit la même que celle à laquelle il était habitué chez lui – l'équivalent d'un tuyau d'incendie –, ainsi qu'un simple interrupteur pour faire passer la température du chaud au froid. Sans jamais passer par le tiède.

Quelques minutes après que West eut essuyé ce savon

de la part du Président, lady Bird Johnson demanda à lui parler dans le petit salon de la Reine, au deuxième étage.

« J'imagine que vous êtes au courant, pour la douche, lui dit-elle.

– En effet, madame.

– N'oubliez pas ceci, concernant tout ce qui se fait ou doit être fait ici : mon mari passe avant tout le monde, et les filles ensuite. Je me satisferai de ce qui restera. »

Elle avait tenu le même genre de propos à Henry Haller, le cuisinier en chef : « Votre rôle principal consiste à rendre heureux le Président. »

Les Kennedy ne s'étant jamais plaints de la douche, les techniciens étaient perdus. Une équipe fut envoyée aux Elms, afin d'y étudier la plomberie, et Reds fut même expédié au ranch des Johnson, près de Stonewall, au Texas (surnommé la « Maison Blanche du Texas »), afin d'y augmenter la pression de l'eau ainsi que sa température, jusqu'à ce qu'elle soit presque brûlante. Lorsqu'il se rendit compte que l'installation d'une nouvelle douche présidentielle imposerait de remplacer la tuyauterie et la pompe, Johnson exigea que l'armée règle la facture. Ces travaux, dont le coût s'éleva à plusieurs dizaines de milliers de dollars, furent financés par des fonds secrets en principe réservés à la sécurité.

« Nous nous sommes finalement retrouvés avec quatre pompes, après quoi nous avons dû augmenter le diamètre de nos canalisations, car les autres parties du bâtiment ne recevaient plus assez d'eau », raconta Arrington au magazine *Life*.

Margaret Arrington imagine encore Johnson interpeller Reds dans l'atelier plomberie, situé en sous-sol, entre la Résidence et l'aile ouest. « Si je suis capable de faire se déplacer dix mille soldats en une journée, vous pouvez certainement réparer ma salle de bains en suivant mes instructions ! » cria Johnson, ce jour-là, sa voix résonnant dans les couloirs de la Maison Blanche.

Reds passa plus de cinq années à se faire un sang d'encre à cause de cette douche. Il fut même hospitalisé plusieurs jours, pour soigner une dépression nerveuse. Johnson était obnubilé par ce problème, à tel point qu'il ne se déplaçait jamais sans son pommeau de douche spécial quand il voyageait, ni sans ses dizaines de bouteilles de whisky Cutty Sark. Il exigea également que sa salle de bains soit très lumineuse et que des miroirs soient fixés au plafond. Reds et son équipe installèrent tant d'ampoules qu'ils durent aussi placer des ventilateurs, pour éviter que la température augmente. Les températures extrêmes de la douche déclenchaient régulièrement l'alarme incendie.

Un jour, raconte Margaret, alors qu'il regardait dans le miroir Johnson se raser, Reds poussa un cri : « Il pouvait discerner toutes les veines de son visage. C'était terrifiant, apparemment. »

De plus en plus de personnes, dont des agents du National Park Service, furent réquisitionnées au 1600, Pennsylvania Avenue, afin de résoudre la crise de la douche. L'huissier Rex Scouten enfila même un maillot de bain pour la tester. « Il a été projeté contre le mur, tant les jets étaient puissants, raconte Margaret. D'après Reds, il en est sorti rouge comme un homard. »

Cinq douches furent successivement installées, dont une conçue sur mesure par le fabricant qui avait créé celle qui équipait les Elms, mais aucune ne convint. Les plombiers ajoutèrent même un réservoir d'eau spécial, avec sa propre pompe censée augmenter la pression, ainsi que six jets disposés à diverses hauteurs, de façon que l'eau atteigne toutes les parties du corps. Ces pompes projetaient des centaines de litres d'eau par minute, soit davantage qu'un tuyau d'incendie. Mais ce n'était toujours pas suffisant.

Johnson demanda un jour à Cliber – embauché à la Maison Blanche à tout juste vingt ans, il y resta quarante et un ans – de le rejoindre dans sa salle de bains et de le regarder tester la douche.

« Vous êtes prêt pour cet essai en situation ? demanda le Président, nu comme un ver devant l'électricien, l'un des très nombreux employés réquisitionnés pour régler cette crise domestique.

– J'envoie tout sur vous, cette fois, dit Cliber.

– Entendu, allez-y à fond », répondit Johnson, en sautant dans la douche.

Lorsque Cliber actionna la poignée de la douche, Johnson hurla de douleur, tant la pression était forte : « Hé ! Qu'est-ce que vous me faites ? » Une minute plus tard, il criait toujours, mais de plaisir, cette fois : « Attendez, c'est bon, là ! Aaahh ! »

Après avoir été plaqué par les jets contre le mur, Johnson sortit de la douche rouge comme une tomate.

Pourtant, ce n'était toujours pas parfait.

Le dernier jour où Arrington vit Johnson à la Maison Blanche, ce dernier était assis sur la cuvette des toilettes. Reds, qui avait quelque chose à régler dans la salle de bains, attendait à l'extérieur que le Président en sorte. « Entrez donc ! » brailla Johnson. Reds obtempéra, l'air penaud. « Je tenais à vous dire que la douche est un régal, et que j'apprécie tout ce que vous avez fait. »

Pour Reds, ce simple signe de reconnaissance adoucit le souvenir de ces années stressantes. Margaret ajoute que lady Bird les invita tous les deux à leur ranch texan, pour « une dernière fête », après la mort de Johnson : « C'était merveilleux. Nous avons pique-niqué avec des stars de cinéma, des généraux… Mon Dieu, j'étais aux anges ! »

Lynda, la fille aînée de Johnson, remercierait plus tard en personne Reds et son épouse : « Quand Papa était content, nous l'étions tous, et nous le devions à M. Arrington ! »

Lorsque j'interviewai sa jeune sœur Luci, celle-ci analysa plus en profondeur l'obsession de son père pour la douche : « Le jet d'eau de la douche, large et puissant, était l'un des rares conforts de cette vie », me confia-t-elle.

Et de poursuivre, pleinement consciente de l'héritage laissé par son père et du fait que celui-ci a été gâché par le Vietnam : « Il a certainement donné des directives très précises, et avec fermeté, mais ce n'est pas si extraordinaire, de la part du leader du monde libre, que de vouloir bénéficier de ce minuscule bien-être physique. »

Malgré tous ces efforts, la douche imita son propriétaire lorsque Lyndon Johnson quitta la Maison Blanche. Richard Nixon jeta un coup d'œil à l'appareillage complexe et lâcha : « Débarrassez-moi de ce truc. »

*

* *

Malgré ses exigences inouïes, Johnson jouissait d'une loyauté absolue de la part de son personnel. Bess Abell, sa secrétaire sociale, qui le surnommait affectueusement le « grand patron », fit un jour l'objet d'une intense pression présidentielle. À la naissance de son premier fils, Johnson l'appela à l'hôpital :

« Comment avez-vous prénommé le bébé ?

– Daniel, répondit-elle.

– Quel dommage ! Si vous l'aviez appelé Lyndon, je lui aurais offert une génisse. »

Après cela, Bess Abell était déjà certaine de nommer son deuxième fils Lyndon. « Il voulait que toutes les mères donnent son prénom à leur bébé », dit-elle.

Selon Lynda Bird Johnson Robb, son père « y voyait un compliment suprême » et n'hésitait jamais à insister. Une de ses amies lui rapporta ainsi une conversation qu'elle avait eue avec le Président, avant la naissance de son fils :

« Vous allez l'appeler Lyndon, n'est-ce pas ? avait dit Johnson, la dominant du haut de son mètre quatre-vingt-huit.

– Non, nous avons déjà choisi un prénom », avait bégayé la jeune femme.

Et d'ajouter, lorsqu'elle perçut la déception sur le visage du Président : « Mais comme vous le savez, nous aimons tous les Johnson ; nous allons donc lui donner Johnson comme deuxième prénom. »

Repenser à cet épisode fait toujours rire Lynda : « Je me demande si elle le pensait vraiment ou si elle a fait ça pour faire plaisir à papa ! »

Lorsqu'il prit ses fonctions, Johnson ordonna des restrictions budgétaires dans tous les services. Convaincu que la facture d'électricité était trop élevée à la Maison Blanche, il terrorisait quiconque oubliait d'éteindre la lumière en sortant d'une pièce. Les Eisenhower avaient établi une tradition selon laquelle toutes les pièces de l'étage d'État restaient éclairées jusqu'à minuit, habitude à laquelle Johnson mit un terme. Il parcourait lui-même les couloirs, en quête de la moindre transgression, et s'il apercevait une ampoule allumée dans une pièce où il ne voulait pas enquêter en personne sur la question, il appelait le bureau des huissiers et demandait que l'on détermine qui se trouvait dans la pièce. Si celle-ci était vide, il entrait dans une colère noire.

Un soir, alors qu'il était resté travailler tard à l'atelier, le menuisier Isaac Avery vit soudain la pièce dans laquelle il se trouvait plongée dans l'obscurité totale. « Qui a éteint la lumière, bon sang ! » brailla-t-il. Quelques secondes s'écoulèrent sans un bruit. « C'est moi », dit enfin une voix profonde, depuis le couloir.

Avery alluma la lumière et sortit de la pièce pour en avoir le cœur net. Il se trouva alors nez à nez avec le Président, flanqué de deux agents du Secret Service.

« Je ne savais pas que vous travailliez si tard, par ici, dit Johnson, radouci après avoir pris conscience de sa méprise.

– J'étais en train de terminer les cadres des photos que vous avez envoyées », expliqua Avery, stupéfait.

Un autre menuisier malchanceux fut un jour surpris par Johnson dans l'atelier, fixant des chaînettes sur des ampoules, la lumière allumée… alors qu'il faisait jour. « Il l'a accablé de reproches, se rappelle Bill Cliber, frémissant en repensant à ce moment. Chaque fois qu'ils devaient se déplacer dans la Résidence, les employés emportaient une lampe torche, de peur de se retrouver dans le noir complet. »

Un jour, Johnson alla trop loin. Les escaliers étaient éclairés pour que personne n'y chute, pourtant il était persuadé que c'était du gaspillage d'énergie.

« Éteignez toutes les lumières des escaliers, ordonna-t-il à Cliber.

– C'est impossible, Monsieur le Président. Nous vivons dans un immense bâtiment. Tout le monde croit qu'il ne comprend que trois niveaux, alors qu'en réalité il y en a huit [si on compte les deux modestes mezzanines]. Toutes ces marches sont en marbre, voyez-vous, et, mon Dieu, si quelqu'un glisse et se blesse…

– Vous êtes sûr de ce que vous dites ? insista Johnson, qui tenait à tout prix à faire disparaître cet éclairage.

– Absolument, Monsieur le Président.

– Très bien, laissez la lumière allumée dans les escaliers », céda Johnson. Ce fut l'une de ses rares concessions.

Malgré cela, il continua régulièrement d'aller trouver Cliber dans son bureau, au sous-sol, pour lui lancer : « Les lumières sont toujours allumées dans les escaliers ? »

La seule personne à réellement tenir tête à Johnson – le portier Preston Bruce lui-même devait prendre garde à la façon dont il s'adressait à son patron – était Zephyr Wright, la cuisinière de la famille Johnson, qu'ils avaient fait venir du Texas lorsqu'ils s'étaient installés à la Maison Blanche. Elle avait compris depuis longtemps, bien avant qu'il devienne président, qu'elle devait lui « parler avec fermeté ».

Un soir, il rentra vers 23 h 30 et demanda qu'on lui prépare un repas. Même pour les Johnson, il était déjà tard, si tard que Zephyr Wright était descendue se reposer. Quand il l'appela pour qu'elle le serve, elle oublia d'éteindre la lumière avant de monter le rejoindre. Lorsqu'il s'en rendit compte, il menaça de soustraire du salaire de la cuisinière le coût de l'électricité gaspillée. « Faites donc cela, j'ai l'habitude, j'ai toujours vécu dans des endroits où je payais ma consommation d'électricité ! s'emporta-t-elle. Personne ne m'a jamais reproché de ne pas éteindre la lumière. Mais si vous rentriez à l'heure, vous n'auriez pas à vous en inquiéter, car elle ne serait même pas allumée ! »

Sa réaction fut efficace : « Après cet incident, il ne m'a bien sûr plus jamais fait ce reproche », dit-elle.

*
* *

Lyndon Johnson ne fut pas le seul occupant de la Maison Blanche à mettre les nerfs du personnel à rude épreuve. Ronn Payne n'a pas oublié le jour où Nancy Reagan le fit venir dans la salle d'attente ouest, au deuxième étage, où elle était assise sous l'immense baie vitrée en demi-lune. « Ronn, la lumière, dit-elle, désignant l'espace autour d'elle d'un geste théâtral. Elle n'est pas allumée. »

Payne, fleuriste et loin d'être électricien, balaya la pièce du regard et repéra un interrupteur sur le mur. « Je voyais bien cet interrupteur. Je me suis demandé s'il fallait que je l'actionne, au risque de faire passer Mme Reagan pour une idiote, ou s'il valait mieux lui dire que j'allais appeler immédiatement l'électricien. »

Il décida finalement d'actionner l'interrupteur qui alluma toutes les ampoules de la pièce. Telle une reine, la première dame leva les yeux vers lui et le remercia, sans la moindre trace d'embarras dans la voix.

« Elle était pourrie gâtée, grimace Payne. Quand elle voulait quelque chose, c'était toujours pour avant-hier sans faute, et si vous tentiez de la convaincre [de disposer] des gueules-de-loup à la place de freesias, parce qu'on ne trouvait plus ces fleurs nulle part dans le monde, elle vous répondait que vous trouveriez bien un moyen d'en dégotter. Le pire, c'est qu'elle avait raison : les fleuristes faisaient venir en urgence des fleurs d'Europe, du jour au lendemain, simplement pour la satisfaire. »

Cela étant, Payne, tout comme le pâtissier Mesnier, appréciait la franchise de Mme Reagan. Et si vous parveniez à satisfaire ses exigences, elle était ravie.

« Un jour, je l'ai entendue appeler sa femme de chambre d'une voix qui m'a donné la chair de poule, dit la fleuriste Wendy Elsasser. Je faisais tout pour ne pas qu'elle se braque contre moi. »

Cletus Clark, qui était supposé travailler de 7 h 30 à 16 heures, se rappelle combien ses horaires s'allongèrent quand Mme Reagan décida de redécorer les deuxième et troisième étages. « Elle ne voulait jamais que je rentre chez moi ! Nous travaillions dix heures par jour, sept jours sur sept. Quand je la croisais vers 20 heures, elle me demandait où j'allais. Je lui répondais que je rentrais chez moi. »

La situation empira au point que lorsqu'il l'apercevait dans la salle d'attente ouest, il descendait par les escaliers situés du côté est du bâtiment, afin qu'elle ne le voie pas s'en aller. « Il fallait que je rentre chez moi. Après sept jours d'efforts sans interruption, votre corps est épuisé, déchiré. »

Les excentricités de Nancy Reagan rivalisaient presque avec celles de Lyndon Johnson. Elle ne supportait pas que les femmes aient les cheveux longs et exigeait que ses vêtements portent une étiquette mentionnant la date d'achat et celle à laquelle elle les avait portés pour la dernière fois.

Elle possédait également des objets rares, dont son orgueil exigeait qu'ils soient exposés dans la Maison Blanche, parmi lesquels un ensemble d'environ vingt-cinq boîtes en porcelaine de Limoges peintes à la main, qu'il fallait disposer méticuleusement sur une table, ainsi qu'une collection d'œufs en porcelaine et une autre d'assiettes. « Ils possédaient un nombre incroyable de bibelots, ce qui s'explique par le fait qu'ils n'avaient pas à les nettoyer », raconte Christine Limerick, la gouvernante, avec un sourire ironique. Si quelqu'un déplaçait un de ces objets, ne serait-ce que de quelques centimètres, Nancy Reagan le remarquait aussitôt. De même, elle exigeait que tous ses cadres en argent et ses flacons de parfum de prix soient disposés à la perfection sur l'étagère de sa salle de bains – et remis à leur place exacte après avoir été nettoyés ou déplacés pour une autre raison.

Si elle prend soin de ne pas dire de mal de ses anciens patrons, Christine Limerick fait une exception concernant Nancy Reagan, une femme « très dure ». Aujourd'hui encore, elle se souvient comme si c'était arrivé hier de l'offense qui la poussa finalement à quitter la Maison Blanche pendant cinq ans : « Au début du mandat de Reagan, plusieurs objets ont été brisés : l'un par un agent d'entretien, un autre par un membre du Secret Service et un troisième par un membre du service des opérations. Mme Reagan m'a engueulée. Vraiment. »

Elle s'en prit à Christine Limerick avec une telle rage et pendant si longtemps que Rex Scouten, l'huissier en chef, monta au deuxième étage pour intervenir. « Tu peux nous laisser, Chris », dit-il à sa collègue, prenant volontairement sa place pour subir les agressions verbales de la première dame.

Plus tard, il expliqua à Christine Limerick pourquoi il avait agi ainsi : « Tu en avais assez entendu. »

La première dame dirigea alors sa fureur sur Scouten, qu'elle appréciait tellement qu'elle avait nommé son chien, un cavalier king Charles spaniel, Rex, en son honneur. Elle se plaisait même à déclarer que Scouten était « la deuxième personne la plus importante dans [sa] vie ». Tout cela ne suffit pas à lui épargner la fin de la diatribe de Mme Reagan.

Plus de deux décennies après les faits, Christine Limerick reste bouleversée par cet incident. Elle se rappelle précisément ce qui avait été brisé : « Une assiette en porcelaine de Limoges, un chandelier, et un jour, un agent du Secret Service a trébuché sur une table et renversé quelques objets. »

Ce n'étaient que des accidents, bien entendu, mais la première dame s'en moquait. « Elle était si furieuse qu'elle m'a fait remballer bon nombre des objets personnels qu'elle avait disposés sur la tablette de la cheminée des appartements privés. Ils sont restés empaquetés plusieurs mois puis, les choses s'étant enfin tassées, nous les avons ressortis. »

Après cet éclat, Christine Limerick décida de mettre en place un nouveau protocole, afin de conserver une trace de tout problème potentiel. Les femmes de ménage nettoyaient et rangeaient la demeure tout au long de la journée et, une fois par mois, procédaient à un nettoyage plus intensif de chaque pièce. Christine Limerick décréta donc que les chambres, salles de bains, salons et bureaux de la famille présidentielle seraient photographiés avant chaque nettoyage mensuel, de façon à garder la preuve que tout avait été remis exactement à sa place.

Le plus difficile, pour elle, fut de travailler en collaboration étroite avec la première dame. Christine allait jusqu'à emballer les cadeaux que celle-ci destinait à ses amis. Tandis qu'elle se faisait sermonner, il lui était impossible de se défendre ; elle ne pouvait que continuer à s'excuser, la tête inclinée. « De toute ma carrière, je n'avais jamais reçu de plainte à propos du linge ou des lits, dit-elle. Mes employées étaient excellentes, elles m'auraient ridiculisée dans leur domaine, or je suis tout de même assez douée pour faire un lit. »

En 1986, après sept années passées à la Maison Blanche, elle retourna travailler au Mayflower. Puis elle vécut deux ans à Hawaï, avant de faire son retour à la Maison Blanche, en 1991. Elle reconnaît qu'elle en est partie entre autres à cause des efforts usants à fournir pour répondre aux exigences de la première dame. « Ce n'était pas à cause de Mme Reagan elle-même, mais parce que je m'étais rendu compte que j'étais de plus en plus proche du point où je ne me laisserais pas faire. » Or, à la Maison Blanche, ç'aurait été un péché capital, et elle en avait conscience.

Durant les cinq années d'absence de Christine Limerick, son remplacement déclencha un véritable chaos à la Maison Blanche. La nouvelle gouvernante éprouva des difficultés à surmonter le stress inhérent à ce poste, et Christine Limerick elle-même eut des échos de son étrange comportement. S'il faut en croire Roland Mesnier, cette personne « se rendit un jour à la réserve et demanda que l'on achète dix mille ours en peluche pour des enfants dans le monde entier ». Elle alla jusqu'à remplir le bon de commande, assure-t-il. En une autre occasion, selon les fleuristes Ronn Payne et Wendy Elsasser, elle vint au travail avec des triangles d'un turquoise éclatant peint sur les paupières. Et elle était connue pour répandre du désodorisant dans les couloirs du sous-sol en criant : « Ça pue, ici ! »

Ces signes inquiétants incitèrent le Secret Service à réclamer son renvoi, mais elle fut autorisée à conserver son poste. Christine Limerick estime que si cette femme est restée longtemps, c'est grâce à Barbara Bush, qui se montrait très « compatissante » envers elle. Wendy

Elsasser partage cette opinion : d'après elle, si Mme Bush a laissé sa chance à cette personne perturbée, c'est parce qu'elle espérait la voir s'améliorer. « Mme Bush a un cœur d'or », affirme Mesnier. (Lorsque je l'ai interviewée en vue de la rédaction de cet ouvrage, Barbara Bush a préféré ne pas évoquer la remplaçante de Christine Limerick, si ce n'est pour confirmer qu'elle avait eu des difficultés à supporter la pression qui allait de pair avec son poste.)

Finalement, le comportement de la gouvernante dépassa les bornes, même pour Mme Bush. Un jour, Skip Allen, l'huissier chargé de superviser les agents d'entretien, fut convoqué en urgence au deuxième étage. Alors que Wendy Elsasser s'apprêtait à changer les bouquets du hall central, qui donnait sur les chambres de Jenna et de Barbara Bush, la gouvernante avait attrapé un coussin (cousu à la main par la première dame) et l'avait lancé sur la fleuriste en hurlant : « C'est des conneries ! » Jenna et Barbara assistèrent à l'incident, terrifiées. Aujourd'hui, on ne sait toujours pas vraiment ce qui a déclenché cet éclat.

Voyant ses petites-filles affectées par le comportement de cette personne, la première dame décida qu'elle devait s'en aller. Allen fut de ceux qui la conduisirent jusqu'à la porte du bâtiment, tandis qu'elle ne cessait de crier. « Elle n'est pas partie discrètement », commente-t-il.

*

* *

De retour à la Maison Blanche, Christine Limerick reprit son travail dans une ambiance plus favorable, au service de Mme Bush dans un premier temps, puis d'Hillary Clinton. Si certains membres du personnel estimaient Mme Clinton exigeante avec eux, Christine Limerick voyait en elle une présence positive à la Résidence. « Hillary était extrêmement humaine avec les employées de la Maison Blanche. Elle s'entendait bien avec toutes les femmes de ménage, avec qui elle communiquait régulièrement. Elle connaissait les forces et les faiblesses de chacune. »

Christine Limerick est consciente que certains membres masculins du personnel ne partagent probablement pas son avis, ce qu'elle explique par divers facteurs. « C'était en partie la faute de ces messieurs, dit-elle, reconnaissant toutefois que c'était également dû à l'attention particulière que la première dame portait aux femmes. Je pense qu'elle était plus dure avec les hommes qu'avec les femmes. Elle passait facilement l'éponge quand nous commettions une erreur. »

Hillary demanda un jour à Christine Limerick de teindre un de ses tailleurs turquoise en une autre couleur. « Je me débrouille pourtant bien avec les vêtements, d'ordinaire, glousse-t-elle. Le tissu de celui-ci était lavable mais notre opération l'a rétréci de plusieurs tailles ! Et elle a trouvé ça drôle ! »

Bill Clinton n'était pas toujours aussi compréhensif. Bien qu'au fait de l'allergie au pin de son époux, la première dame insista pour que l'on dresse pour quelques jours un authentique sapin de Noël dans le salon ovale jaune, au deuxième étage. Il était prévu de l'installer le 19 décembre et de le retirer le 28.

Christine Limerick était chargée de disposer l'ensemble des décorations dans les appartements privés de la famille présidentielle, après quoi les fleuristes et électriciens viendraient installer les éclairages. Elle savait combien le Président aimait procéder à ce rituel en compagnie de sa fille Chelsea ; cela l'aidait à se sentir comme n'importe quel père préparant Noël avec sa famille, ne serait-ce que pendant quelques heures.

Cette année-là, la première dame voulut prendre de l'avance. « Le Président sera occupé ce soir ; donc installez tout, sauf ces boîtes », dit-elle à Christine Limerick, désignant une vingtaine de cartons remplis de décorations. Celle-ci obtempéra.

De retour à la Maison Blanche, le Président monta au deuxième étage et, découvrant des décorations déjà en place sur le sapin, entra dans une colère noire.

« Qui a fait ça ? hurla-t-il.

– C'est Chris », lui répondit un majordome.

Comme le rapporta plus tard ce dernier à Christine Limerick, le Président marmonna alors quelque chose comme : « Elle ferait bien de se demander si elle va garder sa place. »

Vers minuit, un majordome appela la gouvernante pour lui raconter l'incident. Bien qu'inquiète, celle-ci estima qu'Hillary la défendrait. Le lendemain matin, c'était un samedi, elle se présenta au troisième étage afin d'y emballer des cadeaux que la famille présidentielle offrirait.

Madame Clinton apparut alors, exaspérée.

« On ne peut rien faire sans se le voir reprocher, dans cette maison, lâcha-t-elle. J'ai parlé à Bill, ne vous en faites pas.

– Merci », répondit Christine avec un soupir de soulagement.

Un autre jour, elle reçut un appel téléphonique de la part d'un des valets personnels du Président, lui signifiant que celui-ci n'appréciait pas l'un des tailleurs qu'elle avait recommandés. « Il était 2 heures du matin ! raconte-t-elle, encore stupéfaite. Et ce valet me bredouillait je ne sais quoi à propos du Président qui était fou de rage et disant que j'avais intérêt à prendre garde. »

Le lendemain, en prenant son poste, elle contacta le bureau du Président, lassée de recevoir ces nouvelles par majordomes ou valets interposés, qu'elle soupçonnait par ailleurs d'empirer les choses, d'exagérer les moindres propos du Président, voire d'en rajouter pour accentuer le côté spectaculaire de chaque incident.

« J'ai cru comprendre que j'étais dans le pétrin parce que le Président n'a pas apprécié le couturier, dit-elle à Betty Currie, la secrétaire de Clinton.

– Attendez une minute, il est là, répondit celle-ci, avant de transmettre le combiné au Président.

– Je suis désolée, Monsieur le Président.

– Ce n'est pas grave », la rassura-t-il en riant.

Toute cette panique pour rien du tout ! songea-t-elle.

Selon Skip Allen, les Clinton n'étaient pas toujours très cohérents dans leurs requêtes : « Quand nous leur remettions quelque chose qu'ils nous avaient réclamé, ce n'était souvent pas tout à fait ce qu'ils souhaitaient. Comme ils ne savaient pas eux-mêmes vraiment ce dont ils avaient envie, ils ne cessaient de demander des choses qu'ils pensaient apprécier, pour ensuite comprendre que ce n'était pas le cas. »

Un jour, Hillary Clinton joignit Allen par téléphone et lui fit savoir que le chef servait un peu trop souvent un plat à base de poulet, qu'elle souhaitait voir retiré du menu. « J'ai donc contacté le cuisinier pour lui dire qu'il fallait supprimer ce plat, dont les Clinton étaient lassés. Deux mois plus tard, la première dame m'appela : "Demandez donc au cuisinier pourquoi il ne nous sert plus ce plat au poulet que nous aimons tant." » Et Allen de conclure, après un soupir sonore : « Cela a été comme ça pendant huit ans. »

Les Clinton étaient l'exact inverse des Reagan, rapportent les employés. S'ils étaient réveillés à 2 heures du matin et ne trouvaient plus le sommeil, ils entreprenaient de changer la disposition des meubles. D'après Allen, également chargé de superviser le bureau du conservateur, ces déplacements constituaient un véritable cauchemar pour les conservateurs, qui consignent chaque année la totalité des éléments de la collection de la Maison Blanche. « Ils prenaient l'initiative de déplacer une lampe, une table ou une chaise d'une pièce à une autre. Puis, lorsque venait le moment de faire l'inventaire, et que [les dossiers] indiquaient que telle chaise se trouvait dans le bureau, les conservateurs devaient la chercher dans toute la demeure, pour finalement la retrouver au troisième étage, dans une chambre d'amis, où l'avaient placée les Clinton. [...] Cela compliquait infiniment les choses. »

De plus, les Clinton semblaient n'avoir aucune conscience du protocole lié aux heures de repas – et personne n'osait le leur faire remarquer. Le cuisinier John Moeller, qui fut employé à la Maison Blanche de 1992 à 2005, ne savait jamais à quelle heure la famille présidentielle souhaitait prendre son repas, pas plus que le nombre de convives qu'il lui faudrait servir. « Du temps des Bush, nous recevions systématiquement un appel téléphonique à l'avance, précisant par exemple : "Déjeuner à 12 h 30, pour deux personnes." Avec les Clinton, nous n'étions mis au courant de ces détails qu'au moment où ils se présentaient ! »

Une semaine après l'emménagement des Clinton, le majordome Buddy Carter entra en courant dans la cuisine et, en panique, annonça à Moeller que la famille présidentielle était installée à table et prête à dîner – immédiatement. « C'est prêt, il faut simplement que je réchauffe les plats, donnez-moi une minute », répondit le cuisinier. À partir de ce jour, il y eut toujours un repas prêt à l'heure du déjeuner ou du dîner.

Les amis et conseillers politiques des Clinton aimaient donner des conseils au personnel, qu'ils orientaient parfois dans la mauvaise direction. « Quand ils nous ont dit que Mme Clinton utilisait un certain type de shampooing et de déodorant, nous en avons acheté peut-être vingt cartons, raconte Christine Limerick, en riant. J'ai vite compris à quel point c'était stupide, quand [Hillary Clinton] m'a dit : "J'ai horreur de ces trucs, Chris." »

Il arrive que les efforts destinés à satisfaire la famille présidentielle mettent les invités à la Maison Blanche en péril. Chaque année, le retour de la saison des vacances annonce aussi celui du débat interne à propos de la meilleure façon de décorer l'étage d'État. Nancy Clarke, fleuriste en chef, aimait disposer des dizaines de cierges sur les tables de buffet, tandis que Mesnier, le pâtissier, estimait que cela impliquait des risques d'incendie. Nancy Clarke insista, soulignant que Mme Clinton y tenait. « Une année, il y eut parmi les invités une dame parée d'un col en fourrure de renard, relate Mesnier. Alors qu'elle se penchait sur une table pour attraper quelques gâteaux, un cierge a évidemment enflammé sa fourrure. Dieu merci, un de nos majordomes s'est montré assez vif pour la lui arracher et éteindre les flammes avec de l'eau. Bien entendu, après cet incident, il n'y a plus eu de cierges sur mes tables ! »

CHAPITRE 5

JOURS SOMBRES

Il a dit qu'il s'était cogné à la porte des toilettes,
en pleine nuit, mais nous sommes à peu près certains
qu'elle l'a frappé avec un livre.

Un employé de la Résidence,
à propos de la vie des Clinton à la Maison Blanche,
à l'époque du scandale Monica Lewinsky.

Il y avait du sang partout, sur le lit du couple présidentiel. Un membre du personnel reçut un appel paniqué de la femme de chambre qui avait découvert l'horreur. Il fallait que quelqu'un vienne au plus vite évaluer les dégâts.

Il s'agissait du sang de Bill Clinton. Il fallut lui faire plusieurs points de suture sur le crâne. Il jura qu'il s'était blessé et se cognant à la porte des toilettes, en pleine nuit, mais tout le monde ne fut pas convaincu. « Nous sommes à peu près certains qu'elle l'a frappé avec un livre », confia un employé.

Et qui était mieux placé que le personnel pour le savoir ? Cet incident s'était produit peu après la révélation au grand public de la liaison entretenue par le Président avec une stagiaire de la Maison Blanche – d'évidence une période de crise pour le couple Clinton. L'épouse trahie n'avait eu qu'à choisir parmi au moins une vingtaine d'ouvrages disposés sur sa table de chevet, dont la Bible.

En novembre 1995, Clinton entama une liaison avec Monica Lewinsky, une jeune femme de vingt-deux ans stagiaire à la Maison Blanche. Une dizaine de fois au moins, il eut des relations sexuelles avec elle au cours de l'année et demie qui suivit, la plupart dans le Bureau ovale. La tempête médiatique qui éclata lorsque cette aventure fut rendue publique, plus de deux ans après le début des faits, ravagea le reste de sa présidence. Cette révélation fut la conséquence de quatre années d'enquête de la part du procureur indépendant Kenneth Starr, à propos d'autres charges, dont le scandale immobilier Whitewater et le renvoi de plusieurs employés de longue date du bureau des voyages de la Maison Blanche – autre scandale, connu sous l'appellation de Travelgate. Même si ces malheureux ne faisaient pas partie du personnel de la Résidence, l'huissier Skip Allen n'a pas oublié combien certains de ses collègues furent touchés par ces licenciements. Il est vrai que la carrière entière de la plupart des employés de la Résidence dépendait de leur emploi à la Maison Blanche, et certains commençaient à se sentir vulnérables. « On sentait une certaine tension dans l'air, car tout le monde s'imaginait finir sa carrière ici. Personne ne pouvait deviner, si on devait en arriver là, combien d'employés – et lesquels – seraient renvoyés.

À l'instar des professeurs titulaires, les fonctionnaires gouvernementaux sont très difficiles à renvoyer, explique-t-il. Ce fut donc un véritable choc de voir ceux-ci congédiés de façon si sommaire. Par ailleurs, les Clinton devaient affronter des critiques pour avoir prêté la chambre de Lincoln à de riches donateurs qu'ils souhaitaient appâter.

Le 17 août 1998, Clinton devint le premier président à témoigner et à faire l'objet d'une enquête d'un grand jury. L'électricien en chef Bill Cliber, qui contribua à mettre en place les câbles électriques en vue de ce témoignage – un marathon de quatre heures et demie retransmis via des télévisions en circuit fermé –, se rappelle que le Président était « de très mauvaise humeur », ce jour-là. Le soir même, lors d'une allocution télévisée diffusée dans tout le pays, Clinton avoua avoir eu une « relation inappropriée » avec Monica Lewinsky. Quatre mois plus tard, en décembre, la Chambre des représentants, majoritairement républicaine, vota sa destitution, puis il fut acquitté après un procès de cinq semaines au Sénat.

Si le grand public n'entendit parler de Monica Lewinsky qu'en janvier 1998, certains employés de la Résidence étaient au fait de cette liaison à l'époque où elle était d'actualité, entre novembre 1995 et mars 1997. Les majordomes surprirent un jour le Président et la jeune femme dans la salle de cinéma familiale de la Maison Blanche. Ces derniers étaient si souvent aperçus ensemble que les employés prirent l'habitude de se tenir au courant chaque fois qu'ils repéraient la stagiaire. Les majordomes, qui sont les plus proches de la famille présidentielle, gardent ce genre de secrets pour eux, même s'il leur arrive de confier des fragments d'anecdotes à leurs collègues – parce que l'information peut être utile, ou parfois simplement pour prouver à quel point ils sont proches du Président et des siens.

Un agent d'entretien, qui a demandé à ne pas être cité, se trouvait un jour dans le couloir principal, derrière la cuisine réservée aux conseillers des ailes est et ouest, quand un majordome lui donna un coup de coude, désignant Monica Lewinsky qui passait par là : « C'est elle, c'est sa copine. Ouais, c'est bien elle. Elle était avec lui dans la salle de cinéma, l'autre soir. »

Près de deux décennies après les faits, nombre d'employés de la Résidence restent prudents dès lors qu'il est question des disputes dont ils ont été témoins entre les Clinton. Quoi qu'il en soit, tous perçurent la morosité ambiante qui empoisonna les deuxième et troisième étages, tandis que cette affaire traînait en longueur, durant l'année 1998.

Le personnel fut témoin des retombées de cette liaison et de l'épreuve qu'elle fut pour Hillary Clinton, tandis que les conseillers de l'aile ouest soupçonnaient depuis longtemps le drame qui se jouait au deuxième étage de la résidence exécutive. « Elle l'aurait frappé avec une poêle à frire, si quelqu'un lui en avait tendu une, estima Susan Thomases, amie proche et conseillère politique de la première dame, lors d'une interview donnée au Miller Center de l'université de Virginie, dans le cadre de la collection de récits sur la présidence de Bill Clinton. Mais je ne pense pas qu'elle ait jamais envisagé de le quitter ou de divorcer. »

Aujourd'hui âgée de soixante-dix-huit ans, Betty Finney fut engagée à la Maison Blanche en 1993 en tant que femme de ménage. Elle passait la majeure partie de son temps dans les appartements privés de la famille présidentielle et n'a pas oublié à quel point les choses changèrent au cours des dernières années : « La tension s'était nettement accrue. Nous avions de la peine pour toute la famille et ce qu'elle endurait. Nous percevions leur tristesse ; on n'entendait pas beaucoup de rires. »

Le fleuriste Bob Scanlan est encore plus radical lorsqu'il évoque l'atmosphère des lieux : « On avait l'impression d'entrer dans une morgue, quand on montait au deuxième étage. Madame Clinton était introuvable. »

Et quand il n'y régnait pas un silence sinistre, la demeure était le théâtre de complots et de discussions houleuses. Un incident se produisit à l'époque de Noël, en 1996, alors que la liaison du Président était encore d'actualité.

Comme chaque année, l'atelier entretien se chargeait d'emballer les cadeaux offerts par la famille présidentielle, parfois jusqu'à quatre cents, destinés aux amis, parents et employés. C'était une tâche complexe, commencée sous l'ère Reagan (à une époque où l'exigence était omniprésente), avec des fichiers soigneusement tenus à jour listant chaque présent – ces documents étaient déchirés chaque fois qu'une nouvelle famille s'installait à la Maison Blanche. Les employés chargés de cette mission ajoutaient toujours une étiquette, ainsi qu'une description de ce qui se trouvait dans le paquet, discrètement glissée sous un ruban, puis ils posaient les cadeaux emballés sur une table prévue à cet effet, dans la salle d'attente ouest ou dans le salon ovale jaune.

Au cours de ces fêtes de Noël, une employée remarqua un présent inhabituel, un exemplaire de *Feuilles d'herbe,* de Walt Whitman, qu'elle devait emballer. Ce qu'elle fit, puis elle posa le livre sur la table et n'y pensa plus. Deux mois plus tard, en février 1997, le Président offrit à Monica Lewinsky un exemplaire du même recueil de poèmes. C'est seulement plus tard que l'employée apprit que le cadeau qu'elle avait emballé était selon toute vraisemblance le même que celui que le Président avait ensuite offert à sa maîtresse.

Après les vacances, raconte-t-elle, le Président voulut à tout prix récupérer un livre dans sa chambre, seulement la première dame n'était pas encore habillée, et nul ne voulait la déranger. « Betty Currie, la secrétaire du Président, a appelé le valet, qui est venu me trouver pour me demander d'y aller. J'ai répondu : "Jamais de la vie !" » Lorsque la porte de la chambre du couple présidentiel est fermée, cela équivaut à une affichette « Ne pas déranger » accrochée à la porte d'une chambre d'hôtel. « Je crois que, finalement, Betty Currie a directement appelé Mme Clinton. »

Quelques instants plus tard, la porte de la chambre s'ouvrit et Hillary lança un livre qui vola dans le couloir. Le valet du Président le ramassa et l'apporta à Betty Currie. Rien ne prouve que l'ouvrage lancé par la première dame depuis sa chambre ait été celui que le Président avait offert à Monica Lewinsky, néanmoins cet épisode illustre la tension ambiante.

Un jour, alors qu'il montait par l'ascenseur de service avec un chariot pour récupérer de vieux bouquets, le fleuriste Ronn Payne aperçut deux majordomes postés à l'extérieur de la salle d'attente ouest, tendant l'oreille tandis que les Clinton se disputaient violemment à l'intérieur. Les deux hommes lui firent signe et, l'index sur les lèvres, lui intimèrent de rester silencieux. Soudain, il entendit la première dame hurler « Salopard ! » au Président, puis quelqu'un lancer un objet lourd. Une rumeur se répandit parmi le personnel, selon laquelle Hillary avait jeté une lampe. Payne raconte que les majordomes furent chargés de remettre de l'ordre dans la pièce. Lors d'une interview donnée à Barbara Walters, Mme Clinton évoqua d'un ton léger cet épisode, révélé dans les journaux à scandale : « Je vise plutôt bien, dit-elle. Si j'avais lancé une lampe sur quelqu'un, je pense que vous l'auriez su. »

Cet éclat ne surprit pas Payne : « On entendait tant

de grossièretés [à la Maison Blanche, sous l'ère Clinton]. Les domestiques sont toujours au courant de qui se passe dans une maison. »

Payne apprit sa séropositivité alors qu'il était employé à la Résidence. Très malade, il perdit jusqu'à vingt kilos. Il voulut prendre un congé, mais on lui fit savoir qu'il n'avait le choix qu'entre deux options : démissionner ou prendre sa retraite. Il décida de prendre sa retraite plus tôt que prévu, espérant pouvoir reprendre son poste dès qu'il aurait recouvré la santé, puisque plusieurs retraités étaient revenus travailler. « Vous imaginez bien à quoi je ressemblais. Je savais qu'ils ne voudraient pas de moi dans les étages. Je voulais retrouver mes forces et mon poids. »

Hélas, lorsqu'il se sentit de nouveau apte au travail, on lui signifia qu'il ne pouvait réintégrer le personnel puisqu'il avait pris sa retraite en raison d'un problème de santé. Personne ne lui avoua clairement qu'il avait été chassé à cause de sa séropositivité. Aujourd'hui encore, il ignore qui a pris cette décision – il est à peu près certain que les Clinton n'en ont pas été informés –, qu'il n'a pas cherché à contester officiellement, à l'époque. Il faut dire qu'une règle établie depuis plusieurs années, et en vigueur sous les gouvernements précédents, imposait que les employés séropositifs ne soient pas autorisés à être en contact avec la famille présidentielle. « Je les ai vus rendre la vie impossible aux employés séropositifs, raconte Payne. Certains étaient exilés en sous-sol, au nettoyage du linge, et d'autres sur la pelouse. »

Étant donné que les fleuristes intervenaient dans toutes les pièces de la résidence exécutive, y compris dans les chambres de la famille présidentielle, reprendre son ancien emploi lui était impossible. La façon douloureuse dont sa carrière à la Maison Blanche se termina lui brisa le cœur. Bon nombre des collègues qu'il dut abandonner gardent un souvenir ému de cet homme.

*
* *

Au plus fort du drame, Hillary manqua régulièrement des rendez-vous fixés l'après-midi. Les détails concernant la gestion de la résidence exécutive passèrent au second plan, et c'est compréhensible, par rapport à sa volonté de sauver la présidence de son époux et son mariage. Durant trois ou quatre mois, en 1998, le Président dormit sur un canapé du bureau attenant à leur chambre, au deuxième étage. La plupart des employées de la Résidence estimaient qu'il n'avait que ce qu'il méritait.

Le majordome James Ramsey lui-même, qui se disait pourtant homme à femmes, rougissait quand on évoquait ce sujet. Il disait que Clinton était son « copain, mais bon… soyons sérieux ». Comme d'habitude, tant que dura le scandale Lewinsky, Ramsey resta « bouche cousue ».

Selon certains membres du personnel, Hillary avait appris que son mari avait une maîtresse bien avant le grand public et fut avant tout touchée par la révélation de la liaison et la folie médiatique qu'elle déclencha, plutôt que par la trahison en tant que telle.

La première dame fut d'une humeur massacrante au cours de ces mois difficiles. Un jour, tandis que le majordome James Hall servait le café et le thé dans le salon bleu, à l'occasion de la visite d'un chef d'État étranger, la première dame s'approcha soudain de lui, alors qu'il se trouvait derrière le bar. « Vous rêvassez ! le réprimanda-t-elle. J'ai dû moi-même prendre la tasse de la femme du

Premier ministre. […] Elle avait fini son thé et cherchait un endroit où la poser. » Hall fut sidéré – d'autres majordomes présents et pourvus de plateaux devaient récupérer les verres et tasses vides, lui n'étant chargé que de servir – mais garda à l'esprit que se défendre aurait été vain. Hillary Clinton se plaignit de lui au bureau des huissiers, et on ne fit plus appel à ses services pendant un mois.

« Le travail n'était pas insupportable, à la Maison Blanche, durant cette période où l'on cherchait à destituer le Président », estime Bill Hamilton, ancien responsable de la réserve, qui, secouant la tête, reconnaît tout de même que travailler aux côtés de Mme Clinton, en ces mois difficiles, fut un défi. « Cette affaire la touchait à un tel point qu'elle répondait très sèchement si on lui faisait la moindre remarque. » Il ajoute qu'en dépit de ces moments délicats il a adoré être au service des Clinton. Bien qu'ayant pris sa retraite en 2013, il regrette parfois de ne pas être resté à la Maison Blanche, sachant qu'Hillary Clinton pourrait un jour y faire son retour en tant que première femme présidente des États-Unis. Il serait ravi de travailler de nouveau pour elle, dit-il, malgré l'agitation qui émailla ses huit années de présence à la Résidence.

Concernant ces jours sombres, la première dame a droit à son entière compassion : « Non seulement il est arrivé ce que l'on sait, mais en plus elle le savait, et elle était la cible de tous les regards. »

Roland Mesnier, le pâtissier, fit tout son possible pour soutenir Hillary. « J'ai préparé énormément de gâteaux au moka, au plus fort du scandale, vous pouvez me croire », se souvient-il en gloussant, évoquant le dessert préféré de la première dame.

Il était en effet fréquent qu'en fin d'après-midi Hillary

appelle l'atelier pâtisserie et, d'une petite voix effacée, bien loin de son habituel ton ferme et assuré, demande : « Pourrais-je avoir un gâteau au moka ce soir, Roland ? »

En un week-end ensoleillé du mois d'août 1998, juste avant que le Président se confesse au pays tout entier, elle présenta une requête inhabituelle à l'huissier Worthington White :

« J'aimerais me détendre au bord de la piscine, Worthington, mais je ne veux voir personne d'autre que vous.

– Bien sûr, madame, je comprends », répondit-il, bienveillant.

White savait exactement ce qu'elle attendait de lui. Elle ne voulait pas voir les agents du Secret Service chargés d'assurer sa protection, pas plus que quiconque entretenant les immenses jardins de la Maison Blanche, et encore moins des touristes en visite guidée de l'aile ouest. « Elle n'était pas en état de supporter ce genre de choses », dit-il. Elle réclamait simplement quelques heures de paix.

White lui précisa qu'il avait besoin de cinq minutes pour faire évacuer la zone, puis il courut prévenir le responsable du Secret Service chargé de l'épouse du Président qu'ils allaient tous les deux devoir s'activer pour satisfaire leur patronne. Et vite. « Ma conversation avec elle n'avait pas excédé une vingtaine de secondes mais j'avais compris ce qu'elle impliquait. "Si quelqu'un la voit ou si elle voit quelqu'un, alors je serai renvoyé, j'en suis certain, ai-je dit à mon collègue. Et vous aussi, probablement." »

Ainsi, les agents du Secret Service acceptèrent de suivre à distance la première dame, oubliant le protocole imposant que l'un d'eux marche devant elle et un autre sur ses talons. « Elle ne va pas chercher à vous repérer, leur expliqua White. Elle ne veut simplement pas voir vos visages, ni que vous la voyiez de près. »

Il retrouva Mme Clinton près de l'ascenseur et l'accompagna jusqu'à la piscine, suivis par quelques agents, sans personne d'autre à l'horizon. Avec des lunettes de vue rouges sur le nez et deux livres à la main, elle n'était ni maquillée ni coiffée. Aux yeux de White, elle avait le cœur brisé. Ils n'échangèrent pas un mot avant d'être parvenus à la piscine.

« Souhaitez-vous les services d'un majordome, madame ? lui demanda-t-il, après qu'elle se fut installée.

– Non.

– N'avez-vous besoin de rien ?

– Non, le temps est magnifique et je veux seulement profiter du soleil un moment ici. Je vous appellerai lorsque je voudrai rentrer.

– Bien, madame. Il est midi ; je quitte mon service à 13 heures. Quelqu'un me remplacera. »

Hillary Clinton lui lança un regard perçant :

« Non, c'est *vous* que j'appellerai.

– Oui, madame », répondit White, conscient qu'il lui faudrait rester non loin d'elle jusqu'à ce qu'elle décide de rentrer.

Ce jour-là, elle ne le rappela que peu avant 15 h 30.

Il la raccompagna au deuxième étage, de nouveau sans qu'ils échangent une seule parole. Avant de sortir de l'ascenseur, la première dame, cernée de toutes parts, lui confia combien elle appréciait l'effort qu'il avait fait pour elle : « Elle m'a pris les mains et les a légèrement serrées, puis, en me regardant droit dans les yeux, elle a simplement dit : "Merci." Ce geste de reconnaissance m'a profondément touché. C'était plus important que tout le reste, pour moi. »

Quelques agents d'entretien se trouvèrent même impliqués dans le drame en cours. Un jour, Linsey Little fut convoqué au deuxième étage pour répondre à des questions à propos de la liaison du Président. Parvenu à destination, il fut pris en charge par un agent fédéral intimidant, qui lui demanda s'il avait déjà aperçu Monica Lewinsky. Nerveux, l'employé répondit par la négative.

« Ils veulent vous donner l'impression qu'ils pensent que vous savez quelque chose », décrit-il aujourd'hui. Il insiste sur le fait qu'il n'a jamais remarqué quoi que ce soit d'inapproprié, tout en reconnaissant que, si tel avait été le cas, il aurait été peu enclin à risquer son emploi et à se retrouver lui-même dans les bulletins d'information. « Ils auraient mis mon nom à la une des journaux. »

Pour Mesnier, 1998 fut une époque « très triste », durant laquelle il vit deux personnes brillantes ravagées par ce scandale. Et comme beaucoup d'autres, il était affreusement désolé pour Chelsea, la fille des Clinton.

Sur une photographie devenue emblématique prise le 18 août 1998, soit le lendemain de l'aveu embarrassant de son père, Chelsea, entre ses parents, les tient par la main, tandis qu'ils se dirigent vers l'hélicoptère stationné sur la pelouse sud. Mesnier secoue encore la tête lorsqu'il repense à ce qu'a subi la jeune femme : « Chelsea était la personne la plus adorable qui soit. Voir cette famille endurer une telle épreuve… c'était vraiment stupide. Ils ont dû faire face à l'adversité. »

*

* *

L'huissier Skip Allen reconnaît qu'il lui a été plus facile de servir les familles qu'il appréciait que celles pour lesquelles il devait faire semblant. « Mais nous sommes de bons comédiens », ajoute-t-il.

Il lui est impossible de dissimuler certaines réserves, envers les Clinton. Lors d'un déjeuner au bord de la piscine, dans sa vaste demeure campagnarde de Pennsylvanie, il évoqua avec affection la façon dont Mme Clinton lui demandait toujours de l'aider à attacher les nœuds de ses tenues, ce qu'elle était incapable de faire seule. Cela dit, les Clinton, d'après lui, n'accordèrent jamais toute leur confiance au personnel de la Résidence, se méfiant notamment particulièrement du bureau des huissiers : « Ils font partie des personnes les plus paranoïaques que j'aie croisées au cours de ma vie. »

Allen n'est pas le seul à conserver des souvenirs amers de l'ère Clinton. Son collègue Chris Emery, qui avait été proche des Bush, se rappelle avoir fait l'objet d'une surveillance excessive de la part des Clinton. Au cours des quatorze mois qu'il passa à leur service, dit-il, il dut subir trois tests de dépistage de drogues et une vérification de ses antécédents, qui n'était pas prévue avant plusieurs années. Certaines questions qu'on lui posa à cette occasion furent inhabituellement personnelles, par exemple quand on lui demanda de préciser sa confession, si bien qu'il refusa d'y répondre. « À mon avis, ils cherchaient quelque chose pour que ce soit plus facile pour eux [de me renvoyer] », soupire-t-il.

En effet, lorsque Emery fut chassé de la Maison Blanche, en 1994, ce fut en partie à cause d'un service rendu à Barbara Bush, l'ancienne première dame.

Sous le gouvernement de Bush père, Emery avait

beaucoup aidé Mme Bush. « Nous étions très proches, m'a-t-elle confié. C'est Chris qui m'a appris à me servir d'un ordinateur. »

Après son départ de la Maison Blanche, elle se lança dans la rédaction de ses mémoires. Ayant perdu un chapitre, elle appela au secours Emery qui fut ravi de l'aider. Hélas, ce service nourrit les doutes des Clinton, qui estimaient l'huissier trop attaché à la famille Bush. Lorsque le couple présidentiel découvrit l'historique des appels téléphoniques passés par Emery, raconte ce dernier, ils en conclurent qu'il « transmettai[t] de sombres secrets aux Bush, qui étaient de retour à Houston. Ce n'était pas le cas ».

Peu après, Gary Walters, l'huissier en chef, convoqua Emery dans son bureau.

« Madame Clinton n'est pas à l'aise avec vous, lui annonça-t-il.

– Que voulez-vous dire ? lui demanda Emery, abasourdi.

– Cela veut dire que demain sera votre dernier jour parmi nous. »

Barbara Bush reconnaît que ses appels téléphoniques passés à Chris ont dû « provoquer des problèmes ». Emery fut réprimandé en public pour son « ahurissant manque de discrétion », pour reprendre les mots de Neel Lattimore, le porte-parole d'Hillary. « Nous estimons que la position qu'il occupait, en tant que membre du personnel de la Résidence, lui imposait le respect le plus total de la vie privée de la famille présidentielle », ajouta-t-il.

Emery fut dévasté par la perte de son travail, ainsi que de son salaire, qui s'élevait à 50 000 dollars annuels : « Je suis resté sans emploi pendant un an, dit-il. Ils ont arraché le tapis sous mes pieds. On se demande ce qu'ils font à leurs adversaires vraiment puissants. »

Quand il rentra chez lui, ce soir-là, le premier appel téléphonique qu'il reçut fut de l'assistante de Barbara Bush, qui lui dit que les Bush avaient eu vent de la nouvelle et souhaitaient l'aider de leur mieux.

« J'ai ensuite reçu un appel du bureau de Maggie Williams [la directrice de cabinet d'Hillary Clinton], pour me dire que si des journalistes me contactaient, je devais les rediriger vers la Maison Blanche. Mon premier réflexe a été de me dire : "Bien sûr, comme toujours", puis, après avoir raccroché, je me suis dit : "Mais au fait, ils m'ont renvoyé !" »

Quand je l'ai rencontré, bien des années plus tard, Emery m'a dit avec tristesse qu'il comprenait pourquoi il avait été licencié : « Elle devait gérer une telle pression. Malheureusement, j'en ai été victime. »

Au moins un ancien collègue d'Emery conteste sa version des faits. D'après lui, qui a souhaité conserver l'anonymat, les Clinton avaient raison d'être paranoïaques à propos des employés, dont beaucoup avaient servi un président républicain durant les douze années précédentes. Selon cette source, « tout le monde, au bureau des huissiers, était déçu que le président Bush père n'ait pas été réélu [...] et ils ne le cachaient pas en présence des Clinton ». Emery, en particulier, était « républicain des pieds à la tête », à en croire cette personne. Emery lui-même concède qu'il aurait suivi les Reagan en Californie, après leur départ de la Maison Blanche, s'ils le lui avaient demandé.

Emery n'a peut-être pas toujours dissimulé ses préférences en présence des Clinton. Un jour, d'après son collègue, alors que le président Clinton descendait du deuxième étage afin d'assister à une réception, Emery aurait déclaré : « Je ne comprends pas pourquoi tout le monde a un orgasme quand il est dans les parages. »

Apparemment, il lançait ce genre de commentaires suffisamment fort pour que les conseillers de Clinton les entendent.

Les Clinton avaient peut-être également de bonnes raisons de s'inquiéter à propos des agents censés assurer leur sécurité. Ils n'étaient en effet pas encore tout à fait remis des allégations lancées par des policiers d'État de l'Arkansas qui, chargés de protéger Bill Clinton à l'époque où il était gouverneur, avaient plus tard déclaré à la presse avoir aidé celui-ci à entretenir des liaisons extraconjugales, affaire qui fut relayée sous le nom de « Troopergate ».

Un incident inquiéta particulièrement les Clinton. Très tard, un soir de 1994, alors que la famille présidentielle fêtait Pâques à Camp David, Helen Dickey, ancienne nourrice de Chelsea devenue assistante à la Maison Blanche, se trouvait dans sa chambre, au troisième étage de la Résidence, lorsqu'elle entendit du bruit dans les appartements privés, à l'étage inférieur. Elle y descendit, afin de comprendre ce qui se passait, et tomba sur un groupe d'individus vêtus de noir et armés, qui fouillaient dans les affaires des Clinton.

« Que faites-vous ? leur cria-t-elle. Vous n'avez pas le droit d'être ici !

– Nous appartenons au Secret Service, nous faisons notre boulot, fichez le camp », lui répondirent-ils.

À son retour, Hillary demanda des explications à Gary Walters, l'huissier en chef. Il s'excusa d'avoir oublié de la prévenir que les agents devaient passer le deuxième étage au peigne fin, en quête d'éventuels dispositifs d'écoute.

La première dame en fut furieuse. Les Clinton adoraient profiter de moments où ils étaient seuls.

Lors d'une interview donnée en 1993, Hillary Clinton déclara qu'elle appréciait énormément le deuxième étage de la Maison Blanche car c'était l'unique endroit où le Secret Service ne filait pas sa famille : « Nous savons quand ils n'ont pas besoin d'être sur notre dos. Nous n'avons pas besoin d'eux là-haut. C'est une impression merveilleuse car, partout ailleurs, nous sommes en permanence entourés. »

D'après la plupart des témoignages, Chelsea Clinton traitait le personnel de la Résidence avec respect. Toutefois, Ronn Payne estime que l'animosité de ses parents envers le Secret Service avait quelque peu déteint sur elle. Au tout début de l'ère Clinton, des agents étaient postés sur le palier du deuxième étage, juste à côté de l'ascenseur du Président, tandis que d'autres se trouvaient au sommet du grand escalier, en face du salon des traités – ils furent plus tard déplacés à l'étage d'État, à la demande des Clinton. Un jour, raconte Payne, il traversait la cuisine privée du deuxième étage quand un agent y entra derrière lui, prêt à accompagner Chelsea à Sidwell Friends, l'école privée à laquelle elle était inscrite, au nord-ouest de Washington. La jeune fille était au téléphone. « Oh, je dois y aller, les cochons sont là », dit-elle à son amie. Le visage de l'agent vira à l'« écarlate », se rappelle Payne.

« Mademoiselle Clinton, laissez-moi vous expliquer quelque chose : mon travail consiste à vous protéger, votre famille et vous, des balles d'un éventuel assassin. Vous comprenez ?

– C'est comme ça que mes parents vous appellent », répondit-elle.

*
* *

En novembre 1968, Preston Bruce dit qu'il avait le sinistre pressentiment que deux des conseillers les plus proches de Richard Nixon le trahiraient tôt ou tard. Bruce était alors portier à la Maison Blanche depuis déjà quinze ans. Il devina qu'il se passait quelque chose d'anormal quand, trois ou quatre jours après l'élection de Richard Nixon, un conseiller politique du Président multiplia les apparitions à la Maison Blanche. « J'ai entendu cet homme poser des questions très précises sur la façon dont fonctionnait la demeure. Aucun détail ne semblait trop insignifiant pour sa curiosité. »

Il s'agissait de John Ehrlichman, conseiller et assistant de Nixon pour les affaires intérieures. J. B. West, l'huissier en chef, lui fit à plusieurs reprises visiter les lieux, tandis qu'il le bombardait de questions.

Bruce n'avait jamais rien vu de tel : « Nous autres membres du personnel savions déjà comment rendre la vie sûre et confortable pour la famille présidentielle – c'était notre boulot. Que pouvait bien mijoter cet homme ? »

Si Bruce trouvait charmant que la famille Nixon prenne le temps d'apprendre le nom de tous les employés – quatre-vingts personnes –, il n'appréciait guère la façon dont Ehrlichman et H. R. « Bob » Haldeman, le nouveau directeur de cabinet de Nixon, le traitaient. « Ils se sont servis des centaines de fois de l'ascenseur, et systématiquement ils m'ont lancé sèchement : "Au deuxième étage", par exemple, sans le moindre "s'il vous plaît" ou "merci". Leur regard semblait me traverser, comme si j'étais invisible. »

Contrairement à Nixon, qui badinait facilement avec Bruce, Haldeman faisait tout pour laisser clairement comprendre que le personnel de la Résidence était là pour aider, et rien de plus. Une note issue de son bureau spécifia que tout employé qui demanderait au Président ou à sa famille une photo dédicacée ou un service serait immédiatement renvoyé. « Nous avons tous pris cette note comme un coup bas et minable, dit Bruce. Nous avions assez de jugeote pour ne pas réclamer de telles choses au Président. »

Haldeman ne voulait voir personne dans le couloir donnant sur la salle à manger d'État, lors des dîners officiels, pas même des agents du Secret Service, alors que la tradition voulait jusque-là qu'on laisse les majordomes écouter les toasts depuis cet endroit. « Haldeman et Ehrlichman étaient particuliers, raconte le majordome Herman Thompson. En les observant, on devinait qu'ils ne respecteraient jamais des gens comme nous. »

La plupart des conseillers de Nixon se montraient très protecteurs vis-à-vis du Président et ne s'impliquaient pas dans les détails de la gestion de la Résidence. « Même quand nous installions les tables, nous voyions passer Haldeman et Ehrlichman, ajoute Thompson, secouant la tête. Ils se comportaient comme s'ils étaient chargés de tout diriger. »

Avant le scandale du Watergate, Nixon était fort apprécié parmi le personnel, même si la plupart des employés s'accordaient à dire que sa famille et lui étaient nettement plus protocolaires et rigides que leurs prédécesseurs. Le cuisinier Frank Ruta aime raconter un épisode impliquant Frankie Blair, un sympathique Afro-Américain employé aux cuisines. Un soir, alors que Blair nettoyait la table, après le dîner de la famille présidentielle, Nixon revint dans la pièce et, on ne sait comment, les deux hommes en arrivèrent à parler de bowling. Nixon était si passionné par ce sport qu'il avait fait installer une piste en sous-sol, sous le portique nord. Il demanda à Blair s'il était d'accord pour disputer quelques parties. Les deux hommes jouèrent ainsi au bowling jusqu'à 2 heures du matin. « Il y avait peut-être une bouteille de whisky en jeu », ajoute Ruta.

Quand ils en eurent terminé, Blair se tourna vers le Président :

« Jamais ma femme ne me croira, quand je lui dirai que je suis resté si tard avec vous.

– Suivez-moi », lui dit Nixon.

Ils se rendirent au Bureau ovale, où le Président rédigea un message, s'excusant auprès de l'épouse de Blair d'avoir retenu son mari jusqu'à une heure si avancée de la nuit.

L'huissier Nelson Pierce gardait lui aussi d'heureux souvenirs avec les Nixon, avant que l'affaire du Watergate détruise cette présidence. Le jour où il apprit que le Président et la première dame devaient se rendre dans la région de Seattle, où Pierce était né, celui-ci raconta à Mme Nixon combien les cimes enneigées du Nord-Ouest lui manquaient. Peu après cette conversation, elle lui proposa de les accompagner : « La secrétaire du Président m'a transmis le plan de vol, que j'ai étudié avec soin, tâchant de déterminer ce que je verrais et reconnaîtrais. Mais plus nous approchions de l'État de Washington, moins je discernais de reliefs. Alors que je tentais de me repérer, l'avion a subitement viré sur la droite et, bien sûr, j'ai aperçu le mont Adams, le mont Saint Helens, le mont Baker et le mont Rainier. [...] J'ai alors compris que quelqu'un avait demandé aux pilotes d'effectuer ce détour, afin que je puisse admirer ces montagnes. »

Pierce n'était pas rentré chez lui depuis 1941, alors âgé de seize ans. « J'ai été si ému, quand l'avion a viré sur la droite et que j'ai compris ce qui se passait, que je me suis mis à sangloter. »

De retour à la Maison Blanche, Pierce demanda à la première dame si c'était elle qui avait donné l'ordre au pilote d'effectuer ce détour pour lui. « Moi aussi, je voulais voir les montagnes », lui répondit-elle avec un clin d'œil.

Les Nixon étaient protocolaires mais aimables avec les employés, d'une gentillesse qui rendit d'autant plus douloureux le fait de voir le Président sombrer lentement. L'enquête déclenchée par le scandale du Watergate s'éternisa plus de deux ans ; chaque jour un peu plus épuisé que la veille, le Président avait le dos voûté par la défaite lorsqu'il se rendait tous les matins au Bureau ovale. L'électricien Bill Cliber, qui serait par la suite promu électricien en chef, se souvient du programme très serré de Nixon, au cours de son premier mandat ; il se levait tôt pour gagner le Bureau ovale. L'affaire du Watergate le fit sombrer dans une profonde dépression, et ses habitudes « volèrent en éclats ».

Au plus fort du scandale, Pat Nixon et ses deux filles semblaient elles aussi noyées dans le désespoir. « Oh, monsieur Bruce, comment peuvent-ils dire des choses si affreuses à propos de mon père ? » se lamentait Julie, en larmes, auprès du portier.

Tricia, l'autre fille du couple présidentiel, m'a confié qu'à l'époque le soutien du personnel lui avait apporté un grand réconfort : « Nous sentions leur esprit positif, nous les entendions penser : *Nous savons qui vous êtes, qui est votre père, et nous vous aimons. Nous admirerons toujours votre père.* » Quand vous travaillez à la Résidence, vous voyez « plus loin que la politique, plus loin que les ragots », dit-elle, vous voyez « les personnes telles qu'elles sont réellement ».

Cela étant, dans les espaces réservés au personnel, la tension qui avait envahi la Maison Blanche atteignait aussi les employés. Si Nixon avait fait démonter la douche d'une puissance industrielle de Johnson, il n'était pas pour autant dépourvu de ses propres excentricités en matière de salle de bains. Il avait par exemple demandé que soit installé un bain à remous relaxant. « Le Président consacrait manifestement beaucoup de son temps à la Maison Blanche à trouver des façons de se détendre », dit Traphes Bryant.

Nixon était tellement rongé par sa paranoïa – il avait notamment une « liste d'ennemis » sur laquelle figuraient ses adversaires politiques – que les membres du personnel eux-mêmes ne savaient jamais ce qu'il pensait d'eux. Pour nombre d'entre eux, dont l'huissier Nelson Pierce, l'affaire du Watergate fut encore plus traumatisante que l'assassinat de Kennedy, car elle traîna en longueur. « Nous voyions un homme se dégrader jour après jour, sans pouvoir rien faire pour l'aider. »

À 21 heures, le 8 août 1974, Nixon annonça sa démission. Il fit sa déclaration depuis le Bureau ovale, après avoir demandé qu'il y ait le moins de personnes possible dans la pièce, réclamant même que son agent du Secret Service en sorte. « Il n'y avait qu'un cadreur, un technicien de la chaîne de télévision, deux militaires et moi – nous étions indispensables pour régler le son et l'image », m'a raconté Cliber, à la table de la cuisine de sa demeure de Rockville, dans le Maryland. Il s'en souvient comme si c'était hier : « Il régnait un silence de mort dans le bureau, à vous donner la chair de poule. »

Quand Nixon eut lu sa triste allocution, Cliber sortit du Bureau ovale et se dirigea vers la colonnade. Nixon le suivit sans dire un mot. Cliber s'arrêta alors, afin de laisser le Président déshonoré passer devant lui.

« Où allez-vous, Bill ? lui demanda Nixon, en ce jour, certainement le plus pénible de son existence.

– Je rentre à la Résidence, répondit Cliber, l'air penaud.

– Faites donc quelques pas avec moi. »

Les deux hommes reprirent leur chemin sur le passage extérieur bordé de colonnes qui longe la Roseraie.

Soudain, Cliber s'immobilisa et se tourna vers Nixon :

« Vous devriez être fier de vous. Vous avez fait du bon travail, vous avez fait de votre mieux.

– Oui, il y a beaucoup de personnes dont j'aimerais qu'elles partagent votre avis », répondit Nixon, les yeux vitreux.

Cliber avait l'impression que le Président faisait un sérieux effort pour ne pas pleurer. « Elles le comprendront un jour », dit l'électricien.

Ils se séparèrent au rez-de-chaussée de la Résidence, sans ajouter un mot. Nixon entra dans l'ascenseur présidentiel, tandis que Cliber gagnait l'atelier électricité par l'escalier menant au sous-sol.

Ce soir-là, Nixon resta éveillé jusqu'à 2 heures du matin ; il passa des appels téléphoniques depuis le salon de Lincoln, sa pièce préférée de la Résidence. À l'extérieur, la foule scandait *« Jail to the Chief*[1] *! »* Il alla enfin

1. Que l'on peut traduire par : « Le chef en prison. » Il s'agit d'une déformation de *Hail to the Chief*, la marche musicale

se coucher et sombra dans un sommeil agité. À son réveil, il consulta sa montre ; il n'était que 4 heures du matin. Incapable de se rendormir, il se rendit à la cuisine pour s'y préparer un casse-croûte. Il fut stupéfait d'y trouver le majordome Johnny Johnson.

« Johnny ! Que faites-vous ici si tôt ?

– Il n'est pas tôt, Monsieur le Président. Il est presque 6 heures. »

Dans une interview donnée en 1983, Nixon expliqua ce qui s'était passé : « La pile [de ma montre] avait rendu l'âme à 16 heures la veille, qui était mon dernier jour à la tête du pays. À ce moment-là, j'étais moi aussi complètement usé. »

Preston Bruce se rappelle avoir vu le président Nixon dans l'ascenseur, ce dernier jour à la Maison Blanche. « J'aurais voulu que ce moment n'arrive jamais, Monsieur le Président », lui dit-il.

Dans l'intimité de la cabine, les deux hommes s'étreignirent et versèrent quelques larmes, exactement comme le portier l'avait fait avec la veuve et le frère du président Kennedy, après son assassinat, plus de dix ans auparavant. « Vous êtes un véritable ami », dit Nixon à Bruce.

*

* *

Le président Reagan était si amical que les femmes de ménage, majordomes et huissiers prirent bientôt l'habitude de se faire discrets lorsqu'ils devaient traverser le Hall central de la Résidence pour éviter d'être piégés dans

---

traditionnellement interprétée lors d'une apparition publique du Président des États-Unis. *(N.d.T.)*

une longue conversation avec lui. Il adorait en particulier parler de la Californie, l'État dont il avait été gouverneur durant huit ans. Quand il repeignit la salle de gymnastique du Président, Cletus Clark reçut presque tous les soirs la visite de celui-ci : « Un jour, il est descendu au moment où l'un des peintres était monté sur son tapis de course. J'ai eu la frayeur de ma vie ! J'ai pensé qu'il allait exploser de colère. Mais non, il s'est contenté de dire : "Attendez, je vais vous montrer comment ça marche." Il est monté sur l'engin et s'est mis à marcher ! »

Nancy Reagan n'approuvait pas toujours la propension de son époux à bavarder avec le personnel. « Elle l'incitait à se comporter d'une façon qu'elle estimait convenable, dit encore Clark. Elle ne voulait pas qu'il se mêle aux employés. »

Le 30 mars 1981, à 14 h 25, alors que Reagan n'était président que depuis soixante-neuf jours, John Hinckley Jr. lui tira dessus à six reprises avec un revolver, après que Reagan eut prononcé un discours à l'hôtel Hilton de Washington. Cette tentative d'assassinat ébranla le personnel de la Résidence, qui ne connaissait pas encore véritablement cet homme sympathique.

Clark travaillait au solarium le jour du drame. Nancy Reagan, accompagnée de Ted Graber, son décorateur d'intérieur, et de Rex Scouten, l'huissier en chef, se trouvait non loin de lui. « Je n'oublierai jamais ce moment, dit le peintre. Quelqu'un est monté et leur a murmuré quelque chose, puis ils sont aussitôt partis. Quant à moi, je suis resté là-haut, à tester des mélanges de peinture à assortir à du tissu. »

Le lendemain, tandis que son mari se remettait à l'hôpital, Nancy Reagan se blessa à son tour. De retour à la Résidence, elle se rendit à la salle de jeux, au troisième étage, une pièce douillette pourvue d'un billard, afin d'y décrocher le tableau préféré de son époux et de le lui apporter dans sa chambre d'hôpital pour lui faire une surprise. Alors qu'une voiture l'attendait à l'extérieur, elle grimpa sur une chaise pour atteindre le tableau et chuta, se brisant plusieurs côtes. Seuls quelques membres du personnels furent mis au courant de cet accident, qu'elle n'évoqua jamais en public et dont les employés dans la confidence n'avaient jamais parlé jusqu'à aujourd'hui.

Ron, le fils des Reagan, ne s'en souvient pas, même s'il ne fut pas surpris en apprenant l'histoire, quelques décennies après les faits : « Elle se consacrait certainement à lui, à cette période ; elle n'allait pas laisser quelques côtes cassées l'en empêcher. »

En cet instant, Nancy Reagan fit preuve de la même ténacité que celle que les employés de la Résidence affichent au quotidien.

CHAPITRE 6

SACRIFICE

Le premier jour, je me suis dit que le bureau des huissiers était un asile de fous de quatre mètres sur quatre. Les gens y entraient et en sortaient en courant à longueur de journée et le téléphone ne cessait de sonner, tout comme la sonnette.

Upstairs at the White House : My Life With the First Ladies (« Dans les étages de la Maison Blanche : ma vie avec les premières dames »), de J. B. West, huissier puis huissier en chef de 1941 à 1969.

L'huissier Nelson Pierce vivait avec son épouse Caroline dans une charmante demeure coloniale blanche à Arlington, en Virginie, à environ six kilomètres de la Maison Blanche. Avant son décès, survenu le 27 novembre 2014, Caroline et lui aimaient s'asseoir sur la banquette suspendue installée sur le porche de leur maison, en été. Pendant une interview, quand je lui demandai depuis combien de temps ils étaient mariés, il se tourna vers sa femme et lui demanda de le lui rappeler. Elle ne parut pas lui reprocher ce trou de mémoire passager. Pour tout dire, elle semblait habituée à assumer un rôle décisionnel dans leur relation. En raison des horaires éreintants de son mari, Caroline a passé la majeure partie de leurs soixante-six années de vie commune à s'occuper presque seule de leurs quatre enfants – deux garçons et deux filles.

Pierce se souvenait en revanche parfaitement de la date de son premier jour à la Résidence : le 16 octobre 1961. Durant les vingt et quelques années au cours desquelles il y travailla, son emploi du temps était si chargé et imprévisible que son épouse trouvait presque « bizarre » de le voir chez eux. Le planning des huissiers variait si souvent qu'ils laissaient un calendrier sur la table, près du téléphone, afin que Caroline sache quand il était de service. Ses enfants ont « vécu en fonction de la Maison Blanche », selon ses propres termes.

« "Nous ne pouvons pas faire ceci ou cela parce que papa doit aller travailler. Pas de promenade aujourd'hui, car papa travaille." Toute notre vie dépendait de la Maison Blanche. »

Ce jour-là, elle taquina son mari en rappelant que les camarades de leurs enfants ne comprenaient jamais quel était le métier de Nelson ; étant donné son titre, tous l'imaginaient ouvreur dans un cinéma[2]. « Ça le remettait à sa place », plaisanta-t-elle.

Pierce ne perdait cependant jamais de vue que travailler à la Maison Blanche était un privilège. Un jour, Steve Bull, conseiller de Richard Nixon, croisa Pierce en quittant l'aile ouest, au moment où ce dernier montait les marches pour prendre son service. Bull se moqua gentiment de lui à propos du fait qu'il portait déjà son badge autour du cou, dans l'allée, bien avant de devoir le sortir pour entrer dans la Résidence. « Sur les deux cent dix millions de personnes qui vivent dans ce pays, combien

2. Le terme *« usher »* (huissier) se traduit également par « ouvreur, placeur ». *(N.d.T.)*

ont le privilège de le porter ? » lui rétorqua Pierce, le plus sérieusement du monde. Bull marqua une pause avant de réagir : « Je n'y avais jamais songé. »

Durant toutes ses années passées à la Maison Blanche, tenter de suivre le rythme de Lyndon B. Johnson fut l'épreuve qui mit le plus à mal son couple. Véritable oiseau de nuit, Johnson dînait souvent après 22 heures, dormait quelques heures et se levait à 4 heures. Le menuisier Isaac Avery, qui travaillait à la Maison Blanche depuis 1930, n'avait jamais rien vu de tel : « Si les Kennedy vivaient à toute allure, le président Johnson, lui, vit comme s'il faisait la course », raconta-t-il.

Lynda, la fille du Président, se rappelle que son père enchaînait « deux journées de travail par jour ». Il se levait tôt le matin et se mettait au travail, puis, vers 14 heures ou 15 heures, ou à l'heure à laquelle il pouvait s'autoriser une pause, il allait déjeuner à la Résidence, parfois assez tard dans l'après-midi, puis il montait dans sa chambre, enfilait son pyjama et dormait une demi-heure ou une heure. Sa seconde journée de travail débutait à son réveil.

Les employés de la Résidence adaptaient leurs horaires aux exigences de Johnson et se relayaient : huissiers, femmes de ménage, majordomes et cuisiniers s'activaient dès 7 heures ou 8 heures du matin, jusqu'à 16 heures ou 17 heures, puis d'autres équipes les remplaçaient après le déjeuner et travaillaient jusque tard dans la soirée, voire jusqu'au petit matin.

Tous les soirs, le commandant en chef de la marine massait le Président dans ses appartements privés. Quand Pierce était de service en soirée, il patientait à l'étage inférieur, jusqu'à ce que l'amiral descende l'avertir que le Président était allé se coucher ; l'huissier pouvait alors rentrer chez lui. Il arrivait que le Président s'endorme sur la table de massage ; le militaire s'asseyait alors et attendait que Johnson se réveille pour achever son massage. « Nous ne rentrions parfois chez nous qu'à 3, 4 ou 5 heures du matin », me confia Pierce, sans la moindre rancœur dans la voix.

Johnson n'était pas le seul président à se coucher tard. Pierce se souvenait de quelques fêtes organisées par les Kennedy qui se prolongeaient à tel point qu'il téléphonait à son épouse et la chargeait de demander à leur fils aîné de ne pas partir à son travail, au *Washington Post* – trajet de dix kilomètres – sans lui, car il serait de retour à temps pour l'y conduire ; c'était parfois le seul moment de la journée où il le voyait.

La charge de travail des huissiers stupéfie même les conseillers de l'aile ouest. Katie Johnson, ancienne secrétaire personnelle d'Obama, les vit ainsi avec surprise mettre en place avec efficacité à la dernière minute une cérémonie en l'honneur de l'équipe qui avait travaillé sur la loi historique sur la protection sociale votée le 21 mars 2010. « Nous n'avons su que vers 16 heures qu'elle avait été adoptée et, bien sûr, la liste des personnes qui avaient travaillé dessus était nettement plus importante qu'on l'avait imaginé au départ. J'ai donc contacté la Résidence à 16 h 30, pour les prévenir que nous avions besoin de nourriture et de boissons pour une centaine de personnes vers 20 heures », raconte-t-elle.

« Pas de problème, ce sera fait », lui répondit-on, alors qu'elle s'attendait à entendre son interlocuteur réclamer un peu plus de temps. Quelques heures leur suffirent pour organiser ce qui fut une soirée mémorable pour les conseillers de l'aile ouest, qui burent le champagne de la victoire sur le balcon Truman.

Ce fut l'unique fois où Reid Cherlin, alors porte-parole

de la Maison Blanche, mit les pieds dans les appartements privés – les Obama tiennent particulièrement à leur vie privée ; seuls quelques rares amis proches, comme Valerie Jarrett, sont régulièrement aperçus dans les étages. Cherlin garde un souvenir précis de cette soirée, car, sur le moment, il a « eu conscience qu['il] n'aurai[t] plus jamais l'occasion de revenir en ces lieux ».

Tout en dégustant du champagne, Adam Frankel, chargé de la rédaction des discours du Président, demanda à Reggie Love s'il lui était possible de jeter un coup d'œil dans la chambre de Lincoln. Très vite, tout le monde voulut se joindre à cette visite guidée improvisée. « Allez donc faire un tour », lança le Président à ses convives réjouis. Ce fut aussi simple que cela. « Toutes les personnes présentes, des plus hauts fonctionnaires aux moins élevés dans la hiérarchie, flânèrent dans les chambres du deuxième étage, relate Cherlin. Tout le monde avait un grand sourire aux lèvres. Le Président était de bonne humeur. »

« Je ne peux vous laisser faire ça que parce que Michelle est sortie en ville », leur précisa Obama.

Désignant l'exemplaire du discours de Gettysburg disposé dans la chambre de Lincoln, le Président – qui est très fier de sa propre écriture – confia à ses jeunes conseillers combien il admirait la somptueuse calligraphie de Lincoln.

Pour un homme politique parfois considéré comme étant assez froid, Obama évoque souvent la Maison Blanche avec un enthousiasme juvénile. Peu après l'investiture, Frankel avait engagé une autre « plume » au Bureau ovale.

« C'est la première fois que vous venez ici ? lui avait demandé Obama.

– Oui, Monsieur le Président, avait répondu le collègue de Frankel.

– C'est cool, pas vrai ? »

*

* *

Le cuisinier en chef Walter Scheib n'hésitait pas à souligner combien il était honoré et reconnaissant d'avoir eu la chance de travailler à la Maison Blanche – même s'il comparait cette expérience à une peine d'emprisonnement : « On travaille tous les jours pour les mêmes personnes, on n'a plus de vie personnelle, familiale ou sociale, on suit ce qu'on appelle les "horaires souples de la Maison Blanche", c'est-à-dire qu'on choisit nos quatre-vingt-cinq heures de service hebdomadaires. Dans bien des cas, même la vie professionnelle perd l'attrait de la nouveauté car on côtoie les mêmes personnes tous les jours. Il faut donc trouver d'autres moyens de rester opérationnel. »

Bon nombre des majordomes que j'ai interviewés étaient divorcés, en partie à cause de leur travail. James Ramsey jurait qu'il n'avait jamais été aussi heureux que depuis son divorce, prononcé en 1995, même s'il avait perdu sa maison et sa voiture dans l'affaire. « Aujourd'hui, je vais et je viens à ma guise, dit-il. Je fais ce qui me plaît. Je n'ai personne pour me dire ce que je dois faire. J'adore ma vie. »

N'avoir personne à qui rendre des comptes est bien pratique quand on est soumis à des horaires si imprévisibles. Il arrivait parfois à Ramsey de partir de chez lui à 6 heures du matin et de n'y revenir qu'à 2 heures du matin, la nuit suivante, s'il y avait eu un dîner officiel ce jour-là.

Embauché à la Maison Blanche en 1963, le majordome James Hall – surnommé « Le Grand » par Nancy

Reagan – divorça neuf ans plus tard. Il était en effet réquisitionné lors des dîners officiels, pour aider les majordomes permanents quand ils manquaient de personnel. Il n'était souvent prévenu qu'à la dernière minute, à une époque où il travaillait déjà à temps plein à la bibliothèque des Archives nationales.

Hall est décédé à peu près à la même époque que son ami James Ramsey. Avant sa mort, je l'ai interviewé dans son appartement bien ordonné d'une maison de retraite de Suitland, dans le Maryland, où sa deuxième chambre était un sanctuaire consacré à sa carrière. Parmi ses souvenirs figuraient des lettres de Rex Scouten, l'huissier en chef, dans lesquelles celui-ci le remercie pour son travail lors d'un dîner donné en l'honneur de prisonniers de guerre au Vietnam et pour son aide le jour de la réception de mariage de Tricia Nixon. Ces courriers étaient affichés à côté d'un message de condoléances du président Clinton, reçu à la mort de son père, en 1995.

Hall n'éprouvait aucune rancœur à propos de son divorce ou des soirées tardives passées à travailler à la Maison Blanche. Il se remémorait l'époque où, sous Nixon, les majordomes portaient des queues-de-pie et des gilets blancs : « Ils ont fini par remplacer notre gilet blanc par un noir, car, d'après eux, nous étions vêtus de façon "plus stricte" que les invités. »

Bien entendu, travailler à la Résidence ne mit pas fin au mariage de tous ceux qui y étaient employés. Pour tout dire, certains couples se formèrent même à la Maison Blanche. Après avoir fait l'objet d'une longue cour, Christine Crans, la gouvernante, trouva le temps de tomber amoureuse de Robert Limerick, technicien, en 1980. Ils s'étaient rencontrés quand Christine avait été chargée de prendre les mesures de Robert, pour son uniforme. Le supérieur de Robert ne cessant de les taquiner tous les deux à propos de leur complicité, ils cédèrent, se rappelle Christine : « Bon, d'accord, sortons ensemble, il sera satisfait. »

Moins d'un an plus tard, ils étaient mariés. Quand elle annonça ses fiançailles à Nancy Reagan, celle-ci fut enchantée. Et soulagée. « Je crois qu'elle craignait de me voir finir vieille fille », dit Christine Limerick en riant.

La personne qui l'avait précédée à son poste ayant épousé le pâtissier en chef, une plaisanterie depuis lors dit que « les gouvernantes se font engager ici pour trouver un mari ». À leur mariage, une cérémonie sans prétention qui se déroula à Deale, dans le Maryland, quarante des soixante-cinq invités étaient des membres du personnel de la Maison Blanche ou leur conjoint. Gary Walters et Rex Scouten étaient présents.

L'emploi du temps des jeunes mariés était exigeant. Sous les Clinton, Christine dut travailler à chaque Noël. Elle et Robert décidèrent finalement qu'il valait mieux qu'il renonce à son travail de technicien à la Maison Blanche, car leurs horaires étaient trop éprouvants. En plus de la frustration de ne pas toujours voir leurs plannings correspondre, les Limerick n'avaient guère la possibilité de se raconter les choses incroyables qu'ils entendaient ou voyaient dans le cadre de leurs fonctions, et ce même s'ils travaillaient l'un et l'autre à la Maison Blanche. « Nous ne nous racontions que rarement ce qui se passait la journée, à notre retour à la maison », insiste Christine Limerick.

*

* *

Employé à la Maison Blanche de 1979 à 2004, l'huissier Skip Allen connaissait un autre membre du personnel qui alla jusqu'à donner sa vie pour son travail. Frederick « Freddie » Mayfield a débuté à la Résidence en 1962 ; il était chargé de passer l'aspirateur et de déplacer les meubles. Quand il fut promu portier, il devint une quasi-institution, avec sa chevelure argentée, sa cravate blanche et sa queue-de-pie noire – il partageait avec son collègue Preston Bruce la même paisible dignité. Il attendait près de l'ascenseur, le soir, le moment de raccompagner le Président à la Résidence. « Il avait le plus beau sourire qui soit, dit Luci Baines Johnson. Pour Freddie Mayfield, c'était Noël tous les jours. »

Un jour, Mayfield confia à Allen que son médecin lui avait dit qu'il devait subir un pontage en urgence : « Je sais qu'il faut que je le fasse, et le médecin veut que ce soit tout de suite, mais je préfère attendre le prochain déplacement présidentiel », dit Mayfield.

Quand ce moment arriva, il était trop tard. Mayfield succomba à une crise cardiaque en se rendant à son travail. Il avait seulement cinquante-huit ans. « Il ne s'est jamais fait soigner parce qu'il disait toujours que le Président avait besoin de lui, qu'il attendrait que celui-ci s'absente et qu'ensuite seulement il se rendrait à l'hôpital. Il n'a pas tenu jusque-là. Mayfield n'estimait pas qu'il était la seule personne au monde qualifiée pour remplir ses fonctions, mais il était fier de son poste. Il voulait faire de son mieux pour le Président, quoi qu'il lui en coûte. »

Nancy Reagan assista aux obsèques de Mayfield, le 17 mai 1984. Elle fut si touchée par son décès qu'elle dit, à l'époque : « Sans lui, on sent que quelque chose ne va pas. »

Le majordome Herman Thompson se rappelle avoir

été ému en voyant la première dame dans l'assistance : « Sa présence m'a fait l'effet d'une profonde marque de respect. »

Des décennies plus tard, Nancy Reagan confia ne jamais avoir oublié l'appel téléphonique lui ayant appris la mort de Mayfield, pas plus que le « choc et la tristesse » ressentis. Elle avait instantanément compris que « plus rien ne serait comme avant, sans son sourire, près de l'ascenseur ».

Les membres du personnel forment une véritable famille. Nombre d'entre eux jouaient ensemble au golf, du temps de Freddie Mayfield et, tous les vendredis soir, ils étaient quelques-uns à se retrouver sur la piste de bowling du bâtiment du bureau exécutif d'Eisenhower, pour y affronter des agents du Secret Service et des policiers. Lorsque je prononçai devant Caroline, l'épouse de Nelson Pierce, le nom de son vieil ami Freddie, son visage s'illumina : « Il adorait le cou de dinde. Chaque fois que nous en préparions une, pour Thanksgiving, je mettais le cou de côté et je le lui envoyais. »

Cette camaraderie n'a pas disparu. Quand un employé de la Résidence a la douleur de perdre un proche, ou quand il a des difficultés à régler une facture médicale par exemple, ses collègues se cotisent en glissant un peu d'argent dans un bocal, dans l'office des majordomes, au premier étage, pour lui venir en aide. « Quand vous passiez une mauvaise journée, vous finissiez par croiser un majordome qui vous disait bonjour et vous faisait rire, dit l'huissière Nancy Mitchell. Il y avait toujours quelqu'un pour vous remonter le moral. »

Le majordome James Jeffries est issu d'une longue lignée d'employés de la Maison Blanche. Pas moins de neuf membres de sa famille y ont travaillé. Son oncle

Charles Ficklin y fut maître d'hôtel, tout comme John Ficklin, un autre oncle, après avoir débuté en tant que majordome. « Presque tout le monde était présent à son enterrement, en dehors du Président », se souvient-il, évoquant le décès de sa mère survenu en 2012. Celle-ci n'a jamais travaillé à la Maison Blanche, mais les majordomes Buddy Carter et James Ramsey, ainsi que Bill Hamilton, le responsable de la réserve, ont fait le déplacement pour soutenir la famille Ficklin. Bien qu'aucun d'eux ne fût très riche, les collègues de James Jeffries réunirent près de 400 dollars de dons.

Jeffries fut encore plus abasourdi quand cela se reproduisit peu après, à la mort d'un ses oncles : « Cet oncle ne travaillait pas à la Maison Blanche, mais c'était un Ficklin. Il était mort à Amissville, en Virginie. Nous nous sommes donc rendus là-bas pour les obsèques. Et sur place, j'ai soudain vu la porte de l'église s'ouvrir : M. West et les huissiers, avec quelques autres employés de la Maison Blanche, étaient eux aussi venus. Il me semble qu'ils avaient apporté une lettre du Président, que quelqu'un a lue à l'église. J'ai fondu en larmes, tant j'étais touché que des gens aient pensé à nous au point de nous rejoindre », ajoute-t-il après avoir marqué une pause.

Jeffries travaille aujourd'hui encore deux jours par semaine à la Maison Blanche, en tant que majordome. « Je prendrai ma retraite quand mes jambes ne me porteront plus », dit-il.

Quand il arrive à la Maison Blanche, il commence par vérifier sur une feuille affichée sur l'armoire de l'office la mission qui lui est confiée. Il peut être de service à l'office du premier étage, ou s'occuper du bar ou du ramassage (muni d'un plateau, il récupère les verres sales). Il avoue préférer jouer les barmen ou nettoyer la vaisselle à l'office, car porter un plateau chargé de verres est une épreuve physique pour un homme qui a dépassé les soixante-dix ans et souffre d'arthrose. Son supérieur lui a récemment demandé si tout allait bien, en le voyant à bout de souffle après avoir porté deux assiettes en un seul trajet et au pas de course entre l'office des majordomes et le salon est. « Je ne veux pas me plaindre », dit-il, balayant ces inquiétudes.

Désormais, ses collègues lui épargnent les tâches les plus pénibles, ce qu'il faisait lui-même à ses débuts, en 1959, pour les majordomes plus âgés. « Il arrivait parfois que les majordomes soient si âgés que, lorsqu'ils s'emparaient d'un plateau rempli de boissons, on entendait les verres s'entrechoquer ; les malheureux n'avaient plus assez de force dans les bras. Dans ces cas-là, je prenais le plateau et remplaçais mon collègue, qui pouvait retourner à l'office. »

Les majordomes laissent souvent un souvenir durable à la famille présidentielle et leurs conseillers.

Desirée Rogers se souvient du décès brutal, en 2009, de Smile « Smiley » Saint-Aubin, majordome de longue date. Sa disparition fut « un des moments les plus émouvants pour [elle] et pour [son] équipe ». Évoquant ce drame comme si elle avait perdu un membre de sa famille, elle précise que les Obama donnèrent une messe à sa mémoire à la Maison Blanche, en présence de ses proches. « C'était un homme extrêmement bienveillant, très doué dans tout ce qu'il entreprenait. Il était surnommé "Smiley" parce qu'il était toujours enjoué, toujours prêt à travailler et à rendre service, que ce soit pour répondre à une demande de notre équipe ou pour satisfaire un collègue. Ce fut pour tout le monde une perte très dure, survenue si tôt, alors que nous apprenions tout juste à maîtriser notre nouvel environnement. Ce fut un moment très difficile. »

Les sacrifices consentis par le personnel ne passent pas

inaperçus. Charles Allen, fils du majordome et maître d'hôtel Eugene Allen, n'a pas oublié une histoire que lui a un jour racontée son père, et qui illustre le dévouement mutuel entre la famille présidentielle et son personnel. Lady Bird Johnson s'inquiétait tant à propos de l'épouse d'un majordome, atteinte d'un cancer, qu'elle ne cessait de lui poser des questions concernant le traitement que suivait sa femme. Les réponses ne lui convenant pas, elle décida de contacter deux oncologues parmi les plus réputés du pays. L'après-midi même, les deux hommes s'envolèrent de New York à destination de Washington, pour y rencontrer la femme du majordome.

Autre exemple d'amour et de respect, l'électricien Bill Cliber vit un jour des agents du Secret Service s'approcher de lui, après la naissance de son fils :

« Où se trouve votre épouse ?

– À l'hôpital adventiste de Washington, à Takoma Park, leur répondit-il. Pourquoi cette question ? »

Ils lui expliquèrent que lady Bird comptait envoyer des fleurs à sa femme.

En me racontant cet épisode, Bill Cliber se tut un instant, les yeux embués de larmes, même après toutes ces années. Il reprit, encore incrédule : « La première dame se procura bel et bien des fleurs, mais elle les porta elle-même à mon épouse, à l'hôpital. »

Bea, la femme de Bill, assise à côté de lui le jour de cette interview, se contenta de secouer la tête lorsque je lui demandai de m'en dire davantage. Elle souhaitait garder ce souvenir pour elle.

Quand Cliber remercia lady Bird, le lendemain, celle-ci lui confia que c'était la tâche la plus facile qu'elle ait effectuée en tant que première dame.

CHAPITRE 7

LES ORIGINES ETHNIQUES À LA RÉSIDENCE

Tout Américain comprenant la complexe histoire de ce pays le ressent. En particulier quand on étudie les plans de construction de cette demeure et que l'on constate que les nombreux esclaves qui y ont participé n'avaient pas le droit d'y entrer. Certains, parmi eux, étaient peut-être mes ancêtres ; le fait que nous soyons la première famille afro-américaine à occuper cette Résidence, depuis toutes ces années, nous procure un profond sentiment de puissance et de conscience.

Michelle Obama, première dame

L'élection historique du président Obama, en 2008, marqua un tournant important dans l'histoire des États-Unis, que beaucoup saluèrent comme une victoire suprême pour les mouvements de défense des droits civiques. À peine plus de quarante ans avant ce scrutin, les Afro-Américains étaient encore victimes de discrimination dans le Sud ségrégationniste. Cent ans avant cela, les esclaves étaient enfermés dans des enclos sur Lafayette Square, à portée de regard de la Maison Blanche. Aujourd'hui, la première famille présidentielle afro-américaine du pays est servie par des majordomes de couleur pour la plupart.

Quand ils emménagèrent, les Obama se montrèrent

quelque peu circonspects à propos des employés de la Résidence. Certains observateurs estimèrent que le Président et les siens n'étaient peut-être pas tout à fait à l'aise avec ces majordomes. Le couple présidentiel est bien entendu pleinement conscient de son statut historique unique. Non seulement Obama est le premier Afro-Américain à avoir été élu président – comme il le souligna au cours d'un discours très attendu à propos des origines ethniques, dans le cadre de sa campagne pour les élections primaires, en 2008 –, mais en plus il est « marié à une Afro-Américaine dans les veines de laquelle coule le sang d'esclaves et de propriétaires d'esclaves ».

En effet, Jim Robinson, l'arrière-arrière-grand-père de Michelle Obama, était esclave. Quant à Fraser Robinson, son arrière-grand-père, il fut un adolescent illettré avant de plus tard apprendre à lire et à écrire. En réalité, certains membres de la famille de Mme Obama ont eu des emplois très similaires à ceux du personnel de la Résidence. Purnell Shields, son grand-père maternel, fut homme à tout faire au sein d'une maisonnée, à Chicago, et une de ses tantes était femme de ménage.

Depuis son élection, le Président a évité de s'empêtrer dans d'éventuelles relations privilégiées avec les individus de la même origine ethnique que lui, et ses conseillers n'ont pas grand-chose à dire à propos de celles que la famille présidentielle entretient avec ses employés. Cependant, Stephen Rochon, l'huissier en chef, qui a pris sa retraite en 2011, après avoir été le premier Noir à occuper ce poste, dit avoir remarqué que le personnel d'origine afro-américaine et les Obama s'entendent bien parce qu'« ils sont issus de la même culture ». Il évoque notamment la « fierté », chez les domestiques, que « ce pays ait évolué au point d'élire un président noir ».

Pour Desirée Rogers – aujourd'hui P-DG de Johnson Publishing, qui publie les magazines *Ebony* et *Jet* –, être la première Afro-Américaine à occuper la fonction de secrétaire sociale, de surcroît pour cette famille présidentielle, avait une importance particulière : « Le jour de l'investiture, je fus plus que toute autre chose fascinée par ces messieurs qui préparaient l'arrivée du premier président afro-américain ; je ne pouvais m'empêcher de les observer. Ils me rappelaient mon grand-père, qui avait été un pilier de notre famille. Quel dommage qu'il n'ait pas été là pour voir cela ! »

Ce jour-là, Desirée Rogers entendit souvent les majordomes dire qu'ils n'avaient jamais imaginé un jour servir le premier président afro-américain. Peut-être même fournirent-ils un peu plus d'efforts que d'ordinaire. « Je devinais la fierté qu'ils éprouvaient, en préparant la demeure pour cette famille présidentielle. C'était très émouvant pour moi de les voir s'activer avec tant de zèle et s'assurer que tout était parfaitement réglé pour le moment où le Président se présenterait, à l'issue du défilé. »

Lonnie Bunch, directeur fondateur du Musée national de l'histoire et de la culture afro-américaine, qui dépend de la Smithsonian Institution, et membre du Comité pour la préservation de la Maison Blanche, dit qu'il serait étonné d'apprendre que Michelle Obama n'a jamais parlé avec le personnel de couleur de la Résidence de leurs origines communes. Il précise toutefois que l'origine ethnique des Obama n'implique pas nécessairement que leurs relations avec les employés afro-américains soient plus étroites ou plus personnelles que celles entretenues par leurs prédécesseurs. « Il n'en reste pas moins qu'ils comprennent clairement qui sont ces hommes et ces femmes. Je pense qu'ils ont conscience, comme l'a dit Michelle, qu'ils auraient pu, eux-mêmes ou des membres de leur famille, occuper la place de ces gens. »

Tony Savoy, directeur des opérations retraité depuis 2013, insiste sur le fait que l'arrivée des Obama à la Maison Blanche n'a en rien modifié sa façon de travailler : « J'ai toujours donné le meilleur de moi-même à la personne que je servais, quelle qu'elle soit. Je ne pouvais pas offrir davantage à Obama qu'à une présidente ou à un autre président blanc. Cela ne changeait rien. Je me donnais de toute façon à cent dix pour cent, à tous les niveaux. »

*

* *

Les deux victoires électorales du président Obama sont particulièrement remarquables, étant donné le passé trouble de la Maison Blanche concernant l'esclavage. Le commerce d'esclaves était florissant à Washington, au XIXe siècle, même si de nombreuses personnes de couleur étaient libres. Les recensements datant de l'époque de la guerre de Sécession indiquent que la ville comptait 9 029 Afro-Américains libres et 1 774 esclaves. En 1792, quand débuta la construction de la résidence exécutive, la nouvelle capitale n'était qu'un marécage sauvage, très éloignée des grandes agglomérations de l'Est et créée de toutes pièces à partir de miettes des États esclavagistes du Maryland et de la Virginie. En novembre 1800, lorsque John Adams s'y installa, un tiers de la population de Washington était noir, constitué d'esclaves pour la plupart. Les Afro-Américains – qu'ils fussent libres ou non – participèrent à la construction de la capitale du pays, taillant les pierres servant à ériger les piliers et les murs de la Maison Blanche et du Capitole. Ces ouvriers étaient loués par leur maître pour travailler dans les carrières d'Aquia, en Virginie, où on ne les rémunérait qu'en nourriture (du porc et du pain) et en boisson (une pinte de whisky quotidienne chacun). On sait peu de choses d'eux, en dehors d'une liste de prénoms – Jerry, Charles, Bill… – figurant dans les archives gouvernementales.

Il est difficile d'imaginer à quoi ressemblait le parc de la Maison Blanche à l'époque de sa construction. Au nord-est de la bâtisse se trouvait une cour dallée, où des dizaines de vastes cabanons abritaient des plans de travail sur lesquels on taillait la pierre. Près des murs se dressaient deux grues en trépied, grâce auxquelles on hissait les blocs à l'intérieur du bâtiment. Pourvues d'énormes poulies, dont certaines culminaient à quinze mètres de hauteur, ces grues dominaient de toute leur taille le vaste site. Malgré sa surface – elle resta probablement la plus vaste demeure du pays jusqu'après la guerre de Sécession –, la Maison Blanche demeurerait un endroit relativement peu sophistiqué durant plusieurs décennies après la pose de sa première pierre.

Dès l'instant où elle fut habitée, tous les présidents sudistes y firent venir des esclaves, jusqu'en 1860, y compris Thomas Jefferson, James Madison et Andrew Jackson. En 1830, sous le gouvernement Jackson, un recensement fit état de quatorze esclaves vivant sur place, dont cinq âgés de moins de dix ans.

« En substance, la Maison Blanche porte une empreinte afro-américaine depuis ses origines », fait observer Lonnie Bunch.

Les premiers présidents étant contraints de payer eux-mêmes leurs employés, les membres du personnel étaient nettement moins nombreux que de nos jours. Ils n'étaient qu'une dizaine à servir Jefferson, dont seulement trois Blancs ; tous les autres étaient des esclaves afro-américains venus de Monticello, la propriété que le Président possédait en Virginie.

Les premiers présidents sudistes tentèrent pour beaucoup de réduire les coûts en remplaçant les salariés blancs et noirs libres par leurs propres esclaves. James Madison faisait également appel à des esclaves de sa demeure de Montpelier. Son valet, un esclave du nom de Paul Jennings, parvint à racheter sa liberté et écrivit le premier témoignage sur la vie à la résidence exécutive.

Originaire du Tennessee, propriétaire d'esclaves, le président Andrew Jackson décida d'économiser de l'argent, quand il s'installa à la Maison Blanche, en remplaçant plusieurs domestiques par certains de ses esclaves. Ceux que ses visiteurs pouvaient apercevoir portaient des manteaux bleus sophistiqués, avec des boutons en cuivre, et un pantalon jaune ou blanc. Ils vivaient pour la plupart dans des dortoirs bondés, en sous-sol ou dans le grenier, sous les toits mansardés, et avec un éclairage minimal. Les sous-sols se trouvaient près d'une cuisine longue de douze mètres et pourvue d'immenses cheminées. Durant la première moitié du XIXe siècle, domestiques salariés et esclaves dormaient sur des lits de camp ou des matelas en piteux état.

À l'époque où Zachary Taylor prit ses fonctions, en mars 1849, les nordistes exprimaient leur indignation quant à l'esclavage. Afin d'économiser de l'argent, il ajouta à ses quatre domestiques une quinzaine d'esclaves, dont des enfants, qu'il fit venir de sa propriété de Louisiane, non sans les cacher aussi souvent que possible, par crainte de la réaction du grand public. L'esclavage fut enfin aboli dans la capitale en 1862.

Les différents rôles des employés de la Résidence évoluèrent peu à peu. En 1835, le jardinier principal était la seule personne chargée d'un rôle d'encadrement, selon le Registre fédéral. Le Congrès créa officiellement le poste d'« intendant » en 1866, lorsque le président Andrew Johnson embaucha William Slade, un Afro-Américain qui avait été messager personnel du président Abraham Lincoln, et en fit le premier gérant officiel de la Résidence. La description de ce poste ressemble beaucoup à celle de l'huissier en chef d'aujourd'hui : il s'agit d'encadrer l'ensemble du personnel de la résidence exécutive et de superviser tous les événements publics et privés. Slade étant responsable de tout ce qui appartenait au gouvernement dans le bâtiment, il était assuré à hauteur de 30 000 dollars, une somme astronomique au XIXe siècle. Situé en sous-sol, entre deux cuisines, son minuscule bureau abritait des placards remplis d'argenterie et de plats en porcelaine, ainsi que d'énormes coffres en cuir où était rangée de la vaisselle datant de James Monroe et d'Andrew Jackson, dont on se servait encore lors des dîners officiels après la guerre de Sécession. Slade détenait les clés de ces meubles et contrôlait chaque objet lorsqu'il était nettoyé et rangé après une réception. Il n'y aurait pas d'autre huissier en chef afro-américain avant la nomination à la Maison Blanche de l'amiral Stephen Rochon, en 2007.

Plus d'un siècle après que le président Jefferson eut réduit ses dépenses en remplaçant ses domestiques blancs par des esclaves noirs, Franklin D. Roosevelt fit venir Henrietta Nesbitt, son intendante blanche de Hyde Park, afin qu'elle aide la famille présidentielle à maîtriser ses dépenses folles. Peu après l'investiture, Henrietta Nesbitt seconda la première dame dans la réorganisation du personnel. Eleanor Roosevelt prit la décision de renvoyer tous les employés blancs (à l'exception de Nesbitt) et de ne conserver que les Afro-Américains. Étant donné sa réputation d'avocate des droits civiques exceptionnelle, ses raisons d'agir ainsi étaient quelque peu surprenantes. « Mme Roosevelt et moi-même avions convenu que les employés se comprendraient mieux et fourniraient un meilleur service s'ils partageaient la même origine ethnique », écrivit Henrietta Nesbitt, dans ses mémoires.

Avant ce renvoi du personnel blanc, les employés blancs et noirs prenaient leurs repas dans des pièces différentes. Quand des domestiques noirs accompagnaient le Président chez lui, à Hyde Park, dans l'État de New York, ils n'étaient pas autorisés à déjeuner ou dîner dans la salle réservée au personnel, à en croire Alonzo Fields, majordome afro-américain à cette époque. On leur ordonnait de s'installer dans la cuisine. C'est pour cela que Fields écrivit, dans sa biographie : « J'éprouvais quelques réserves sur le fait que la Maison Blanche soit un exemple pour tout le pays. »

*
* *

À mesure que passaient les décennies, les employés afro-américains tiraient de plus en plus parti de leur prestigieux emploi. Bien que domestiques, ils servaient dans la plus importante demeure du pays. Lynwood Westray a débuté sa carrière à la Maison Blanche en 1962, en tant que majordome occasionnel. Né et ayant grandi à Washington, il n'a pas oublié qu'en 1939, quand il était vendeur dans une épicerie, il ne gagnait que 6 dollars par semaine. Aujourd'hui âgé de quatre-vingt-treize ans, il repense à ses trente-deux années à la Maison Blanche, installé dans son pavillon pourvu de trois chambres, au nord-ouest de Washington, acheté 13 900 dollars en 1955, quelques années après avoir épousé Kay. Dehors, on entend la circulation sur l'autoroute à quatre voies toute proche. (« Les gens conduisent comme des fous, de nos jours ! ») Dans son entrée sont suspendues côte à côte des photos d'Abraham Lincoln et de Barack Obama, tandis qu'une poupée à l'effigie de Michelle Obama est disposée sur une table. Deux cartes de vœux envoyées à Noël par les Johnson et les Carter sont quant à elle encadrées dans la salle à manger.

Westray était membre de Private Butlers Incorporated, un groupe de majordomes afro-américains de la Maison Blanche, dont les membres s'aidaient à décrocher des missions chez des particuliers, les soirs où ils n'étaient pas de service à « la Maison ». Ils profitaient d'une demande croissante, explique Westray. Il n'était pas rare que des membres du gouvernement contactent le maître d'hôtel de la Maison Blanche pour avoir les noms de majordomes susceptibles d'accepter de faire des extras. C'était pour eux l'occasion de servir lors de soirées privées d'envergure internationale (et de s'en vanter). Ainsi, quand il n'était pas pris par son emploi à temps plein à la poste (où il avait gravi les échelons, de guichetier à chef d'équipe) ou qu'il ne jouait pas les majordomes occasionnels à la Maison Blanche, Westray servait des membres du Congrès, des ambassadeurs et d'autres hommes d'influence de Washington, lors de dîners donnés à Georgetown. « Ils étaient plus que ravis. Quand ils nous présentaient à leurs invités, ils ne parlaient pas de Sam, de John ou de Charles, mais de “monsieur” ». J’étais *monsieur* Westray ! »

La fonction de majordome est traditionnellement considérée comme un « boulot de Noir », ajoute-t-il. « Mes amis n’ont pris conscience du prestige de mon poste que le jour où ils ont découvert que je gagnais tant d’argent en dehors de mon travail ! Grâce aux relations nouées à la Maison Blanche, les majordomes ont réussi, dans cette ville ! »

Au cours de l’un de nos premiers entretiens, les yeux de Westray s’illuminèrent lorsque Kay, son épouse, entra lentement dans la pièce, aidée de son déambulateur, vêtue d’un tailleur bleu et la bouche maquillée. L’affection qu’ils se portaient mutuellement était contagieuse ; ils se séduisaient l’un l’autre en permanence.

Quand je leur demandai quel était le secret de la longévité de leur mariage, Kay me répondit ceci :

« On s’aime un peu, on se dispute un peu, puis on reprend tout de zéro.

– Le plus dur, ce sont les cinquante premières années », intervint Lynwood, rayonnant.

Kay est décédée en mai 2013, après soixante-cinq années de mariage. Aujourd’hui, Lynwood avoue ne plus savoir quoi faire sans elle. Il évoque souvent le dernier baiser qu’il lui a donné, sur le front, juste avant qu’elle s’en aille, sans tristesse, plutôt avec une sorte d’émerveillement. « La mort fait partie de la vie », philosophe-t-il.

Il conserve dans la poche de sa chemise une copie plastifiée du faire-part de décès de Kay, dont les cendres reposent dans une urne placée sur la tablette de la cheminée, au-dessus de sa chaussette de Noël, toujours suspendue en ce jour de printemps, un an après sa mort. Westray fait tout de même de son mieux pour aller de l'avant. « J'apprends à être célibataire, dit-il tristement. Je fais la cuisine, je nettoie mes vêtements, je fais le ménage, toutes ces choses que je n'ai jamais faites. »

Quand il se prépare un repas, il choisit les recettes préférées de Kay, comme les pommes frites à la poêle, afin de prouver à sa famille qu'il se débrouille. Mais il n'envisage pas un instant un rendez-vous galant : « Je suis trop vieux pour ça ! »

Pendant les dix premières années, Lynwood Westray travailla à temps partiel à la Maison Blanche, ce qui lui assurait un revenu supplémentaire qui s'ajoutait au salaire versé par la poste. Quand il prit sa retraite, en 1972, l'huissier en chef lui proposa d'intégrer le personnel régulier de la Résidence. « Ma femme était contre, à cause des horaires. »

En revanche, selon Gloria, leur fille unique, ce nouvel emploi « [leur] ouvrit des portes ». Elle adorait dire à qui voulait l'entendre que son père travaillait à la Maison Blanche ; cela entretenait son amour-propre. « Mes standards étaient devenus plus élevés, dit-elle aujourd'hui. Je ne pouvais plus me permettre de faire des bêtises. »

Un jour, alors qu'elle était adolescente, Gloria trouva des agents du FBI chez elle, à son retour du lycée. « Ma mère était furieuse. Apparemment, le garçon avec qui je sortais – il était un peu plus âgé que moi – était impliqué dans une histoire louche. Ces messieurs m'ont donc interrogée. Je leur ai répondu que je n'étais au courant de rien. Je vous laisse imaginer la réaction de mon père, quand il est rentré à la maison. » Elle lui promit qu'elle ne reverrait plus jamais ce garçon ; en effet, la réputation de Lynwood, donc le gagne-pain de sa famille, était en jeu.

Si elle était souvent déjà endormie quand il rentrait du travail, Gloria ne manquait pas de harceler son père le lendemain matin, au petit déjeuner, pour tout savoir du dîner chic auquel il avait servi la veille. Généralement, il ne lui dévoilait guère plus que le menu.

Bien que n'ayant jamais partagé ses secrets durant sa carrière, Westray confia quelques anecdotes en prenant de l'âge. Durant un de nos entretiens, il sortit des souvenirs d'un placard, dont des photos de lui : sur l'une, il sert des boissons lors d'un pique-nique organisé sur la pelouse sud, en 1970 ; sur une autre il figure en compagnie du révérend Billy Graham, après l'une des sessions de prière dominicales à la Maison Blanche ; et la dernière montre un coffret à bijoux renfermant un petit morceau rassis du gâteau à la vanille servi lors du mariage de Tricia Nixon.

Westray se remémore toujours avec plaisir un soir de 1976, au cours duquel un événement extraordinaire se produisit dans le salon rouge. Nichée entre le salon bleu et la salle à manger d'État, cette pièce renferme des meubles d'époque, tandis que ses murs sont couverts de tentures de sergé écarlates brodées d'or. Ce fameux soir, la reine Élisabeth II et le prince Philip étaient invités à la Maison Blanche, où l'on fêtait le bicentenaire de la Révolution américaine. Westray, en smoking, et son ami Sam Washington, avec qui il faisait souvent équipe, trouvèrent le prince Philip assis seul dans le salon rouge, alors que la soirée était très avancée.

« Désirez-vous un cocktail, Votre Majesté ? lui demanda Westray, présentant un plateau au prince.

– Oui… à condition que vous me laissiez vous en servir un », répondit Philip.

Westray lança un regard à Washington. « Je n'en revenais pas. Personne ne nous avait jamais demandé une telle chose. »

Les deux employés acceptèrent cette invitation,

s'installèrent chacun sur une chaise et, encore sous le choc, laissèrent le prince leur servir à boire. Westray ne se souvient plus de quoi ils ont parlé, pas plus de ce qu'ils ont bu , mais ce soir là le duc d'Édimbourg voulait se sentir normal, ne serait-ce que quelques instants. « Il voulait passer un moment entre hommes, tout simplement, dit Westray, avant de rester un instant silencieux, songeur. J'ai été servi par une altesse royale… C'est incroyable. »

En 1994, plus de trois décennies après qu'il eut pour la première fois franchi l'imposante grille en fer forgé de la Résidence, Westray prit sa retraite. Il aurait pu rester plus longtemps à la Maison Blanche mais, après avoir appris qu'il devait subir un triple pontage, il prit la meilleure décision possible pour entretenir la respectabilité de la résidence exécutive et pour les employés qui en assurent le fonctionnement : « J'aurais accablé de déshonneur les serveurs de la Maison Blanche si j'avais lâché un plateau sur un invité, dit-il. Il valait mieux que je m'éclipse. »

*
* *

Westray ne fut pas l'unique majordome à être témoin du côté décontracté du duc d'Édimbourg. Majordome puis maître d'hôtel de 1931 à 1951, Alonzo Fields relata un jour un épisode similaire, survenu un quart de siècle auparavant. Les faits se déroulèrent alors qu'il servait le petit déjeuner au couple royal et à leur entourage à Blair House, où séjournent la plupart des dignitaires étrangers. Élisabeth, alors princesse, et les membres de son équipe étaient attablés ; personne n'attendit l'arrivée de son époux pour entamer le repas. Ils avaient tous « presque terminé leur melon » lorsque le duc entra d'un pas précipité dans la pièce et s'excusa d'être en retard.

« Il était en chemise, le col ouvert, écrivit dans ses mémoires Fields, décédé en 1994. Il s'est saisi d'un melon sans laisser le temps à un serveur de l'installer à table. La princesse a continué de manger le sien, même si les autres convives s'étaient levés, le temps que le duc s'assoie. En le voyant ainsi, sans veste et le col déboutonné, je me suis fait la réflexion qu'il se comportait comme un homme du peuple, et non comme une tête couronnée. Je l'ai admiré pour son audace, car je savais que je me serais fait sérieusement réprimander si je m'étais présenté en chemise à un dîner auquel j'étais invité avec mon épouse. [...] Ce fut agréable de découvrir que le duc était un être humain qui, c'est certain, était plus à l'aise en chemise. »

Le prince Philip ne pas fut l'unique membre de la famille royale à surprendre le personnel de la Maison Blanche par un moment de décontraction. Un soir, après un dîner officiel, la reine Élisabeth II choqua les employés quand, se déshabillant, elle laissa son diadème et son lourd collier en diamants, ainsi que d'autres bijoux hors de prix, éparpillés dans sa chambre.

*

* *

Issu de la génération qui suivit celle de Fields, Herman Thompson était destiné à exercer à la Maison Blanche. Bien que travaillant à plein temps à l'imprimerie de la Smithsonian Institution, son père était occasionnellement majordome à la « Maison » – il fut aussi l'un des fondateurs du groupe Private Butlers Incorporated –, tandis que son oncle y était agent d'entretien. Il était ami avec

Charles Ficklin, le maître d'hôtel, et Eugene Allen, qui habitait non loin de chez lui. Il se faisait même couper les cheveux par Preston Bruce, qui faisait office de coiffeur quand il n'accompagnait pas les dignitaires qui devaient rencontrer le Président. « Tous me connaissaient avant que je sache vraiment moi-même qui j'étais, dit Thompson, à propos de ce groupe très soudé de majordomes afro-américains. Ils prenaient soin les uns des autres, tant personnellement que professionnellement. Tout le monde voulait aider Charles, puis c'était au tour de John, et ensuite d'Eugene… L'objectif principal était d'aider le maître d'hôtel, car nous tenions à ce qu'il ait fière allure. »

De son côté, le maître d'hôtel conservait une liste de majordomes occasionnels de confiance, qu'il sortait du lot car ils savaient tout faire, qu'il s'agisse de dresser une table à la perfection ou de servir un martini de classe mondiale. « Il était inutile de leur enseigner quoi que ce soit, ni de leur dire quoi faire », dit Thompson, qui commença à travailler à la Maison Blanche en 1960 et la quitta à la fin du mandat de George Bush père.

Aujourd'hui âgé de soixante-quatorze ans, Thompson met toujours la table tous les soirs pour le dîner qu'il prend avec son épouse, dont il partage la vie depuis plus de cinquante ans.

Lors des dîners officiels, il était chargé de servir le vin, chaque plat étant accompagné d'un nouveau cru. Il devait s'assurer que chaque bouteille soit ouverte et prête au moment où le mets correspondant était servi. « Cela peut paraître simple, dit comme ça, mais c'était loin d'être le cas, quand il y avait dix personnes à table. Et il fallait tenir le rythme toute la soirée. »

Le repas de Noël était particulièrement ardu, en partie

parce qu'il était chargé de découper un rôti géant en forme de bateau à vapeur.

Thompson a toujours considéré son travail comme un privilège, conscient qu'il pouvait en être privé à tout moment. Si un majordome bavardait trop avec les invités – on ne savait jamais vraiment à qui on s'adressait, après tout – ou raclait trop bruyamment les plats dans l'office attenant, il était fort possible qu'on ne fasse plus appel à lui. « Les invités étaient censés bénéficier du meilleur service disponible aux États-Unis. On nous regardait depuis les quatre coins du monde. »

*

* *

Mary Prince avait elle-même du mal à croire à quel point sa chance avait tourné. Moins d'un an après avoir été condamnée à la prison à vie pour le meurtre d'un homme dans la petite ville de Lumpkin, en Géorgie, cette détenue afro-américaine âgée d'environ vingt-cinq ans avait déménagé du pénitencier de Géorgie à la résidence du gouverneur, où elle était chargée de s'occuper d'Amy, la fille de trois ans de Jimmy Carter. « Quand on m'a demandé, par téléphone, de me rendre chez le gouverneur, je ne savais pas à quoi m'attendre, m'a raconté Mary Prince. Mais dès ma première visite, Amy et moi nous sommes très bien entendues. Dès le premier jour. Nous sommes instantanément devenues les meilleures amies du monde. »

Mary Prince avait été choisie dans le cadre d'un programme confiant à des détenus divers travaux à la résidence du gouverneur ; certains travaillaient dans le jardin, d'autres cuisinaient, et certains s'occupaient des enfants des maîtres des lieux. Mary Prince était à mille lieues d'imaginer que son amitié très forte avec Amy la propulserait dans une réalité encore plus étrange : vivre et travailler quatre années durant dans la plus célèbre demeure du pays.

Ses ennuis commencèrent un soir d'avril 1970, quand sa cousine fut entraînée dans une rixe avec un homme et une autre femme, à l'extérieur d'un bar. Selon Mary Prince, elle tentait d'arracher leur pistolet à ces inconnus quand le coup partit accidentellement. Malheureusement pour elle, un témoin oculaire déclara qu'elle s'était emparée de l'arme et avait délibérément tué l'homme, afin de défendre sa cousine.

Mary Prince clame, aujourd'hui encore, son innocence. « Je me suis trouvée au mauvais endroit au mauvais moment, insiste-t-elle. J'ai été prise dans une situation incompréhensible. Il aura fallu six ans et dix mois à la justice pour m'innocenter. »

Sur le moment, Mary Prince fut bien peu aidée par le système judiciaire. Elle ne fit la connaissance de son avocat commis d'office qu'en entrant dans la salle d'audience, le jour de son procès. Il lui conseilla de plaider coupable, assurant ainsi lui obtenir une peine relativement clémente. Hélas, ce plan ne fonctionna pas. Mary Fitzpatrick, tel était son nom à l'époque – elle rependrait son nom de jeune fille en 1979, après avoir officiellement divorcé –, fut condamnée à la réclusion à perpétuité.

Avant la fin de cette année 1970, Mary Prince fut choisie par Rosalynn Carter pour s'occuper de sa fille, à la résidence du gouverneur. Madame Carter était convaincue que cette jeune femme avait été injustement condamnée : « Elle était innocente. »

Vouant une loyauté éternelle à la nourrice de leur fille,

les Carter la considéraient presque comme un membre à part entière de la famille. « Elle n'était en rien concernée par cette affaire », insiste avec fermeté Rosalynn Carter, encore secouée par cette histoire plusieurs dizaines d'années après les faits.

Lorsque Jimmy Carter remporta l'élection présidentielle de 1976, Mary Prince fut renvoyée en prison, sa période de travail en liberté étant achevée. Sa bonne fortune avait manifestement pris fin. Or Mme Carter était si convaincue de son innocence qu'elle écrivit au comité de probation et obtint un sursis, de façon que la nourrice adorée d'Amy puisse suivre la famille présidentielle à la Maison Blanche. Plus étonnant encore, le Président fit en sorte d'être lui-même nommé agent de probation de Mary Prince. Finalement, après un nouvel examen de son cas, Mary Prince fut graciée.

L'ancienne première dame, qui a soutenu son mari quand celui-ci menait à bien tant de projets humanitaires, au cours de sa « vie après la présidence », affirme que Mary Prince fut condamnée à cause de la couleur de sa peau. « C'était une époque dure, et notre ville l'était également. Quand le président Harry Truman a mis fin à la ségrégation au sein des forces armées, le Sud a suivi le mouvement, mais le racisme n'a pas pour autant disparu. On n'en parlait plus officiellement, tout simplement, mais il était facile de comprendre pourquoi Mary avait été arrêtée. »

Le président Carter, qui avait fait l'objet de reproches pour avoir fait venir Mary Prince à la Maison Blanche, partage l'avis de son épouse : « Son histoire était, hélas, très banale chez les Noirs et les pauvres, avant que certaines réformes juridiques soient imposées à notre nation », écrivit-il, dans une de ses autobiographies.

Durant les six premiers mois en tant que nourrice la plus célèbre du pays, Mary Prince reçut en moyenne cinquante lettres par jour, d'inconnus prétendant être des parents perdus de vue depuis longtemps et réclamant à ce titre des faveurs au Président. « Être passée de la prison à la Maison Blanche m'a valu d'être connue dans le monde entier », dit-elle, pas vraiment bouleversée par cette célébrité éphémère.

Les journaux étaient ébahis que les Carter aient laissé une femme condamnée pour meurtre s'occuper de leur fillette ; et les commentaires n'étaient pas tous bienveillants, loin de là. Cette affaire fit tant de bruit que l'émission comique *Saturday Night Live* y consacra un sketch, l'actrice Sissy Spacek interprétant la jeune Amy Carter et l'humoriste Garrett Morris, déguisé en nourrice, dans le rôle de Mary.

La tempête médiatique ne pouvait être que violente. Mary Prince trouva du réconfort dans la foi : « Je suis chrétienne, je priais à propos de tout, m'a-t-elle raconté. Je demandai à Dieu de me dire si j'avais fait quoi que ce soit de mal et de me pardonner. J'imagine que c'est pour cette raison que le Seigneur m'a offert la vie merveilleuse que j'ai eue depuis. Ce fut une véritable bénédiction, pour une prisonnière, d'être envoyée à la résidence du gouverneur et de devenir une proche de sa famille. »

Même à la Maison Blanche, tout n'était pas toujours facile. Mary Prince eut beaucoup de mal à se faire des amis parmi le personnel, qui la considérait comme une étrangère, au passé controversé de surcroît. Certains lui en voulaient, car elle avait été introduite à la Résidence par le Président en personne et jouissait de son propre appartement, au troisième étage. D'autres lui enviaient de toute évidence sa position non dépourvue d'un certain pouvoir. En effet, si l'envie lui prenait de cuisiner un repas pour la famille présidentielle, elle pouvait renvoyer les cuisiniers chez eux sans préavis. Aucune règle ne lui était imposée, tant qu'elle contentait les Carter. Or ils l'adoraient. Un soir, alors qu'elle se promenait près de la piscine, au sud de l'aile ouest, elle trouva la première dame faisant des longueurs. « Venez donc me rejoindre ! lui lança cette dernière en riant, même si la nourrice n'était pas en maillot de bain. Baignez-vous dans votre uniforme ! »

Mary retira ses chaussures et sauta dans la piscine vêtue de sa tenue blanche amidonnée, puis elle montra à sa patronne ce qu'elle avait appris en cours de natation – Amy adorant nager, Mary avait elle-même pris des leçons.

Pour Mary Prince, « cette soirée, seule dans la piscine avec la première dame », reste son meilleur souvenir à la Maison Blanche. Les rumeurs se propageaient dans les couloirs ; certains anciens employés pensaient même qu'elle était coupable du meurtre pour lequel elle avait été condamnée. « C'est une bonne façon de se débarrasser de son mari, plaisanta l'un d'eux », ignorant que Mary n'avait jamais été accusée d'avoir tué son époux.

Mary brosse un tableau original du temps qu'elle a passé à la Maison Blanche, précisant qu'elle n'a jamais été troublée par le luxe des lieux : « Rien de tout ça ne m'éblouissait. »

Elle préférait se concentrer sur son travail et sur ses deux fils, qu'elle avait fait venir d'Atlanta pour les installer dans un appartement de Suitland, dans le Maryland, une banlieue ouvrière de Washington. Et sa journée auprès d'Amy terminée, elle prenait un taxi pour aller voir ses garçons, dont sa sœur s'occupait quand elle travaillait.

Elle les aidait à faire leurs devoirs, s'assurait que leurs vêtements étaient prêts pour aller à l'école le lendemain ; puis elle rentrait à la Maison Blanche, de façon à être aux cotés d'Amy tôt le matin. Elle n'a jamais demandé aux Carter d'installer ses enfants à la Résidence, même s'ils lui manquaient affreusement. « J'ai toujours estimé que ce serait inapproprié qu'ils soient auprès de moi à la Maison Blanche. C'était mon lieu de travail ; je gagnais assez d'argent pour qu'ils puissent vivre dans un appartement, pas très loin. »

Elle appréciait la frontière séparant sa vie professionnelle de sa vie privée, avec ses fils. Sa journée de travail terminée, elle pouvait « toujours les rejoindre ».

Elle n'a jamais cru que sa couleur de peau constituait un problème à la Maison Blanche, jusqu'au jour où un huissier lui remit un message qui la mit hors d'elle. « Mes enfants étaient toujours impeccablement vêtus, car je m'en assurais », dit-elle. L'un d'eux travaillait au tennis club de Georgetown, et il arrivait qu'il rende visite à sa mère à la Maison Blanche en short de tennis. Un jour, donc, un huissier vint la trouver : « Quelqu'un a téléphoné pour prévenir que vos enfants venaient ici avec des vêtements en mauvais état, Mary. Mais ne vous en faites pas, ce ne sont que des ragots. Je n'ai jamais vu vos garçons mal habillés. »

Mary le prit comme une double insulte : on traitait ses enfants afro-américains de débraillés, et on sous-entendait qu'elle ne faisait pas convenablement son travail de mère. « J'étais crasseuse, pour eux, j'imagine. » Elle n'a jamais su qui était à l'origine de cette plainte mesquine. « C'était sans doute quelqu'un qui avait du mal à avaler le fait que le président Carter m'ait sortie de prison et fait venir à la Maison Blanche. »

Mary Prince ignora ces bassesses et travailla jusqu'au bout dans la dignité à la Maison Blanche, tout en conservant des relations chaleureuses avec la famille qui l'avait sauvée de la prison. Elle vit aujourd'hui à seulement trois rues des Carter, à Plains, en Géorgie. Elle les voit presque tous les jours quand ils sont là… et s'occupe de leurs petits-enfants.

*
* *

L'huissier Nelson Pierce avait conscience qu'il avait un problème et devrait le résoudre sans délai.

Lorsqu'il rejoignit pour la première fois le bureau des huissiers, en 1961, il n'était alors qu'un tout jeune homme, il fut chargé de mettre à jour les dossiers du personnel de la Résidence. Pour ce faire, il ne put éviter de découvrir les salaires du personnel. « Je fus stupéfait ! » dit-il. Les employés afro-américains étaient nettement moins bien payés que leurs collègues blancs.

Cette révélation tombait bien mal. En effet, dans son premier discours sur l'état de l'Union, le président Johnson venait de déclarer « une guerre inconditionnelle à la pauvreté », à une époque où le seuil de pauvreté était situé aux alentours de 3 000 dollars par an – soit 23 550 dollars d'aujourd'hui.

« Nous devons lutter contre la pauvreté, à l'échelle locale et fédérale, où qu'elle se trouve – dans les quartiers pauvres des agglomérations et dans les petites villes, dans les cabanes de métayers et dans les camps de travailleurs immigrés, dans les réserves indiennes, chez les Blancs comme chez les Noirs, chez les jeunes comme chez les personnes âgées, dans les villes en pleine expansion et dans les zones en déclin démographique », déclara le Président, lors de son discours du 8 janvier 1964, avant une session commune des deux chambres du Congrès.

Or la pauvreté était présente sous son nez. Les emplois les mieux rémunérés à la Maison Blanche – huissier, fleuriste, cuisinier en chef, gouvernante, menuisier, plombier –, étant considérés comme plus « professionnels », étaient confiés à des employés blancs, tandis que les emplois plus « domestiques », comme ceux de majordome ou de femme de ménage, étaient pour la plupart occupés par du personnel afro-américain, lequel était beaucoup moins bien payé. (En tant que jeune huissier, Pierce gagnait près de 6 000 dollars par an, soit deux fois plus que les nouveaux, qui étaient sous-payés.) Les employés recevaient tous un salaire moins important que celui qu'ils auraient perçu pour un emploi équivalent dans le secteur privé, cependant les Blancs s'en sortaient nettement mieux.

Le 9 janvier, Pierce demanda à s'entretenir avec J. B. West, l'huissier en chef. Le Président venait d'embaucher deux personnes dont le salaire les situait sous le seuil de pauvreté. « Vous feriez bien d'augmenter le salaire des deux nouvelles femmes de ménage, que nous ne payons que 2 900 dollars par an, avant que la presse découvre qu'il y a des pauvres à la Maison Blanche », insista Pierce.

West avait connaissance de ces salaires – en vérité, c'était lui qui avait engagé les femmes de ménage –, mais il n'avait pas imaginé que les médias pourraient se servir de cette information pour révéler l'hypocrisie du Président. Il augmenta aussitôt les émoluments de ces deux femmes.

Pierce garda à l'esprit que seule la possibilité d'un scandale public avait convaincu West. « J'étais abasourdi que le personnel de la Résidence, pourtant entièrement dévoué à chaque président, ne soit pas payé davantage. »

Betty Monkman, conservatrice, n'aurait pas été surprise par cette différence de traitement. Elle perçut, quasiment dès son arrivée dans l'équipe, en 1967, un racisme sous-jacent – « cette chose du Sud », comme elle l'appelait – sous la bonhomie apparente de la Maison Blanche. Elle fut par exemple très étonnée de constater que tout le monde appelait le portier Preston Bruce par son nom de famille : « C'était un homme très distingué, doté d'une très forte présence. Quand je suis arrivée et que j'ai entendu tout le monde l'appeler "Bruce", j'ai cru qu'il s'agissait de son prénom. Puis, après un certain temps, j'ai compris que c'était son nom de famille. J'ai alors été horrifiée de l'avoir moi-même appelé ainsi. »

*

* *

Bill Hamilton, le responsable de la réserve, est catégorique : c'est lui qui a mené la révolte destinée à obtenir pour les employés afro-américains un salaire équivalent à celui du personnel blanc, contrairement à ce que laisse entendre *Le Majordome*, le film de Lee Daniels librement adapté de la vie de Eugene Allen, dans lequel le personnage principal demande une augmentation à l'huissier en chef. D'après la plupart des témoignages datant de l'époque, Allen était trop timide et trop respectueux de la hiérarchie institutionnelle pour se montrer si entreprenant.

Hamilton, en revanche, n'est ni l'un ni l'autre. Il est né à seulement huit rues de la Maison Blanche. Sa mère est restée à la maison pour élever ses dix enfants. Après avoir vécu sur Capitol Hill, elle n'a plus jamais voulu vivre de nouveau dans un quartier blanc. Hamilton n'avait que vingt ans quand il fut engagé en tant qu'agent d'entretien, sous le gouvernement Eisenhower. Les Eisenhower géraient la Maison Blanche comme une opération militaire. Il se revoit encore passer l'aspirateur après les visites de la journée, tentant d'effacer les traces de pas sur les tapis avant que Mme Eisenhower les aperçoive. Quand un invité traversait le rez-de-chaussée, il devait éteindre l'aspirateur et se tourner vers le mur – lorsqu'il vit les employés se comporter ainsi, le président Kennedy demanda à un de leurs collègues ce qui clochait chez eux. Hamilton fut plus tard muté à la réserve ; il y travaillait de 9 heures à 17 heures, afin de nourrir ses sept enfants (dont quatre fréquentèrent simultanément l'université, durant un temps), puis était chauffeur de taxi le soir venu, jusqu'à 23 heures. « Je trimais comme un chien, dit-il. Mais je faisais toujours en sorte d'être à la maison le week-end. »

Quand un nouveau président prend ses fonctions, dit Hamilton, ses conseillers politiques ont tendance à traiter avec dédain le personnel de la Résidence. « Les conseillers de l'aile ouest se croient meilleurs que nous, dans un premier temps, puis ils comprennent que nous sommes tous indispensables pour faire tourner la machine. »

Hamilton ayant horreur d'être maltraité, il devait à tout prix trouver un moyen d'exprimer sa frustration. « Je n'oublierai jamais le jour où nous sommes allés voir J. B. West », dit-il, bien installé chez lui, dans une communauté de retraités de classe moyenne d'Ashburn, en Virginie, à environ une heure de Washington.

Il prit la décision d'agir à la fin des années 1960, à l'époque de l'assassinat de Martin Luther King et des émeutes qui s'ensuivirent. Washington était en feu ; des manifestants, rendus furieux par la mort de King et par les inégalités dont ils étaient témoins autour d'eux, lançaient des cocktails Molotov et pillaient les commerces. Des actes de violence avaient lieu à seulement deux rues de la Maison Blanche.

À l'intérieur de l'enceinte, Hamilton était fou de rage. Tous les employés avaient été augmentés, manifestement, à l'exception des Afro-Américains. S'inspirant des manifestants qui défendaient les droits civiques, il rassembla une poignée de collègues – ceux qui passaient l'aspirateur et étaient en charge du nettoyage le plus éprouvant – et fit une déclaration : « Il y a un dîner officiel, ce soir, mais nous n'y servirons pas. »

Ces paroles furent suivies d'un long silence, tandis que les employés réunis réfléchissaient. Ils avaient déjà donné leur accord pour apporter leur aide ce soir-là – on demandait souvent à des membres des différents ateliers de venir en renfort lors de réceptions, puisqu'ils avaient déjà été jugés fiables par la sécurité.

« Comment ça, nous n'y servirons pas ? finit par réagir l'un d'eux. Nous allons être renvoyés.

– Justement, non, et c'est ce que j'essaie de vous dire. Si nous restons soudés, ils ne pourront rien faire. Ils ne peuvent pas embaucher le premier venu qu'ils trouveront dans la rue, car celui-ci n'aura pas été contrôlé par la sécurité. »

Hamilton parvint à convaincre ses collègues et, tous ensemble, ils allèrent trouver J. B. West, l'huissier en chef. Celui-ci entra dans une colère noire :

« Êtes-vous le porte-parole de ce groupe ? demanda-t-il à Hamilton.

– Oui, on peut le dire. »

West était « rouge comme une tomate », raconta plus tard Hamilton, en riant. Pour une fois qu'il parvenait à forcer la main de son patron…

« Vous vous attendez à me voir enfiler un nœud papillon noir, une chemise blanche et un costume ? demanda West au groupe. Et ramasser ce que les invités feront tomber par terre ?

– Je me fiche éperdument de ce que vous ferez quand j'aurai quitté ce bureau, monsieur », répondit Hamilton sans faiblir.

Contrairement à ce qui est décrit dans le film *Le Majordome*, ce n'étaient pas les majordomes qui contestaient les différences salariales ; d'après Hamilton, ils ne « faisaient pas de vagues ». En vérité, il fut même déçu qu'ils ne se joignent pas à lui car, travaillant au contact immédiat de la famille présidentielle, ils étaient les employés les plus puissants. S'ils trouvaient le courage de dire au Président et à la première dame qu'ils étaient sous-payés, alors quelque chose serait fait pour y remédier, Hamilton en était certain. Malheureusement, non seulement les majordomes refusèrent de se joindre à son mouvement de protestation, mais certains lui en voulurent même de risquer de leur faire perdre leur poste. « Nous n'étions pas des membres actifs du mouvement de défense des droits civiques, se justifia George Hannie, ancien majordome et maître d'hôtel. Notre rôle se limitait à servir le Président et sa famille. »

En 1963, Hamilton fut, dit-il, le seul employé de la Résidence à aller écouter Martin Luther King prononcer son discours depuis devenu célèbre, le fameux *« I have a dream… »*, au Lincoln Memorial, lors de la Marche sur Washington, expérience « grisante », selon ses propres termes. Suivre ce que lui dictait sa conscience et exiger des réactions de la part de ses employeurs, des années plus tard, lui valut l'animosité de nombre de ses collègues : « La majorité des employés de la même origine que moi m'en voulaient [de réclamer une augmentation] ! Mais je devais penser à mes enfants. J'étais déterminé à tout faire pour qu'ils soient mieux considérés que je l'étais. J'allais provoquer ces changements, quoi qu'il m'en coûte. Un jour, en rentrant chez moi, j'ai dit à ma femme : “J'en ai assez de ces gens [les cadres blancs qui sous-paient les Afro-Américains]. Même si je cours le risque de perdre mon travail, je ne fais plus rien pour eux, à partir de maintenant.” »

Quand Hamilton et ses collègues se décidèrent à protester, la justice l'emporta finalement. Deux jours après qu'ils eurent refusé de servir au dîner officiel, les employés noirs furent augmentés. Selon Hamilton, il eut gain de cause car J. B. West avait compris que rien ne pouvait freiner ce qui se déroulait hors de la Maison Blanche : « Il savait qu'il lui serait impossible d'imposer son point de vue, avec tout ce qui se passait dans la rue. J'ai vite compris que j'allais l'emporter. Sans le moindre doute. »

Même si Hamilton est aujourd'hui encore révolté par le racisme flagrant à la Maison Blanche, c'est avec un certain émerveillement qu'il évoque ses cinquante-cinq années passées au service de onze présidents : « Le jour où je suis entré à la Maison Blanche pour y passer mon entretien d'embauche, j'ai eu l'impression de commencer une nouvelle vie ! » Il n'y avait jamais mis les pieds, pas même lors d'une visite guidée ouverte au public. « Je n'arrivais pas à y croire, et mes parents non plus ! Ce genre de choses n'était pas censé se produire ! »

*
* *

Eugene Allen était assurément moins enclin à créer des remous que Bill Hamilton.

Quand Charles, le fils unique d'Allen, se trouvait au Vietnam, il était terrifié à l'idée de devoir se battre sur le terrain : « J'ai supplié mon père d'intervenir auprès du président Johnson pour qu'il me sorte de là ; c'est la seule fois où je lui ai demandé de profiter de sa situation à la Maison Blanche pour me rendre service. »

Dans la lettre qu'il adressa alors à son père, on sent son désespoir : « Va le voir et dis-lui de me sortir de l'infanterie. Je continuerai de participer à la guerre, mais pas dans l'infanterie. Nous marchons quinze à trente kilomètres par jour, je meurs de faim. Je ne suis pas un lâche, physiquement, papa, mais pourrais-tu demander à M. Johnson s'il peut me faire transférer dans l'aviation ? »

La réponse que Charles reçut de son père ne fut pas celle qu'il espérait : « Dans sa lettre, il m'a dit qu'il aurait sans doute pu faire quelque chose si les Kennedy avaient encore été là, ou même si Bobby avait été en vie. » Manifestement, la Maison Blanche n'était plus la même depuis l'arrivée de Johnson. « "Je ne les connais pas si bien que ça. Tu vas devoir tenir le coup, j'en ai peur" », m'a-t-il écrit.

*
* *

Dans les quartiers afro-américains du Washington des années 1960 et 1970, on considérait que les majordomes, femmes de ménage, plongeurs et agents d'entretien de la Maison Blanche avaient un emploi enviable et stable. « On y voyait toujours une certaine élégance, tout le monde avait conscience que ces postes étaient particuliers », dit Lonnie Bunch.

Selon lui, la fierté et le professionnalisme associés à ces emplois était dus au fait que de nombreuses familles se les transmettaient de génération en génération : « Le père l'enseigne au fils, qui l'enseigne à son tour au petit-fils. »

Pour des générations de Noirs américains, un poste à la Maison Blanche était bien plus qu'un simple travail. « Ils avaient conscience que cela exigeait davantage que leur propre personne, qu'ils portaient un double fardeau. Ils devaient travailler dur pour conserver leur place [mais] devaient aussi faire face à [certaines] attentes et attitudes du fait de la couleur de leur peau. Ils faisaient tout pour être les plus performants possibles. »

Le fait que les majordomes de la Maison Blanche soient presque tous afro-américains a parfois soulevé des questions. L'huissier Chris Emery se souvient de la venue historique de Mikhaïl Gorbatchev, le leader soviétique, à la Maison Blanche, en 1987. Le personnel avait dû s'organiser en toute hâte à la dernière minute, afin de protéger les deux chefs d'États d'une averse soudaine sur la pelouse sud. « En voyant tous ces majordomes alignés avec des parapluies, Gary Walters [l'huissier en chef] s'est dit : "Je ne peux pas laisser tous ces Afro-Américains tenir les parapluies pour ces deux dirigeants d'envergure mondiale : cela ferait très mauvais effet." »

Walters demanda donc à Emery et à un autre huissier blanc de sortir et de se munir d'un parapluie afin de protéger Reagan et Gorbatchev, de façon que la Maison Blanche n'ait pas l'air d'être la « dernière plantation du pays », raconte Emery.

Le majordome Herman Thompson, qui avait fait partie de la première génération de lycéens noirs intégrés dans les établissements publics de Washington, avait alors été en première ligne du combat qu'était la déségrégation. La discrimination et la haine absolue qu'il lisait dans les yeux de ses camarades de classe en firent « un individu très rebelle », a-t-il récemment déclaré, lors d'un déjeuner dans le centre-ville de Washington, non loin du quartier qui l'a vu grandir : « Ce n'était pas agréable. »

Thompson retrouva à la Maison Blanche le racisme qu'il avait enduré ailleurs dans la ville. Il tenta de s'y opposer, mais de façon plus discrète que Bill Hamilton. « Bien souvent, quand il y avait des invités afro-américains, nous faisions tout pour qu'ils ne soient pas délaissés, pour qu'ils bénéficient du même service que les autres convives. »

Les majordomes portaient encore des queues-de-pie sous Nixon, lors des dîners officiels. Cependant, à mesure que de plus en plus de musiciens noirs, tels Duke Ellington ou les Temptations, furent invités à se produire à la Maison Blanche et que la proportion d'Afro-Américains parmi les invités augmentait, les majordomes reçurent pour consigne de ne plus en porter, afin d'éviter de mettre l'accent sur la réalité d'un gouffre social entre employés et invités. « On disait qu'ils avaient supprimé les queues-de-pie parce que le monde changeait. Il arrivait souvent que des invités ne sachent pas distinguer les majordomes des autres convives. Il y avait parmi le personnel des messieurs très distingués, si bien que les gens devaient y réfléchir à deux fois avant de déterminer qui était qui. »

Thompson fut lui-même quelques fois pris pour un invité.

Bien qu'ayant vu les choses s'améliorer lentement, il eut un véritable choc le jour où il fit la connaissance de l'amiral Stephen Rochon, le nouvel huissier en chef, aux obsèques d'Eugene Allen : « Nous pensions tous qu'il neigerait en enfer avant qu'un Noir obtienne ce poste ! »

Né en 1950, Rochon a grandi à La Nouvelle-Orléans, à une époque où dix pour cent des Américains n'étaient toujours pas autorisés à déjeuner dans un Woolworth's. Il se souvient aujourd'hui encore parfaitement d'un incident survenu l'année de ses treize ans. Alors qu'il se rendait à une réunion de scouts, une Chevrolet rouge de 1957 ornée d'un énorme drapeau confédéré sur la vitre arrière s'immobilisa à sa hauteur. Elle était remplie d'adolescents blancs, qui le traitèrent de « Nègre » et lui jetèrent une bouteille de Coca-Cola. C'est à cause de cette douloureuse expérience, dit-il, qu'il indiqua au personnel de la Maison Blanche qu'il serait toujours à leur écoute concernant la discrimination. « Je ne voulais pas que quelqu'un subisse la même mésaventure que moi. »

Des employés se plaignirent parfois de racisme auprès de lui. Le seul Afro-Américain travaillant dans l'un des ateliers vint ainsi un jour le trouver pour lui dire qu'il était traité avec condescendance à cause de la couleur de sa peau. Rochon convoqua aussitôt le supérieur de cet homme dans son bureau et lui fit savoir qu'il ne tolérerait pas un tel comportement. « Les nouvelles vont vite, à la Maison Blanche, dit-il. Quand quelqu'un dans un atelier se fait sermonner, je peux vous garantir que les autres en entendent parler. »

Un véritable fossé séparait les employés qui, comme Bill Hamilton et Herman Thompson, étaient conscient du racisme évident à la Maison Blanche et estimaient devoir le combattre, de ceux qui, comme Eugene Allen,

Lynwood Westray et James Ramsey, s'accommodaient de la situation.

Le majordome Alvie Paschall, aujourd'hui âgé de quatre-vingt-treize ans, a beaucoup en commun avec son ami Lynwood Westray. Il n'avait que quatre ans lorsqu'il commença à ramasser du coton à Henderson, en Caroline du Nord. Avec ses six frères et sœurs, il dut faire face à la Grande Dépression. Ses parents, dit-il, ont enseigné à leurs enfants le respect de l'autorité. Peu désireux de trop s'épancher, il appartient à une ancienne génération d'Afro-Américains qui ont appris à ne pas se montrer « impertinents », car cela risquait de leur coûter leur emploi. « Nous étions là pour une raison bien précise : servir. Le travail passait avant tout. »

Très chic avec ses bretelles et sa cravate en soie couleur crème, Paschall me confia qu'il n'a jamais oublié cette leçon, même à la Maison Blanche, où il fut embauché sous l'ère Truman. Quand une dispute éclatait, ou quand il assistait à une conversation privée qu'il n'était pas censé entendre, il devait très vite prendre une décision : soit il sortait discrètement de la pièce, soit il y restait, en faisant mine de ne rien avoir remarqué. « Eh oui, j'ai agi ainsi ! » dit-il en riant.

Westray est d'une indulgence extraordinaire. George Wallace, gouverneur ségrégationniste d'Alabama, dont le discours « La ségrégation aujourd'hui, la ségrégation demain, la ségrégation toujours ! » fut un triste épisode de la politique des années 1960, chercha à se racheter aux yeux du grand public après avoir survécu à une tentative d'assassinat, en 1972. Comme s'en souvient Westray, Wallace tentait également de fraterniser avec le personnel afro-américain de la Maison Blanche, lorsqu'il y venait. « Après qu'on lui eut tiré dessus, on aurait dit qu'il était devenu notre ami, dit Westray, en secouant la tête. Chaque fois qu'il venait à la Maison Blanche, il n'avait qu'une envie, nous retrouver dans l'office des majordomes. Cette tentative d'assassinat l'a complètement changé. Les voies du Seigneur sont impénétrables. Il a fallu une balle pour le remettre dans le droit chemin. »

Plutôt que de rabrouer Wallace, les majordomes afro-américains n'hésitaient désormais plus à être en sa compagnie et à plaisanter avec lui. Pour eux, il n'était nullement question de rancune, pas plus que d'oublier les offenses du passé, mais simplement de faire leur travail – ce qui impliquait parfois de tenir sa langue.

Selon Charles, le fils d'Eugene Allen, son père souffrit beaucoup plus du racisme au très chic Kenwood Country Club de Bethesda, dans le Maryland, non loin de Washington, où il cirait les chaussures de golf des membres, qu'à la Maison Blanche. Non que ce fléau y fût inexistant, mais simplement parce que personne ne souhaitait déplaire au Président. « Les autres employés prenaient garde à la façon dont ils nous traitaient parce qu'ils savaient ce que réservait la famille présidentielle à ceux qui se comportaient de façon inappropriée. Quiconque se montrait irrespectueux pouvait très vite se retrouver à la porte. »

Lynwood Westray partage cet avis : « Il n'y avait pas toutes ces idioties, à la Maison Blanche. Même si nous étions tous des majordomes noirs, les gens nous gratifiaient d'une certaine estime parce que nous côtoyions des rois et des reines. »

Il en allait autrement à l'extérieur. Westray adore raconter un épisode de la vie de son vieil ami Armstead Barnett, qui travaillait et logeait à la Maison Blanche sous Franklin Roosevelt : « Un jour, il a arrêté un taxi, pour rentrer chez lui, et a demandé au chauffeur de le conduire au 1600, Pennsylvania Avenue. Celui-ci, un Blanc, ne voulait pas le prendre. “Aucun Noir ne vit à la Maison Blanche”, lui dit-il. Finalement, il accepta et, quand ils furent parvenus à la grille du parc, Armstead descendit du taxi et se dirigea vers l'entrée, où il n'eut pas besoin de sortir son badge puisque les gardiens le connaissaient tous. (Westray esquisse un sourire.) Quand il est entré, le chauffeur de taxi est resté un bon moment sans bouger, probablement à se demander : “Mais où ce type est-il passé ?” »

Le président Kennedy partagea un moment de triomphe, à l'époque de l'avènement des droits civiques, avec le portier Preston Bruce. Moins de trois mois avant son assassinat, il demanda à Bruce de le rejoindre au solarium, au troisième étage, pour écouter la foule immense réunie à Washington pour entendre le discours historique prononcé par Martin Luther King au Lincoln Memorial. Les deux hommes – Bruce, fils de métayer, et Kennedy, en quelque sorte fils de la famille royale américaine – écoutèrent cette marée humaine entonner *We Shall Overcome*, l'hymne des droits civiques. Le Président agrippait si fort le rebord de la fenêtre qu'il en avait les jointures des doigts blanchies. « Oh Bruce ! dit-il, en se tournant vers son ami. Que j'aimerais être avec eux ! »

Le Président respectait les employés afro-américains de la Résidence, qui le lui rendaient bien. En trente-quatre ans, Eugene Allen ne manqua pas un seul jour de travail, et pas une fois il ne se plaignit de ses collègues ou de ses patrons, à savoir le Président et la première dame. Charles ne vit pleurer son père qu'une seule et unique fois ; lorsque celui-ci enfila son pardessus pour retourner travailler, après l'assassinat de Kennedy. « Ce drame l'a profondément atteint, sur le moment, dit-il, songeur. Mais, pour parler comme les militaires, c'était un soldat. Dans ces cas-là, on reprend courage. La seule tragédie dont il ne s'est pas remis fut le décès de ma mère. Il n'a pas réussi à le surmonter. »

Allen, décédé en 2010, aurait été la dernière personne au monde à vouloir qu'on tourne un film inspiré de sa vie. Aux dires de tous, c'était un homme timide et aimable, qui n'aurait jamais accepté de répondre aux médias si Helene, son épouse depuis soixante-cinq ans, ne l'y avait poussé. Celle-ci disait qu'elle voulait que le grand public ait connaissance des services qu'Eugene avait rendus au pays. « Une fois franchie cette porte, il ne se plaignait jamais de ses collègues et ne parlait jamais de ses supérieurs, même après une mauvaise journée. Il était très prudent concernant tout cela. C'était notre gagne-pain. »

Autre employé de la Résidence au comportement similaire à celui d'Allen, James Ramsey travailla durant son adolescence dans des champs de tabac de Caroline du Nord. Il lui arrivait en outre de servir le déjeuner à la cantine de son lycée, « simplement en échange d'un repas ». Conscient d'où il venait, il était reconnaissant de pouvoir travailler à « la Maison ». Ramsey disait avoir horreur d'entendre des histoires de majordomes se plaignant à l'huissier en chef des conditions de travail de leurs collègues. « Nous avions des problèmes, bien sûr, mais nous nous serrions les coudes. »

Il prétendait lui aussi n'avoir jamais été victime de racisme, mais peut-être préférait-il rester au-dessus de telles considérations : « Les gens sont très gentils avec moi depuis que j'ai gravi des échelons. Avant, j'étais serveur occasionnel, et j'ai eu l'occasion de rencontrer beaucoup de monde. La ségrégation ? Non, c'est du passé, ça. »

Son solide sens de l'humour a certainement aidé Ramsey à supporter les indignités dues à la ségrégation. Le cuisinier Frank Ruta le revoit encore plaisantant ouvertement sur les races, par exemple quand il glissait la tête dans la cuisine familiale du deuxième étage et demandait à Ruta, qui est blanc, comment il voulait son café : « Comme moi ou comme toi ? »

James Ramsey se comportait néanmoins avec fierté et dignité. Il fut pleinement conscient du changement historique que vécut la Maison Blanche avec l'élection de 2008. Quel effet cela faisait-il, d'être un Noir au service de la première famille présidentielle afro-américaine ? « C'était merveilleux. Tout simplement merveilleux. »

*
* *

Zephyr Wright faisait pleinement partie de la famille Johnson. Engagée par lady Bird alors qu'elle était encore étudiante en économie domestique dans une université texane, elle fit la cuisine pour les Johnson pendant vingt-sept ans, au Texas et à Washington, où elle s'installa avec le couple présidentiel à la Maison Blanche.

Tandis qu'elles traversaient le Sud ségrégationniste pour gagner la capitale, lady Bird chercha en fin de journée un hôtel où passer la nuit mais n'accepta de descendre que dans un établissement qui acceptait également Zephyr.

« Avez-vous des chambres disponibles pour cette nuit ? demanda-t-elle, en entrant dans un hôtel.

– Oui, nous avons de la place pour vous, lui répondit la réceptionniste.

– À vrai dire, je suis accompagnée de ces deux

personnes, précisa lady Bird, désignant Zephyr et une autre Afro-Américaine employée par les Johnson.

– Non, on les emploie mais on ne les prend pas comme clients.

– Quelle attitude odieuse ! » lança lady Bird par-dessus son épaule, dégoûtée, en sortant aussitôt de l'établissement.

Après cette humiliation, Zephyr Wright ne retourna plus au Texas avant une décennie. Ce voyage fut l'un des facteurs qui stimula le zèle du Président et de la première dame en matière de législation sur les droits civiques. Après que le Président eut fait voter au Congrès, en 1964, la loi sur les droits civiques, qui annulait les lois Jim Crow – le nom de ces lois ségrégationnistes – Zephyr Wright accepta de retourna dans son État natal. « Les choses ont beaucoup changé, la rassura Johnson. Vous êtes libre de vous rendre où bon vous semble, d'entrer dans n'importe quel commerce. » Johnson était fier que le texte de loi dont il était à l'origine ait un impact direct sur la vie de l'amie du couple.

Il l'interrogeait parfois pour avoir son avis à propos des efforts qu'il menait dans l'intérêt des droits civiques. Alors qu'il n'était encore que vice-président, il lui demanda ce qu'elle pensait de la Marche sur Washington organisée par Martin Luther King. Plus tard, devenu président, il nomma Thurgood Marshall à la Cour suprême, qui fut le premier Afro-Américain à y siéger. Le Président courut annoncer la nouvelle à sa cuisinière. Il se demandait constamment si les Afro-Américains approuvaient les mesures qu'il prenait en leur nom, ce dont il se plaignait parfois devant Zephyr Wright : « Je m'étonne qu'ils ne comprennent pas ce que j'essaie d'accomplir pour eux. »

Après sa mort, certains ont prétendu que Johnson avait

eu pour habitude d'employer le terme « Nègre », alors même qu'il se battait pour faire voter les lois sur les droits civiques. Un de ses conseillers m'a affirmé que le Président ne se servait de ce mot injurieux que par frustration, quand il était question de certains meneurs afro-américains réclamant des réformes plus hardies. « C'était vraiment lamentable de leur part de lui rendre les choses plus ardues », ajouta-t-il. Pour certains, les changements progressifs n'étaient pas suffisants.

Johnson invitait souvent à la Maison Blanche Richard Russell, sénateur de Géorgie, son mentor au Sénat mais aussi un des opposants les plus affirmés au mouvement des droits civiques. Zephyr Wright ne le vit, dans un premier temps, que comme un visiteur ordinaire. « Il était très aimable en privé », dit-elle.

Puis, à mesure que le combat pour les droits civiques s'étendait à la rue, elle y vit plus clair : « Je l'ai considéré autrement, en lisant et en écoutant ce qu'il faisait et disait au Congrès. (Mais elle ne laissa jamais paraître ses sentiments.) Je me disais : "Je suis ici, je travaille pour Lyndon B. Johnson. Ce monsieur fait partie de ses amis. Je dois les accepter comme ils sont, car c'est ce qu'il fait. Je ne peux rien y changer." »

La plupart des proches conseillers des Johnson étaient loin de se douter que le Président avait décidé de ne pas se représenter, ce qu'il annonça publiquement le soir du 31 mars 1968. Bess Abell, sa secrétaire sociale, l'apprit en allumant la télévision. Chez elle également, Zephyr Wright fondit en larmes lorsqu'elle entendit que son patron de longue date allait quitter la Maison Blanche, car elle devinait déjà que cela marquerait la fin de sa vie avec les Johnson. En effet, elle se sentait chez elle à Washington, où elle souhaitait rester.

Zephyr Wright admirait Johnson, tant pour les réformes des droits civiques qu'il avait initiées que pour les immenses efforts qu'il avait consentis pour que le Congrès les vote. « Il a toujours été un sacré combattant », dit-elle.

La politique était « toute sa vie », assurait-elle, convaincue qu'il y avait renoncé parce qu'il estimait que les plus grands accomplissements de sa présidence étaient ternis par le fardeau que représentait la guerre du Vietnam.

Les frustrations de Johnson n'étaient pas un secret pour les employés de la Résidence. Un jour, à l'époque où il avait renoncé à briguer un nouveau mandat, le gardien de chiens et électricien Traphes Bryant entra dans une pièce alors que le Président pestait contre la guerre : « Ils m'ont abattu. La seule différence entre l'assassinat de Kennedy et le mien, c'est que je suis toujours en vie et que j'en suis conscient. »

Aux yeux de Zephyr Wright, Johnson semblait avoir accepté sa décision d'abandonner Washington.

« Nous allons enfin rentrer chez nous, lui dit-il, le lendemain de son annonce. Allez-vous nous suivre ?

– Non, je reste ici.

– La vie ne sera plus la même sans vous », dit Johnson, aussi triste que stupéfait.

Zephyr était tout aussi désolée et, en un sens, avait le sentiment d'avoir été abandonnée par le Président : « J'avais l'impression de perdre des membres de ma famille. Mais c'était son souhait. »

De retour dans son ranch, à Stonewall, au Texas, Johnson eut de sérieux problèmes cardiaques et sombra dans la dépression. Sa fille Luci, qui venait souvent le voir, essayait de l'aider. « Tu ne peux rien faire pour moi, lui répondait son père. Certains aspects du confort matériel auquel j'étais habitué me manquent, c'est tout. »

Il pensait en particulier à la crème anglaise que lui avaient tant de fois préparée sa mère et Zephyr.

« Qu'est-ce que je peux faire pour t'aider ? insista Luci.

– Rien. Ta mère ne cuisine pas, la mienne est morte, et Zephyr est devenue prétentieuse et m'a abandonné.

– Zephyr est devenue *prétentieuse* et t'a abandonné ? » répéta Luci, atterrée.

Pour elle, il était absurde que son père, ancien défenseur des droits civiques, soit en colère contre sa cuisinière parce qu'elle avait voulu faire de ses rêves une réalité en restant là où elle se sentait chez elle. « Tu t'es donné un mal de chien pour lui offrir de meilleures opportunités dans la vie et, quand tu as quitté Washington, elle a préféré rester dans cette communauté qui l'avait adoptée. Son avenir était nettement plus prometteur là-bas qu'ici, au Texas. »

Son père reconnut qu'il s'était montré égoïste mais insista sur le fait que la crème anglaise et la bonne nourriture de sa cuisinière lui manquaient. Luci proposa alors son aide : « Tu sais, papa, Zephyr me disait tout le temps que je devais soit sortir de sa cuisine, soit apprendre à cuisiner. Lesquels de ses plats te manquent ? Je peux te les préparer, si tu veux. Je viendrai te voir chaque jour depuis Austin. »

L'ancien président débita une liste de plats, demandant chaque fois à sa fille si elle saurait s'y attaquer. « Quand il a compris que c'était le cas, j'ai subitement pris du grade à ses yeux, dit-elle. Et ce fut très important pour moi. Même si, à mon avis, son cardiologue n'aurait pas approuvé. »

*
* *

En 1959, James Jeffries n'avait que dix-sept ans lorsque, fidèle à la tradition familiale, il intégra les cuisines de la Maison Blanche. Ses oncles Charles, John et Sam Ficklin n'étaient jamais très loin s'il avait besoin d'eux. « Quand je travaillais là-bas, on me donnait tous les jours un seau de vingt litres de glace ! J'avalais de la crème glacée toute la journée. Ils essayaient de me faire grossir ! »

Jeffries était chargé des desserts. « Nous ne faisions pas de desserts sophistiqués, à l'époque, mais seulement de la glace à la vanille, sur laquelle nous saupoudrions du chocolat. Ce travail m'amusait beaucoup. »

Il travailla ainsi en cuisine environ un an, avant de grimper à l'étage supérieur, où il devint aide à l'office.

Aujourd'hui âgé de soixante-quatorze ans, Jeffries est né en Virginie. Pour le mettre au monde, sa mère dut faire le trajet en voiture de Warrenton, où elle vivait, au Freedmen's Hospital, à Washington, où l'on soignait les Afro-Américains de la région. Il avait conscience que le racisme persistant de l'époque était également présent à la Maison Blanche. « En ce temps-là, les Blancs se croyaient toujours supérieurs aux Noirs, dit-il, lors d'une interview accordée chez lui, dans sa maison de Washington. Mais moi, je ne laissais personne me parler de haut. »

À la fin de chaque semaine, Jeffries devait faire signer à Henry Haller, le cuisinier en chef, un coupon sur lequel étaient consignées ses heures de travail, afin d'être payé. « Un jour, un cuisinier à temps partiel présent à ce moment-là a jeté un coup d'œil sur ma fiche et a vu que je gagnais plus d'argent que lui. » Cet employé blanc, récemment embauché, alla trouver Gary Walters, l'huissier en chef, à qui il demanda comment il était possible qu'un plongeur afro-américain perçoive un meilleur salaire que lui. Cette plainte mit Jeffries hors de lui. La réponse était simple : « Je travaillais plus que lui ! Il m'arrivait souvent de rester deux ou trois heures de plus que les autres. »

Il s'entretint avec Haller :

« Henry, que diriez-vous si un jeune tout juste embauché gagnait autant que vous ? Je travaillais déjà ici des années avant que ce type soit conçu. Je ne veux pas voir mon salaire diminuer.

– Vous avez raison », répondit Haller.

Jeffries se souvient de cette scène comme si elle datait d'hier : ce jour-là, il y avait des tapis par terre, de plusieurs centimètres d'épaisseur, et Haller, au bord de l'un d'eux, se balançait d'avant en arrière.

« Laissez-moi y réfléchir, Jimmy, dit Haller, qui se dirigea vers le four, avant de reprendre : qu'est-ce qui vous fait penser que vous avez le droit de me parler comme ça, Jimmy ?

– Nous enfilons tous les deux notre pantalon de la même façon. Pourquoi ne pourrais-je pas vous adresser la parole comme je le fais ? Je vous dis simplement ce que je ressens.

– Vous n'aurez jamais à vous inquiéter pour votre salaire, Jimmy. Pas tant que je serai là. »

Haller se montra fidèle à sa promesse.

*

* *

La Maison Blanche sert depuis longtemps de vitrine à divers talents américains. Ainsi, les Kennedy invitèrent l'American Ballet Theatre à se produire dans le salon est, comme le firent plus tard, sous les Clinton, Eric Clapton, B. B. King et Yo-Yo Ma.

En 1969, Tricia Nixon, alors âgée de vingt-trois ans, invita les Temptations, la machine à tubes de la Motown. Jeffries revoit encore les membres du groupe s'attarder dans l'ancienne salle à manger familiale avec le personnel, quand ils n'étaient pas sur la scène : « Ils s'identifiaient à nous et se sentaient libres d'avoir des conversations d'ordre privé avec nous. Je les ai vus, je leur ai serré la main, j'ai fait la fête avec eux. Ils ne restaient pas dans les salons mais préféraient nous rejoindre au fond du bâtiment, parce qu'à l'époque nous autres domestiques étions presque tous noirs. James Brown et les [Famous] Flames, par exemple, venaient tous passer du temps avec nous. »

Ces stars étaient plus que bien accueillies par les employés : « Quel que soit le type de nourriture disponible sur le moment, nous leur en servions, ainsi que des boissons et d'autres choses. »

En cette soirée de 1969, alors qu'ils bavardaient, les membres du groupe proposèrent à Jeffries qu'il les rejoigne avec ses enfants à la piscine de leur hôtel de Rockville, dans le Maryland, non loin de Washington. « Je n'y suis pas allé, c'est mon unique regret. J'avais trop de travail. »

Otis Williams, le dernier survivant de ce groupe légendaire, m'a confié qu'ils avaient pour règle de ne jamais parler politique lorsqu'ils se produisaient à la Maison Blanche : « Nous ne cherchions qu'à divertir. Nous ne nous rendions pas là-bas avec la politique à l'esprit, mais uniquement pour jouer de la musique. »

Williams ne se souvient plus des détails de cette soirée

de 1969 – il s'est produit au moins une demi-douzaine de fois à la Maison Blanche –, mais il se rappelle du personnel afro-américain au travail : « Ils n'affichaient absolument aucun dégoût, par rapport à la façon dont ils étaient traités. C'étaient des professionnels accomplis. »

Si, avec son groupe, il a évidemment été victime de racisme en dehors de la Maison Blanche, cela n'a jamais été le cas lorsqu'il y jouait.

Williams ajoute que se produire devant le président Obama fut pour lui un honneur particulier : « Nous n'aurions jamais imaginé voir un Noir président. »

Pour Jeffries, voir les Obama à la Maison Blanche le motive davantage : « Ça me pousse à aller travailler aussi souvent que possible. »

CHAPITRE 8

RAGOTS ET ESPIÈGLERIES DANS LES ESCALIERS DE SERVICE

Je fais fidèlement mon travail pour la famille présidentielle mais, dès que je retrouve mes collègues, je leur dis : « Vous avez vu ce qu'ils ont fait aujourd'hui ? Je n'en reviens pas qu'ils aient dit ça ! »

Bill Hamilton, agent d'entretien
et responsable de la réserve de 1958 à 2013.

Les employés sont discrets mais aussi humains. Ils discutent pendant la pause déjeuner, naturellement ; en plus d'échanger des informations importantes, ils évoquent les événements à peine croyables dont ils ont été témoins et, parfois, les situations rocambolesques dans lesquelles ils ont été impliqués.

L'un des épisodes préférés de la secrétaire sociale Bess Abell concerne la porcelaine de la Maison Blanche. En 1966, les Johnson décidèrent d'en commander un nouveau service. Lady Bird collabora étroitement avec des artistes de Tiffany & Co. et le fabricant Castleton China, afin de créer des motifs reflétant son engagement en faveur de l'embellissement des routes et des espaces verts américains. Les grandes assiettes étaient décorées d'un aigle et bordées de diverses fleurs sauvages du pays.

Sur les assiettes à dessert, figurait la fleur emblématique de chacun des cinquante États.

Quand le service fut enfin livré, se souvient Bess Abell, on découvrit qu'il était d'une beauté à couper le souffle... à l'exception des assiettes à dessert. Les fleurs de chaque État étaient affreuses et informes. « On aurait dit que des chiots s'étaient assis dessus », plaisante-t-elle, comme si elle avait assisté à la scène la veille.

Sur le moment, elle ne trouva pas cela drôle. Horrifiée, elle courut montrer les assiettes ratées à J. B. West, qui était son chouchou, comme il avait été celui de Jacqueline Kennedy. « C'était un homme merveilleux, dit-elle. Personne ne préparait d'aussi bons daïquiris glacés que lui ; c'est une des raisons pour lesquelles il s'entendait si bien avec Mme Kennedy ! »

Les daïquiris de West « furent de la partie lors d'une des plus mémorables sauteries » qu'on ait vues à la Maison Blanche. Les standards des lieux exigeant que tout ce qui n'était pas parfait soit détruit, une autre série d'assiettes à dessert fut commandée, et le personnel eut une idée pour détruire celles qui ne convenaient pas : plutôt que de les jeter dans le Potomac – qui faisait depuis longtemps office de cimetière pour la vaisselle cassée de la Maison Blanche –, ils décidèrent de s'amuser un peu. Bess Abell, West et quelques autres descendirent dans l'abri antiaérien avec les assiettes et un pichet de daïquiri. Ils suspendirent des cibles sur un mur, avec dessus le nom – et parfois la caricature – des employés de l'aile ouest qu'ils appréciaient le moins pour les bombarder d'assiettes à dessert. « Ce fut encore plus amusant qu'un mariage à la grecque. »

*
* *

En 1975, Traphes Bryant fut l'un des premiers anciens employés de la Résidence à dévoiler dans un livre les liaisons de Kennedy, aujourd'hui connues de tous. La plupart des membres du personnel étaient au courant, à l'époque, mais avaient décidé de n'en rien dire, afin de protéger l'institution de la présidence américaine. D'après Pierre Salinger, l'attaché de presse des Kennedy, les employés avaient pour consigne explicite de « ne rien dire en public qui risquait d'avoir un effet négatif sur la Maison Blanche en tant que monument national ». « Quand j'ai été engagé, on nous a dit de ne pas parler à la presse ni aux autres médias », se rappelle le menuisier Milton Frame, qui n'avait pourtant jamais signé d'accord de confidentialité.

Un autre employé raconte qu'on lui demanda de signer un document le jour où il prit sa retraite, dans lequel il promettait de ne pas écrire son autobiographie avant qu'un délai de prescription se soit écoulé – la Maison Blanche suggéra vingt ans, pas moins.

Comme le révéla l'ouvrage de Bryant, le président Kennedy avait pour habitude de profiter des longues absences de son épouse. Celle-ci passait le plus de temps possible loin de l'enceinte de la Maison Blanche, préférant jouir du calme de Glen Ora, une demeure nichée dans un parc de cent soixante hectares que le couple louait dans un coin de campagne de Virginie où l'on montait beaucoup à cheval – ils firent plus tard construire une maison non loin de là, qu'elle baptisa Wexford, en hommage au comté d'Irlande d'où étaient originaires les ancêtres du Président.

Quand elle était absente, le Président aimait nager nu dans la piscine intérieure chauffée de la Maison Blanche, bâtie en 1933 dans le cadre du traitement contre la polio que suivait le président Roosevelt. Kennedy y retrouvait souvent ses maîtresses, dont certaines étaient secrétaires à la Maison Blanche. Le jour où il vit des employés regarder en direction de la piscine à travers une porte vitrée, il exigea aussitôt que le panneau de verre soit dépoli. Le Président demandait aux cuisiniers de préparer des plats et des boissons – des saucisses au bacon et des daïquiris –, après quoi il les congédiait pour la journée. Les saucisses étaient conservées dans un chauffe-plat portable et le pichet de daïquiri au réfrigérateur, de façon que les invités puissent se servir eux-mêmes. « Je m'occupe de tout », disait-il au personnel des cuisines.

Un jour, un huissier demanda à un employé de régler un problème à la piscine. Ce genre de travail s'effectuant d'ordinaire quand la famille présidentielle ne se trouvait pas dans les environs, l'employé supposa qu'il n'y trouverait personne. Lorsqu'il ouvrit la porte donnant sur la piscine, il fut choqué de découvrir Dave Powell, conseiller et ami proche de Kennedy, assis au bord du bassin – nu comme un ver – en compagnie de deux secrétaires du Président. Mortifié, le malheureux ressortit aussitôt, certain d'être renvoyé. Par chance pour lui, personne n'évoqua jamais cet incident, qui resterait un secret de famille des années durant.

Les employés de la Résidence savaient que le deuxième étage leur était interdit lorsque Jackie Kennedy était absente. Pourtant, un soir, cette règle sortit de l'esprit de Bryant, quand il se rendit au troisième étage pour vérifier un appareil. Or l'ascenseur s'arrêta accidentellement au deuxième étage. « J'ai entendu quelqu'un prononcer des mots doux », dit-il.

Un autre employé, alors qu'il montait vérifier que le gaz était fermé, vit une femme toute nue sortir de la cuisine. « Quand Jackie était absente, prendre l'ascenseur était une mission hasardeuse ! » résumait Bryant.

Parmi le personnel, tout le monde leva les sourcils lorsqu'une conseillère politique, qui faisait visiter le deuxième étage à sa famille, dit à ses proches qu'elle ignorait où se trouvait la chambre du Président, qu'elle ne l'avait jamais vue, alors qu'en vérité elle y était entrée à de nombreuses reprises.

Bryant ne parla jamais à quiconque hors de la Maison Blanche – pas même à son épouse – des liaisons de Kennedy, tant que ce dernier fut en fonction. En revanche, les ragots allaient bon train au sous-sol, c'était inévitable. Les employés avaient besoin de savoir comment se comporter ; partager ces anecdotes les aidait à deviner quels couloirs il valait mieux éviter.

Johnson fut lui aussi l'objet de commérages parmi le personnel. Lors des réceptions, il avait pour habitude d'acculer la plus jolie jeune femme de l'assemblée dans un coin, puis de tenter de déposer un baiser sur sa joue. Il était fréquent qu'il ait des traces de rouge à lèvres sur le visage en fin de soirée.

Embarrassée, lady Bird, qui se trouvait parfois dans la même pièce que lui, le suppliait : « On te réclame là-bas, Lyndon. Tu négliges tes amis. »

Selon certaines rumeurs, Johnson avait « hérité » de deux journalistes féminines de Kennedy. « Quand il me parlait de l'une ou de l'autre, il disait "toutes les femmes", ou "beaucoup de femmes", et allait jusqu'à les gratifier du compliment ultime, qu'il réservait d'ordinaire à Yuki, son chien préféré, en me confiant qu'elles étaient "aussi mignonnes qu'un putois" », écrivit Bryant.

Signe des temps, lady Bird restait stoïque, tandis que son époux l'humiliait de façon éhontée en public.

Non sans ironie, Johnson était un mari possessif. Un jour, Bryant, qui avait à l'origine été embauché en tant qu'électricien, reçut l'ordre de se rendre dans la chambre de lady Bird pour y installer une rallonge électrique pour sa table de manucure. La prise était située derrière une commode devant laquelle la première dame était assise. Bryant dut s'allonger par terre et presque se glisser sous elle pour brancher la rallonge.

Johnson entra dans la pièce au moment où Bryant se relevait. Il en resta bouche bée, les traits figés en une expression de mari jaloux. « J'étais simplement en train de brancher la rallonge, pour la table de manucure de Mme Johnson, Monsieur le Président », bégaya Bryant.

Quant à lady Bird, elle parut apprécier que les rôles soient pour une fois inversés.

*

* *

À la Maison Blanche, il arrive que les invités aient envie de repartir avec quelque objet témoin de l'Histoire.

De service durant les dîners officiels, l'huissier Skip Allen supervisait la partie sud de la salle à manger d'État, s'assurant qu'aucun verre à vin ne soit vide. Il avait en permanence sous la main de l'argenterie et des serviettes, de façon à proposer instantanément une fourchette propre si quelqu'un faisait tomber la sienne par terre. Il voyait ainsi de temps à autre un invité glisser discrètement quelque chose dans son sac.

Le personnel ne demande jamais directement à un convive s'il a subtilisé une pièce d'argenterie ou de porcelaine ; il se contente généralement de le contraindre à rendre ce qu'il a dérobé en jouant les idiots : « Quand venait le moment de ramasser les assiettes, on demandait au suspect sa fourchette et son couteau. Quand on ne me les donnait pas, je disais : "Vous les avez peut-être fait tomber." Nous nous mettions alors à chercher par terre et, généralement, le coupable retrouvait l'objet perdu, comme par magie. »

En tant qu'habilleuse de Jackie Kennedy, Anne Lincoln aida la première dame à gérer ses rendez-vous chez le coiffeur et à acheter des vêtements, jusqu'au jour où elle fut promue gouvernante et chargée de mener à bien la mission impossible consistant à maintenir au minimum les frais de nourriture. Sous le gouvernement Kennedy, dit-elle, voler des objets de « Camelot » était commun. À la fin d'un déjeuner, en particulier, on constata qu'il manquait quinze cuillers à café, deux couteaux et quatre cendriers, le tout en argent. « Les gens viennent ici en se disant que tout leur appartient, alors ils se servent. »

Anne Lincoln se rappelle avoir vu la première dame, à la voix d'ordinaire si douce, s'emporter : « Un soir, elle a vu un convive glisser un couteau en vermeil dans sa poche. »

Après le dîner, mais avant que les invités repartent, elle demanda à Charles Ficklin, le maître d'hôtel, de compter les couteaux du service en question. Lorsque celui-ci lui confirma qu'un couteau manquait à l'appel, Mme Kennedy se dirigea droit vers le coupable stupéfait et lui réclama ce qu'il avait dérobé ; celui-ci lui rendit le couteau sans l'ombre d'une hésitation.

Si elle savait comment une table devait être dressée

et quel goût devait avoir un mets raffiné, Jackie ignorait tout en matière de cuisine ; Anne Lincoln ne la vit jamais s'y rendre pour y parler du dîner ou s'y préparer un en-cas de fin de soirée. Le président Kennedy n'était pas plus doué dans ce domaine : « Le Président aimait boire une soupe avant d'aller se coucher, et nous avions un ouvre-boîte au deuxième étage. Je crois qu'il lui a fallu environ huit mois pour apprendre à s'en servir. Et à mon avis, [la première dame] ne savait pas mieux s'y prendre que lui. »

Les majordomes en plaisantaient souvent avec Anne Lincoln, le matin venu : « Oh, notre pauvre président a encore eu des ennuis avec l'ouvre-boîte hier soir. »

À la mi-octobre 1963, soit quelques semaines avant l'assassinat de son mari et peu après la perte de Patrick, son fils né prématuré l'été précédent, Jackie fit venir l'huissier en chef dans sa chambre. « Oh, monsieur West… murmura-t-elle de sa voix enfantine. Je me suis fichue dans le pétrin. Pouvez-vous m'aider à m'en sortir ? »

Elle avait invité une princesse à passer la nuit au deuxième étage mais, en fin de compte, le Président et elle préféraient passer un peu de temps seuls tous les deux. La perte dévastatrice de leur fils les avait plus que jamais rapprochés. « Pourriez-vous nous aider à mettre au point une ruse qui nous évite d'avoir à l'accueillir ? » le supplia-t-elle.

Jackie songeait à un stratagème élaboré pour échapper à cette corvée. Elle demanda à West de faire en sorte que les chambres de la Reine et de Lincoln – les deux seules dignes d'une altesse royale – semblent être en plein chantier de redécoration, de façon que leur invitée ne puisse séjourner à la Maison Blanche. « Elle avait le regard pétillant, en imaginant cette duperie finement pensée », écrivit West.

Il convoqua Bonner Arrington, le frère de Reds, qui était employé à l'atelier Menuiserie, et lui fit part du plan : « Installez des tissus de protection dans la chambre de la Reine et dans celle de Lincoln, puis roulez les tapis et couvrez les tentures et les lustres. Ah oui… et apportez aussi un escabeau. »

Il fit ensuite venir des peintres, à qui il demanda six seaux de peinture pour chaque pièce, dont deux de blanc cassé (vides), ainsi que quelques pinceaux sales. Puis il disposa des cendriers remplis de mégots, donnant l'impression qu'une équipe d'ouvriers avait travaillé longtemps. Témoignage du respect de la hiérarchie et de la confiance mutuelle qui régnaient parmi le personnel de la Maison Blanche, personne, parmi les individus impliqués dans la combine, ne posa la moindre question.

À l'arrivée de la princesse, le Président lui fit visiter la Résidence. Désignant les seaux de peinture et les toiles de protection installés dans la chambre de la Reine, JFK annonça, avec un soupir théâtral : « C'est ici que vous auriez passé la nuit si Jackie n'avait pas encore entrepris de faire redécorer cette chambre. »

Le lendemain matin, la première dame appela West et le remercia en gloussant : « Le Président a failli éclater de rire quand il a vu les cendriers ! »

*

* *

Les Arrington allaient fêter leur soixantième anniversaire de mariage quand Reds mourut, en 2007. « Nous avons eu une bonne vie », dit avec tendresse Margaret, son épouse.

Les récits qu'il a partagés avec elle s'étalent sur ses trente-trois années passées en tant que plombier à la Maison Blanche, au service de sept présidents. Elle adore les raconter à son tour, car ils l'aident à entretenir le souvenir de son époux. Certains relatent des excentricités présidentielles – comme l'habitude qu'avait JFK de demander à Reds de remplir sa baignoire le soir, pour qu'il gagne du temps le matin suivant en se contentant d'y ajouter un peu d'eau chaude. Autre anecdote : Maud Shaw, la nourrice des Kennedy, appela un jour Reds, paniquée, après avoir accidentellement fait disparaître la couche de John-John dans les toilettes en tirant la chasse d'eau.

Avant sa mort, Reds donna une interview au cours de laquelle il raconta qu'il avait été un jour à deux doigts de provoquer la colère de Lyndon Johnson – il ne conserva son poste que grâce à l'intervention du valet du Président. Un soir, Reds avait travaillé tard sur une des fameuses pompes de la douche de Johnson, afin de l'enduire d'un produit censé assurer l'étanchéité des joints. Le lendemain matin, il reçut un appel téléphonique du valet de Johnson : « Reds, tu ferais bien de venir avec tes gars pour nettoyer les pommeaux de la douche. Quand il en est sorti ce matin, le Président avait le dos couvert d'un produit bleu. Mais je ne lui ai rien dit, je lui ai aussitôt séché le dos avec une serviette. »

Le Président aimant se faire masser le matin, le valet dut prévenir le masseur de ne rien dire lorsqu'il découvrirait que le dos du Président avait pris une teinte bleutée : « Ne lui demandez pas ce qu'il a dans le dos. Prenez de l'alcool, ou n'importe quoi, et tâchez de nettoyer ça. S'il découvre qu'il a du produit pour joints dans le dos, tous les plombiers seront renvoyés. »

Reconnaissant que Johnson n'ait jamais découvert la vérité, Reds travailla encore plusieurs années à sa chère Maison Blanche.

Reds avait également raconté à son épouse que lorsque la reine Élisabeth II était invitée, les plombiers devaient installer un siège au-dessus la cuvette des toilettes pour sa Majesté. « Reds disait que c'était vraiment un trône ! » glousse-t-elle.

Lorsqu'elle vint à Washington en 1976, la reine était déjà une telle habituée des lieux que les employés de la Résidence n'étaient plus du tout impressionnés par sa présence. Juste avant le dîner officiel en tenue de soirée, les Ford, fidèles à la tradition, retrouvèrent la reine et le prince Philip à l'entrée du salon de réception des diplomates, d'où ils accompagnèrent le couple royal jusqu'à l'ascenseur, pour bavarder quelques minutes à la Résidence avant de se rendre au dîner.

Tandis qu'ils patientaient, les portes de la cabine s'ouvrirent soudain sur Jack Ford, le fils du Président, vingt-quatre ans, vêtu d'un jean et d'un tee-shirt – ce qui était loin d'être approprié pour saluer des altesses royales. La reine se tourna instantanément vers Betty Ford : « Ne vous en faites pas, Betty, j'en ai un à la maison, moi aussi. »

Elle faisait bien entendu référence à son fils Charles.

*

* *

Le 21 décembre 1970 se produisit une scène inimaginable de nos jours à cause de la sécurité renforcée désormais en vigueur : un visiteur improbable se présenta à l'improviste à la Maison Blanche. C'est en effet ce jour-là qu'Elvis Presley demanda à rencontrer le président Nixon, alors qu'il n'avait pas rendez-vous – sa requête était des plus étranges : il souhaitait être officiellement nommé agent secret fédéral –, et se retrouva par erreur au beau milieu d'une petite fête réunissant des membres du personnel.

Avec quelques autres, Bill Cliber chantait *Joyeux anniversaire* à l'un des conservateurs lorsque, levant la tête, il aperçut Elvis et ses gardes du corps à la porte du minuscule bureau du rez-de-chaussée. « Je voulais simplement vous souhaiter un joyeux anniversaire ! » dit le plus célèbre chanteur du pays. Un silence s'abattit dans la pièce ; tout le monde était bouche bée. « Nous étions tous stupéfaits », se souvient Bill Cliber, qui en secoue encore la tête d'incrédulité.

Quelques instants plus tard, un policier de la Maison Blanche tapota l'épaule d'Elvis Presley et lui demanda si ses gardes du corps étaient armés.

« Oui.

– Pourraient-ils me laisser leurs armes, dans ce cas, pendant que vous rendez visite au Président ?

– Bien sûr, répondit Presley, en toute décontraction. Donne-lui ton pistolet, Ralph. »

Presley avait réussi à entrer dans la Résidence avec un garde du corps armé d'un colt .45, que, finalement, il offrit au Président quelque peu déconcerté.

Ivaniz Silva, femme de ménage, passait la majeure partie de son temps dans le sanctuaire de la famille présidentielle, aux deuxième et troisième étages de la

Résidence. Tout était parfaitement huilé d'ordinaire, les employées attendant que le Président et la première dame descendent pour se mettre au travail sans les déranger. Un soir, pourtant, les choses ne se passèrent pas comme prévu.

En temps normal, quatre femmes de ménage sont en service à la Maison Blanche, deux le matin et deux en soirée. Un jour, peu après 17 h 30, Ivaniz Silva, aujourd'hui âgée de soixante-seize ans, se trouvait dans la chambre du président Reagan, occupée à préparer le lit pour la nuit et à fermer les rideaux. Puis elle se rendit dans le salon attenant à la chambre… et n'en crut pas ses yeux : le Président était là, lisant le journal, nu comme un ver. « Il était tout nu, entouré de journaux ! » raconte-t-elle.

Elle sortit en courant de la pièce, le rouge aux joues, sans laisser au Président le temps de prononcer un seul mot. Il fut sans doute aussi surpris qu'elle.

Un peu plus tard, elle le croisa dans un couloir.

« Dites-moi, c'était qui, ce type ? lui demanda-t-il, le regard pétillant.

– Je ne sais pas, Monsieur le Président », répondit-elle, avec un rire timide.

Ivaniz Silva est aujourd'hui encore perplexe lorsqu'elle repense à cet incident : « Il savait que je l'avais vu nu, il fallait bien qu'il dise quelque chose. »

S'il fut sans doute quelque peu gêné, Reagan, aux dires de beaucoup, ne voyait pas de problème à être nu dans ses appartements, même si cela perturbait probablement le personnel. Environ un mois après l'investiture de Reagan, l'huissier Skip Allen avait enfin achevé sa formation et était autorisé à travailler seul. Lors d'une de ses premières fois en service, il reçut un document confidentiel à remettre immédiatement au Président pour signature.

Il se rendit donc au deuxième étage et se mit à la recherche du Président. Celui-ci étant introuvable, il s'en remit au valet de Reagan. « Il est là-dedans », lui répondit son collègue, désignant une porte close.

Allen toqua sur le panneau.

« Qui est-ce ? cria Reagan.

– Skip Allen, du bureau des huissiers. Je dois vous faire signer un document confidentiel.

– Entrez. »

Ce n'est qu'en ouvrant la porte qu'Allen prit conscience qu'il se trouvait dans la salle de bains du Président, lequel sortait tout juste de sa douche. « Il ne portait rien d'autre qu'une pellicule de gouttelettes d'eau ! » raconte Allen.

« Apportez-moi ça », lui ordonna Reagan. Le Président signa, puis Allen redescendit au premier étage.

Peu après, ce même soir, vers 21 heures, un autre document confidentiel arriva pour le Président. Allen savait que le couple présidentiel se couchait généralement vers 21 heures, justement, mais il n'avait pas le choix : il devait les déranger. Non sans nervosité, il remonta au deuxième étage et se remit en quête du Président. Cette fois, il aperçut de la lumière dans la chambre des Reagan. Les mains tremblantes, il frappa à la porte.

« Qui est-ce ? demanda Nancy Reagan.

– Skip Allen, du bureau des huissiers. Je dois remettre un document confidentiel au Président.

– Entrez. »

Le Président sortit alors de son dressing en slip.

« Oh Ronnie, tu aurais au moins pu enfiler un peignoir, lui reprocha Nancy.

– Ne t'en fais pas, maman, la rassura-t-il en utilisant son surnom, il m'a déjà vu tout nu aujourd'hui ; nous sommes de vieux amis. »

Et tous trois s'esclaffèrent.

Selon Ron, le fils Reagan, la personnalité décontractée et spontanée de ses parents a sans doute facilité la tâche des employés qui travaillaient dans les étages. Habitués à être entourés de domestiques, les Reagan ne s'inquiétaient jamais de ce que ceux-ci pensaient d'eux. « Il est difficile pour un majordome, ou tout autre employé aux fonctions comparables, de faire son travail quand la personne qu'il est censé servir est embarrassée par sa présence. Ce n'était pas le cas de mes parents. »

Ron reconnaît cependant que l'indifférence affichée par ses parents pouvait être interprétée comme une façon de déshumaniser le personnel. « Ce comportement peut laisser croire que les employés ne comptent pas, que leur présence ne suffit pas à gêner quiconque. »

Il semble qu'il y ait eu une différence entre l'insouciance des Reagan envers le personnel et l'attitude de George et Barbara Bush, tout aussi à l'aise mais davantage respectueux. Quand le président Reagan prenait quelques instants pour bavarder avec des employés, c'était généralement pour parler de lui ou pour plaisanter. Les Bush, en revanche, leur demandaient des nouvelles de leur famille et se souciaient du temps qu'ils passaient chez eux, conscients qu'ils avaient une vie en dehors de la Maison Blanche – ce qui ne traversait sans doute pas l'esprit des Reagan.

Certaines anecdotes relatives à la Maison Blanche peuvent être considérées sous un jour nouveau, avec le recul. Un majordome se rappelle que Reagan, vers la fin de sa présidence, ne se rendait pas compte qu'il se passait des choses graves autour de lui. « Alors que je travaillais en bas, à la cuisine, j'ai soudain vu de la fumée sortir par les conduits d'aération. »

Un majordome ayant effectué des travaux sur la cheminée avait oublié de rouvrir la trappe du conduit, si bien que la fumée envahissait la pièce dans laquelle Reagan était installé. « J'ai entendu le camion de pompiers, puis des gens se précipiter au deuxième étage. »

Peu après, une femme pompier redescendit en riant.

« Qu'y a-t-il de si drôle ? lui demanda le majordome, surpris qu'elle ne soit pas plus inquiète que cela.

– Le Président était tranquillement assis dans son fauteuil, comme si de rien n'était, répondit-elle, entre deux rires. Il regardait la télévision en lisant ses journaux. »

« Il ne s'était rendu compte de rien », se souvient le majordome.

À l'époque, personne ne savait que le Président souffrait peut-être déjà des premiers symptômes de la maladie d'Alzheimer. Sur le moment, cet événement passa pour une excentricité supplémentaire de ce président rarement troublé par la présence de domestiques.

*

* *

Les ragots les plus tenaces sont souvent le fait d'employés qui ne s'entendent pas entre eux. Travailler à la Maison Blanche développe parfois les ego surdimensionnés et les personnalités marquées. Bon nombre des individus embauchés, en particulier chez les cuisiniers, sont des professionnels très talentueux qui se considèrent comme étant les meilleurs dans leur domaine. Un tel esprit de compétition peut déboucher sur des rivalités professionnelles, dont l'exemple récent le plus flagrant fut la lutte ouverte qui opposa Walter Scheib, cuisinier en chef, à Roland Mesnier, pâtissier en chef.

Les onze années passées à travailler côte à côte n'atténuèrent en rien l'animosité entre les deux hommes, qui resta d'actualité jusqu'à la fin[1], une décennie après leur départ de la Maison Blanche. Aujourd'hui âgé de soixante-dix ans, Mesnier fut embauché par les Carter, tandis que Scheib, plus jeune de dix ans, le fut par les Clinton. Ils se détestaient tant qu'ils refusaient même souvent de discuter des plats qu'ils préparaient. Scheib se contentait de transmettre à Mesnier le menu de chaque semaine, afin que ce dernier puisse prévoir des desserts assortis. Scheib reconnaissait qu'il était moins sociable que Mesnier et qu'il avait tendance à diriger sa cuisine comme un commandant militaire. « Si j'avais voulu me faire des amis, je me serais inscrit dans un club quelconque », disait-il.

Français et artiste dans l'âme, Mesnier, qui décrit ses créations avec enthousiasme, offrait à chacun de ses collègues le gâteau de son choix à Noël, préparant ainsi des dizaines et des dizaines de cakes aux fruits, de *stollen* et de quatre-quarts. « Pour moi, ce n'étaient pas des employés, mais ma famille », dit-il.

Scheib méprisait Mesnier pour ses ouvrages et ses apparitions à la télévision, qui reflétaient selon lui l'amour du pâtissier pour les projecteurs : « Il s'est donné davantage d'importance que les familles présidentielles qu'il a servies, ce qui est fâcheux. »

Quant à lui, Mesnier prétend que Scheib, individu relativement svelte – il a davantage l'allure d'un dirigeant d'entreprise que d'un cuisinier –, fut engagé à la Maison Blanche grâce à son physique avenant et son élocution parfaite, qui en faisaient un excellent porte-parole de la

1. Walter Scheib est décédé en juin 2015. *(N.d.T.)*

campagne de promotion de la cuisine saine américaine menée par Hillary Clinton. « Walter et moi ne nous entendions pas, car je le savais incapable de cuisiner », dit Mesnier, non sans dédain.

« Une plaisanterie qui circulait parmi les huissiers consistait à dire que le jour où on nous surprendrait, Roland et moi, en train de boire une bière ensemble, tout le monde tomberait à genoux et se mettrait à prier, convaincu de l'imminence de l'Apocalypse », disait Scheib.

Mesnier éprouvait beaucoup d'affection pour Pierre Chambrin, le cuisinier français qui avait précédé Scheib à son poste ; malheureusement, les Clinton avaient renvoyé Chambrin après que celui-ci eut refusé de renoncer à ses menus français assez lourds au profit d'une cuisine plus légère. Hillary Clinton souhaitait en effet promouvoir la nourriture américaine saine, ce d'autant plus qu'elle s'était lancée dans un projet de rénovation de la protection sociale. Cela étant, aux yeux de Chambrin, il fut avant tout congédié en raison des apparences, et non de sa cuisine : « Je suis français, je suis gros, et mon anglais est catastrophique. Je ne correspondais pas au profil qu'ils voulaient montrer au peuple américain. Pour les Clinton, la nourriture était un carburant, rien d'autre. Dès le départ, j'ai compris que j'étais fichu, avec eux. J'ai pourtant suivi leurs directives. J'ai même tenté de les satisfaire en excluant le beurre et les matières grasses de ma cuisine, de n'inclure aucun mot en français dans les menus ; mais comment dit-on "sauté" sans utiliser le mot français, par exemple ? »

Chambrin avait en horreur la désinvolture avec laquelle les Clinton considéraient la nourriture. Contrairement aux Bush, ils préféraient prendre leurs repas dans la cuisine. « En passant des Bush aux Clinton, nous avons troqué les mets raffinés pour les plats les plus ordinaires. »

Lorsque Scheib remplaça Chambrin, l'étroite cuisine du rez-de-chaussée devint un lieu où le personnel se sentait très mal à l'aise pour travailler. Le cuisinier John Moeller, engagé à la Maison Blanche peu après que Mesnier eut obtenu son propre espace de travail, une pièce exiguë, dit, sans la moindre nuance d'humour : « S'il était resté dans la cuisine principale et avait continué de travailler si près de nous, on aurait peut-être vu du sang couler. »

CHAPITRE 9

GRANDIR À LA MAISON BLANCHE

Songez donc à l'effet que cela fait de dire bonne nuit à un garçon à la porte de la Maison Blanche, sous le feu des projecteurs et en présence d'un agent du Secret Service. On ne peut guère faire autrement que de lui serrer la main, et ce n'est pas ainsi que l'on peut espérer se fiancer.

Margaret Truman

Lorsqu'elle s'installa à la Maison Blanche en 1993, Chelsea Clinton, alors âgée de douze ans, reçut une lettre de Steve Ford, le fils de l'ancien Président. Il lui conseillait de bien s'entendre avec les agents du Secret Service, car ceux-ci risquaient fort de devenir son unique lien avec le monde extérieur. Pour lui, disait-il, cette vie n'avait pas été trop pénible, grâce à la présence de ses frères et de sa sœur. En revanche, pour Chelsea, qui était fille unique, vivre à la Maison Blanche serait sans doute plus difficile. Bien sûr, cela fut confirmé quand elle dut assumer la honte de la révélation au grand public de l'infidélité de son père, sans frère ni sœur pour l'aider à porter ce fardeau.

« J'ai toujours estimé que sa vie était beaucoup plus compliquée que celles des enfants des autres familles présidentielles, qui étaient généralement deux ou trois, dit aujourd'hui Steve Ford, en repensant à Chelsea à la Maison Blanche. Mais elle s'en est merveilleusement sortie, me semble-t-il. »

Quand des enfants emménagent à la Maison Blanche, le personnel cherche à les protéger. En effet, il en a vu d'autres y grandir et veut aider les nouveaux venus à jouir d'une enfance aussi normale que possible. Malgré la responsabilité supplémentaire de devoir s'occuper d'enfants, les employés de la Résidence sont souvent ravis d'avoir un bambin turbulent ou un lycéen un peu fêtard dans leur entourage. Les enfants du Président apportent parfois chaleur et innocence dans la maisonnée, ce qui allège l'atmosphère souvent tendue de la résidence exécutive.

Bill Hamilton, responsable de la réserve, a vu des générations de progéniture présidentielle apprendre à vivre dans la bulle qu'est la Maison Blanche. Plus ils étaient jeunes, plus il leur était facile de s'adapter à cette nouvelle vie confinée, dit-il. Caroline et John-John Kennedy n'eurent aucun mal à être eux-mêmes entre ces murs ; ils étaient si jeunes quand ils sont arrivés qu'ils n'avaient pas vraiment connu autre chose. Pour Chelsea Clinton, et Sasha et Malia Obama, être une adolescente à la Maison Blanche impliquait de devoir gérer les angoisses existentielles de cet âge tout en vivant sous le feu des projecteurs. Pour d'autres, comme les enfants Ford, Luci et Lynda Johnson, et Barbara et Jenna Bush, ce fut peut-être encore plus difficile, estime Hamilton, notamment quand ils comprirent qu'ils allaient devoir partiellement renoncer à la liberté à laquelle ils étaient habitués, pour ne la retrouver complètement que le jour où leur père quitterait la présidence. « Quand vous êtes à l'université et que vous avez pris l'habitude de sortir boire une bière ou d'aller à des soirées avec des amis, la différence est immense », dit Hamilton.

Les filles de George W. Bush – affectueusement surnommées « les petites filles sauvages » par Barbara Bush, leur grand-mère, quand elles étaient plus jeunes – étaient déjà familiarisées avec la Résidence lorsque leur père fut élu. Elles y avaient en effet déjà joué à cache-cache et préparé des bouquets à l'atelier floral, à l'époque où leurs grands-parents y vivaient. Durant la présidence de leur père, elles confiaient à l'huissière Nancy Mitchell leurs soucis de cœur – Jenna avouerait plus tard avoir fait des « galipettes » sur le toit de la Maison Blanche. Selon le personnel, les deux jumelles se comportaient comme des jeunes femmes de dix-neuf ans ordinaires. Jenna s'attacha tant aux employés de la Résidence qu'elle demanda à Nancy Clarke, la fleuriste en chef, de se charger des fleurs pour son mariage, au Texas.

Il n'en demeure pas moins que les contraintes sont toujours présentes dans cette bulle. « Ce n'est pas très drôle d'habiter là, pour un adolescent, disait Nelson Pierce. C'est difficile de rester ainsi confiné, sachant qu'il ne peut rien faire sans que [le Secret Service] soit sur ses talons. »

*
* *

Depuis le départ des Kennedy, on n'a plus vu de si jeunes enfants habiter à la Maison Blanche. Quand les Obama s'y sont installés, Malia avait dix ans et Sasha seulement sept. Aujourd'hui âgées de seize et treize ans, les deux adolescentes ont grandi depuis janvier 2009 parmi une cohorte de femmes de ménage, de majordomes et de cuisiniers, dans une demeure pourvue de sa salle de cinéma privée, d'un court de tennis, d'un terrain de basket et d'une piscine. Et cela ne concerne que leur vie quotidienne ; il faut y ajouter les dîners prestigieux et buffets auxquels elles sont parfois conviées ainsi que d'autres événements de choix, comme le concert privé donné par les Jonas Brothers le soir de l'investiture de leur père.

Barbara et Jenna Bush, qui avaient obtenu leur diplôme de fin de lycée l'année de l'élection de leur père, offrirent une visite complète des lieux à Malia et Sasha avant de s'en aller. Elles leur montrèrent notamment la salle de cinéma, la piste de bowling, et même quelques passages secrets. Ravies à l'idée de voir une autre paire de sœurs prendre leur place, elles les encouragèrent à se laisser glisser sur les rampes d'escalier de temps à autre, conseil que Sasha, la plus pétillante des deux sœurs Obama, ne se priva certainement pas de suivre avec joie.

À l'instar des Kennedy, les Obama font tout pour que leurs enfants mènent une vie normale. Le fleuriste Bob Scanlan, qui a pris sa retraite en 2010, a souvent assisté à une scène qui se reproduit dans de nombreuses maisons américaines le dimanche matin : des matelas gonflables à même le sol, au solarium, les jeunes filles ayant invité des amies à dormir chez elles la nuit précédente.

Elles n'ont droit à un dessert que le week-end, mais lorsque leur grand-mère Marian est aux commandes, elles font des folies et se goinfrent de glace et de pop-corn. « Elle est loin d'empiéter sur la vie privée de la famille présidentielle, dit Bill Scanlan. Elle reste la plupart du temps au troisième étage. À l'époque où je travaillais à la Maison Blanche, elle ne prenait pas ses repas avec eux. Les filles prenaient les leurs avec leurs parents, de leur côté, au deuxième étage, tandis que Mme Robinson se faisait servir au troisième. »

« Je rentre chez moi », disait Marian, avant le dîner, en s'engageant dans l'escalier menant à sa suite privée, laissant ainsi sa fille profiter seule de son mari et de ses enfants. « Elle demandait que soient régulièrement disposées des fleurs dans son salon et dans sa chambre, poursuit Scanlan. Elle était toujours très gentille, toujours ravie de tout ce qu'elle avait. »

Quand il venait remplacer un bouquet, elle lui disait souvent de ne pas s'en donner la peine, les fleurs déjà en place étant encore superbes à ses yeux.

Michelle avait demandé aux fleuristes d'accompagner d'étiquettes toutes les compositions florales ornant les appartements privés, de façon que ses filles et elle puissent apprendre les noms des diverses fleurs. La première dame avait également demandé à Smile « Smiley » Saint-Aubin, son cher majordome de longue date originaire d'Haïti qui parlait un français parfait, de s'exprimer dans sa langue natale lorsqu'il servait ses filles, afin que celles-ci commencent à apprendre cette langue. Il est décédé en 2009.

Désireux que le premier Noël des Obama à la Maison Blanche – même s'ils passaient les vacances à Hawaï – leur laisse un souvenir particulier, Scanlan tailla de petits arbres de Noël dans du buis, qu'il plaça sur la commode de Malia et sur la tablette de cheminée de Sasha.

Malia apprécia particulièrement le sien. Lorsque Scanlan se rendit dans sa chambre pour l'entretenir, il trouva un Post-it qui lui était destiné : « Pour le fleuriste : j'aime beaucoup mon arbre. Si ce n'est pas trop demander, pourrait-on y ajouter une guirlande lumineuse, s'il vous plaît ? Si ce n'est pas possible, je comprends. » Le petit mot était signé d'un cœur. Scanlan prit le Post-it collé sur la commode et redescendit à l'atelier floral. « Comment aurais-je pu *ne pas* ajouter de guirlande lumineuse sur cet arbre ? » sourit-il.

Le personnel tient un rôle dans l'éducation des enfants, car il sait combien ils sont observés. En 2014, Sasha et Malia furent l'objet de critiques d'une personnalité républicaine, suite à leur apparition à la cérémonie de la grâce accordée à la dinde, qui se déroule chaque année à la Maison Blanche. « Habillez-vous pour que l'on vous respecte, pas comme pour aller dans un bar », écrivit Elizabeth Lauten sur Facebook. Alors attachée de presse de Stephen Fincher, un représentant républicain, elle faisait référence aux jupes des adolescentes, qu'elle jugeait trop courtes. Ce commentaire désobligeant fut largement critiqué par les démocrates comme les républicains, qui sont pour la plupart d'accord pour considérer que les enfants d'un président en exercice constituent un sujet tabou. La tempête médiatique qui s'ensuivit contraignit Elizabeth Lauten à démissionner ; cet épisode confirma la pression considérable que l'on subit quand on grandit à la Maison Blanche, sous une surveillance permanente. L'avènement des chaînes d'information en continu et des réseaux sociaux n'a fait qu'intensifier la portée des projecteurs.

*

* *

Caroline et John-John Kennedy furent les plus jeunes enfants à vivre à la Maison Blanche, depuis l'époque où la nichée de Theodore Roosevelt semait la pagaille, au tout début du XXe siècle. Caroline avait trois ans et son frère seulement deux mois quand leurs parents s'installèrent à la Résidence. Jackie Kennedy, qui tenait à tout prix à ce que ses enfants soient bien élevés, leur faisait signer les messages de remerciements, quand ils étaient invités chez des camarades – le jeune John-John gribouillait à peine son prénom – et les faisait toujours descendre à la cuisine après leur goûter d'anniversaire, pour remercier le personnel.

Caroline et John-John découvrirent la signification du mot « non » à l'âge de deux ans, selon Letitia Baldrige.

Quand on les présenta à l'épouse de Robert McNamara, le secrétaire à la Défense, ils la regardèrent droit dans les yeux et lui demandèrent : « Comment allez-vous, madame McNamara ? » John-John prononça sans doute quelque chose comme « madame Nama ».

« Ils disaient "Comment allez-vous ?" du matin au soir, non seulement aux amis de leur papa et de leur maman, mais aussi aux huissiers, majordomes, femmes de ménage, policiers, agents du Secret Service, jardiniers et employés aux cuisines et à l'office – à tous ceux qui croisaient leur chemin », dit Letitia Baldrige.

Contrairement aux premières dames qui l'avaient précédée, Jackie Kennedy ne laissait pas ses enfants appeler les majordomes par leur nom de famille, pratique qu'elle estimait impolie, d'autant plus qu'il s'agissait de messieurs plus âgés qu'eux et très dignes, dont la plupart travaillaient à la Résidence depuis des décennies.

« On disait "M. Allen", relate le conservateur Jim Ketchum, faisant référence à Eugene Allen. Ou "M. Bruce", pour Preston Bruce. » Pour Jackie, il était hors de question que ses enfants appellent ces messieurs « Bruce » ou « Allen ».

Cependant, il arrivait parfois, quand leur mère n'était pas avec eux, que Caroline et John-John traitent le personnel avec une familiarité qu'elle n'aurait pas forcément approuvée. Le souvenir préféré des vingt-six années de présence de l'huissier Nelson Pierce à la Maison Blanche était la simple lecture d'une histoire à John-John : « La radio de Mme Kennedy ne fonctionnant pas correctement, j'ai dû un jour accompagner un agent des transmissions au deuxième étage, afin qu'il règle le problème. John-John a alors saisi un livre et me l'a tendu, en me disant qu'il voulait que je le lui lise. »

Pierce s'assit sur le bord du canapé et obtempéra, songeant qu'en aucun cas un petit garçon si énergique ne parviendrait à rester calme assez longtemps pour écouter l'histoire jusqu'au bout. « Je pensais qu'il allait rester debout pendant la lecture, mais non, il s'est installé à côté de moi et m'a donné une tape sur la poitrine en me disant : "Dans le fond du canapé !" J'ai passé un bras autour de ses épaules et je lui ai lu son histoire. Dès que nous en avons eu terminé, il s'est levé d'un bond, m'a pris le livre et l'a rangé à sa place. »

Pour Nelson, passer du temps avec les jeunes Kennedy était une pause bienvenue qui lui faisait penser à ses quatre enfants.

Un soir, Maud Shaw, la nourrice des Kennedy, appela Pierce à l'aide. Elle se trouvait dans la salle à manger familiale du deuxième étage, où John-John n'avait pas tout à fait terminé son repas. De son côté, Caroline, qui avait fini de dîner, tentait de faire des galipettes par terre, sans succès. Celle-ci leva les yeux vers Pierce quand il entra dans la pièce :

« Je n'y arrive pas, monsieur Pierce, dit-elle. Mes jambes partent à droite ou à gauche.

– Pense très fort à les faire passer par-dessus ta tête, Caroline », lui conseilla-t-il.

Les tentatives suivantes furent nettement meilleures. « Faites des galipettes avec moi, monsieur Pierce ! » le supplia la fillette. Ce souvenir faisait beaucoup rire Pierce : « Heureusement, Maud Shaw est venue à mon secours et je n'ai pas été obligé de faire des galipettes avec Caroline sur le sol de la salle à manger ! »

Des décennies plus tard, Walter Scheib expliqua comment le personnel considérait la famille présidentielle : « Un dîner officiel pouvait être ce que nous avions de plus important à préparer, mais il arrivait que, ce même jour, on nous appelle de la Résidence pour nous dire que Chelsea ou une des jumelles Bush désirait un bol de céréales, de myrtilles ou d'autre chose. Et cela devenait aussitôt la priorité. Il n'était pas tant question de cuisine que d'offrir à la famille présidentielle un îlot de normalité dans un univers délirant. »

Les souhaits de la famille présidentielle en matière de nourriture sont parfois très ordinaires et frustrants pour les talentueux cuisiniers, en particulier quand il y a des enfants à la Résidence. John Moeller se souvient d'un matin où, avec un cuisinier fraîchement recruté, il prépara des crêpes pour Chelsea Clinton. Alors que son collègue s'apprêtait à prendre le sirop d'érable dans le réfrigérateur, Moeller lui signifia que Chelsea préférait un autre produit, imitation de l'original, que consomment la plupart des enfants. Le nouveau venu se braqua, insistant sur le fait que l'original était toujours meilleur que le succédané. Moeller finit par céder et envoya les majordomes porter la version haut de gamme au deuxième étage. Deux minutes plus tard, le sirop fut retourné, car Chelsea réclamait son ersatz. Les préférences de la famille présidentielle passent avant tout le reste.

Le personnel de la Résidence doit offrir aux enfants du Président un endroit sûr où ils peuvent être eux-mêmes.

À une époque où elle ne pouvait pas vraiment faire confiance aux personnes étrangères à la Maison Blanche, Lynda Bird Johnson Robb trouvait un certain réconfort auprès des employés : « Les gens qui travaillaient à la Maison Blanche étaient tout simplement merveilleux. Je suis certaine que tous ceux qui y ont vécu les ont appréciés et ont eu conscience de cette chance d'être entourés de personnes qui souhaitaient nous aider, sans jamais chercher à rien obtenir de nous en contrepartie. On pouvait être sûrs que jamais ils ne nous trahiraient. »

Lynda fit la connaissance de Charles « Chuck » Robb, son futur époux, alors que ce dernier était conseiller social militaire à la Maison Blanche. Son travail consistant à s'assurer que les invités du Président soient à leur aise lors des réceptions et dîners, il bavardait avec les convives nerveux à l'idée de rencontrer le Président et la première dame et les accompagnait jusqu'à leur place. Personne, en dehors du personnel, ne savait que Lynda et Charles sortaient ensemble. Après sa journée de travail, celui-ci se précipitait au solarium où il jouait au bridge avec Lynda. Les majordomes les voyaient tous les deux, bien entendu, mais ils n'en disaient mot à quiconque.

Charles Robb sortit major de sa promotion de l'école d'officiers des Marines, à Quantico, en Virginie. Son passage au Vietnam lui valut ensuite d'être décoré d'une Bronze Star, puis il devint plus tard gouverneur de Virginie et fut à deux reprises élu au Sénat. Lynda était enceinte de leur premier enfant, Lucinda, lorsque Charles fut envoyé au Vietnam. Quand, la nuit, elle ne trouvait pas le sommeil, allongée dans son lit, malade d'inquiétude en pensant à son mari, elle entendait les manifestants contre la guerre par la fenêtre de sa chambre.

Étant installée dans l'ancienne chambre de Caroline Kennedy, qui donne sur Pennsylvania Avenue, Lynda ne pouvait échapper à ces cris. Luci, sa sœur cadette, se trouvait quant à elle dans l'ancienne chambre de John-John. Ces deux pièces étaient séparées par une petite chambre, autrefois réservée à Maud Shaw et depuis convertie en dressing dans lequel étaient rangés les vêtements hors saison.

La chambre du Président et de Mme Johnson donnait sur la pelouse sud, si bien qu'ils n'entendaient pas les manifestants aussi nettement que leurs filles, qui frissonnaient à chaque poussée de colère. « C'était très pénible, pour Luci et moi, d'entendre ces gens crier jour et nuit à propos de la guerre, de l'autre côté de la rue, d'autant que nos maris risquaient leur vie au Vietnam. Et moi, j'étais enceinte. Les manifestants criaient des choses très déplaisantes sur mon père, alors que je savais à quel point il voulait mettre un terme à cette guerre. »

La conservatrice Betty Monkman revoit encore les rassemblements dans le bureau des huissiers, d'où l'on pouvait observer les manifestants. « Ce pourraient être vos enfants, là-bas », disait-elle à ses collègues les plus âgés. « On ne peut pas échapper à ce qui se passe autour de nous, à la Maison Blanche, explique-t-elle aujourd'hui. On a l'impression de vivre dans un cocon, mais en réalité on est pleinement conscient de tout ce qui se passe à l'extérieur. »

Un jour, alors qu'il faisait un froid glacial, le président Johnson, qui cherchait désespérément à apaiser la colère des manifestants, demanda même aux majordomes de leur apporter du café chaud.

« J'étais assez jeune, à l'époque, j'approchais de la trentaine, se souvient Betty Monkman. Quand j'étais invitée à des soirées, je ne disais à personne où je travaillais, de peur de m'exposer à des réactions très négatives. Je prétendais donc être employée au National Park Service ; sinon, les gens se seraient défoulés sur moi avec leurs considérations politiques. Peut-être partageais-je leur opinion, mais je ne voulais pas en entendre parler ! »

Du mardi au samedi, le rez-de-chaussée et le premier étage étaient en partie ouverts au public ; durant ces années d'incessantes protestations, le manque d'intimité devint peu à peu insupportable pour Lynda : « Même après l'assassinat [de Kennedy], nous ne bénéficiions pas de la protection [que l'on aurait dû mettre en place] ; les touristes se promenaient sous nos fenêtres dès le matin. J'entendais des phrases comme : "Tiens, prends la pose juste là, Myrtle", alors que j'essayais de dormir ! »

Nellie Connally, première dame du Texas, confia un jour à Lynda qu'elle avait souvent songé à lâcher des ballons remplis d'eau sur les touristes depuis sa fenêtre, à la résidence du gouverneur. « Je voulais le faire moi aussi, lui ai-je répondu en riant, dit Lynda. Mais je ne suis jamais passée à l'acte. »

Les touristes affables ne constituaient toutefois pas le véritable problème ; si la vie était si éprouvante à la Maison Blanche, c'était avant tout à cause des manifestants indignés par la poursuite de la guerre. Nelson Pierce racontait qu'un jour, des « gosses » participant à une visite guidée avaient vidé des fioles contenant leur propre sang dans la salle à manger d'État de la demeure adorée des employés : « Nous avons dû envoyer les tentures au pressing. »

Il arrivait même que des visiteurs lâchent des cafards

dans la Maison Blanche. « Nous devions former le personnel d'entretien, afin qu'il sache comment réagir dans de telles situations », dit Betty Monkman.

Lyndon Johnson vécut un moment charnière lorsque Lynda vint le trouver en pleine nuit, en larmes après que son époux eut été envoyé au Vietnam, et lui demanda pourquoi Charles devait faire la guerre. Le Président bafouilla quelques mots et se rendit compte qu'il ne savait pas quoi répondre à sa fille. Peu après, il annonça qu'il ne briguerait pas un autre mandat.

*

* *

En août 1974, Steve Ford devait entrer à l'université Duke deux semaines plus tard, lorsque son père fut soudain propulsé à la présidence : « Du jour au lendemain, nous nous sommes retrouvés avec dix agents du Secret Service sur le dos, et notre vie a changé du tout au tout. Quand on a dix-huit ans, ce n'est pas vraiment avec ce genre de bande qu'on a envie de traîner, croyez-moi. »

Renonçant à l'université, Steve Ford décida de s'exiler au Montana pour travailler dans un ranch, afin de s'éloigner des feux des projecteurs. À une époque, il vécut tout de même deux mois avec ses parents, dans une chambre du troisième étage, tandis que ses frères et sa sœur avaient eux aussi chacun leur chambre.

« La Maison Blanche appartenait aux employés, en réalité, car ils étaient présents depuis quatre, cinq, voire six gouvernements, dit-il. Pour les familles présidentielles, le bail était provisoire, et même plus court pour certaines ! » (Gerald Ford demeura moins de trois ans à la Maison Blanche, qu'il quitta en 1977.)

Steve Ford conserve néanmoins un souvenir très vivace de ces quelques années : « J'avais vraiment l'impression de vivre dans un musée. Le moindre objet date de Lincoln ou de Jefferson. Je me souviens encore de notre installation. Chez nous, à Alexandria, j'avais pour habitude de mettre les pieds sur la table, mais là ma mère m'a tout de suite dit : "Pas de ça ici, c'est la table de Jefferson !" »

Pour la famille Ford, l'emménagement à la Maison Blanche fut un changement bouleversant. En effet, cela faisait près de vingt ans – Gerald Ford ayant d'abord été au Congrès, puis nommé vice-président – qu'elle vivait dans une maison coloniale en briques rouges comprenant quatre chambres et deux salles de bains sur un terrain de mille mètres carrés, située sur Crown View Drive, à Alexandria, en Virginie, de l'autre côté du Potomac.

Lorsque Gerald Ford devint vice-président, en décembre 1973, après la démission de Spiro Agnew, le garage à deux places de la maison devint le quartier général des agents du Secret Service chargés de sa protection, et une vitre pare-balles fut installée dans la chambre du couple – c'est seulement en 1977 que l'Observatoire naval des États-Unis devint la résidence officielle du vice-président.

L'huissier en chef Gary Walters raconta plus tard combien les Ford étaient accessibles. Un jour, il reçut un appel téléphonique du président Ford, qui lui demanda d'envoyer quelqu'un jeter un coup d'œil à la douche de sa salle de bains, à la Maison Blanche, car il n'y avait plus d'eau chaude. Le problème était survenu deux jours auparavant et le Président se servait depuis de la salle de bains de son épouse. Il précisa à Walters qu'il n'y avait là rien d'urgent.

Après la nomination de leur père à la présidence, les

enfants Ford durent attendre sept jours avant de s'installer à la Maison Blanche, car les Nixon avaient besoin de temps pour rassembler leurs affaires. Quand enfin ils emménagèrent, le Président et la première dame apportèrent leurs fauteuils préférés – celui du Président était en cuir, très confortable –, qu'ils disposèrent dans le petit salon attenant à leur chambre.

Susan Ford, la plus jeune des quatre enfants du Président, supplia ses parents de la laisser redécorer sa chambre et retirer la moquette bleue à poils longs. Cela lui fut refusé, car alors la famille aurait dû elle-même s'acquitter des frais. « Mon père ne croyait pas aux prêts, c'était vraiment un enfant de la Grande Dépression », m'a-t-elle confié.

Comme la plupart des jeunes, les quatre enfants Ford, tous entre l'adolescence et le début de la vingtaine, adoraient faire des bêtises. Le jour de leur emménagement à la Maison Blanche, Steve Ford appela Kevin Kennedy, son meilleur ami et voisin à Alexandria : « Ça y est, Kevin, on est enfin installés. Il faut que tu viennes, il faut que tu voies ça ! »

Après avoir fait passer à son ami les barrages de sécurité, il lui fit visiter les lieux, notamment sa chambre, au troisième étage, et le solarium, avec son accès au toit, sur lequel ils montèrent une platine et passèrent *Stairway to Heaven*, de Led Zeppelin, le volume poussé à fond. « C'était ma première soirée à la Maison Blanche, se rappelle Steve Ford. Eugene, le majordome, avait repéré notre manège, mais il ne m'a jamais dénoncé à mes parents, ce dont je lui ai été très reconnaissant. Le personnel est au courant des moindres faits et gestes de la famille présidentielle, mais il tâche de ne pas juger », ajoute-t-il. En partie parce qu'il compatit avec les enfants qui doivent grandir à la Résidence. « Ils ne nous faisaient jamais la morale. »

*
* *

Pour des générations d'enfants de présidents, vivre à la Maison Blanche fut à la fois une bénédiction et une malédiction. Margaret Truman surnommait la résidence exécutive « la grande prison blanche », tandis que d'autres enfants se donnèrent du mal pour s'en échapper.

Susan Ford fila ainsi en douce, un jour, provoquant la colère de son père pourtant connu pour son cœur généreux. Pensant à tort ne commettre qu'une petite bêtise, Susan trouva le moyen d'atteindre sa voiture, garée sur le demi-cercle de la pelouse sud – « Nous laissions toujours la clé sur le contact, au cas où il faudrait la déplacer » –, et s'échappa par le portail du parc. Les agents du Secret Service chargés de sa protection ne furent pas en mesure de refermer la grille ni de se lancer à sa poursuite, car Betty Ford monta au même moment à bord de son véhicule. Susan embarqua une amie, avec qui elle se rendit sur le parking d'un supermarché, où les deux jeunes femmes partagèrent un pack de six bières. Elle appela plus tard ses gardes du corps depuis une cabine téléphonique et les avertit qu'elle comptait rentrer vers 19 heures. (Elle devait regagner la Maison Blanche pour y prendre des billets pour un concert de Hall & Oates.) Dès son retour à la Résidence, son père demanda à la voir. *Fini de s'amuser*, songea-t-elle. *Retour à la réalité.*

Le Président lui fit savoir qu'elle l'avait déçu. Il devait être furieux, sachant que l'Armée de libération symbionaise – le mouvement qui avait enlevé la riche héritière

Patty Hearst – avait menacé de la prendre en otage. Susan est la seule des quatre enfants Ford à avoir bénéficié d'une protection de la part du Secret Service avant que son père devienne président. Cette innocente escapade aurait pu tourner à la crise nationale si elle avait été kidnappée – cela dit, Susan n'avait rien contre le Secret Service ; elle épouserait plus tard un ancien garde du corps de son père.

À l'instar de sa sœur, Steve Ford tentait de vivre une vie ordinaire, pas toujours avec succès. « À l'époque où nous nous sommes installés à la Maison Blanche, je possédais une Jeep jaune, dit-il, riant de sa propre naïveté. J'avais pour habitude de me garer dans l'allée qui faisait face à l'entrée réservée aux diplomates, puis je montais dans ma chambre et, quand je regardais par la fenêtre, ma voiture avait disparu. » Une Jeep stationnée devant la Maison Blanche, ce n'était pas approprié aux yeux du personnel. « Chaque fois que je rentrais, ils la déplaçaient de l'autre côté, en la cachant plus ou moins. Agacé, je redescendais et la garais devant, puis ils la déplaçaient… »

*
* *

Âgée de neuf ans lorsque ses parents et elle s'y installèrent, Amy Carter laissa une trace à la Maison Blanche, au sens propre du terme. Son nom est en effet écrit au marqueur sur la cloison qui sépare la cage de l'ascenseur principal de l'ascenseur de service du deuxième étage. « Amy a bloqué la porte en position ouverte avec sa main et écrit son nom sur le mur », dit Tony Savoy, directeur des opérations.

Amy ne voulait pas se contenter de rester dans les

étages de la Résidence, elle voulait tout explorer : « Elle était curieuse. Cette immense maison, avec toutes ces portes, il fallait les ouvrir ! »

Les Carter inscrivirent leur fille dans une école publique de Washington, ce qui ne passa pas inaperçu. Suivie comme son ombre par des agents du Secret Service, Amy eut du mal à s'y intégrer, d'autant plus qu'on ne la laissait pas sortir pendant les récréations, décision peu judicieuse prise au nom de sa protection. Lorsque les Carter emménagèrent à la Maison Blanche, Amy – quatrième enfant et seule fille du couple présidentiel – était habituée à être mise à l'écart, comme le raconte Rosalynn, sa mère : « Elle n'avait jamais rien connu d'autre, car elle n'avait que trois ans quand nous nous sommes installés à la résidence du gouverneur de Géorgie. Le passage à la Maison Blanche n'a donc pas été un grand changement pour elle, surtout que Mary nous y a suivis. C'était sa vie, tout simplement. »

Bien qu'aidée par Mary Prince, sa nourrice, à se sentir plus à l'aise dans cet environnement, la fillette au visage constellé de taches de rousseur avait conscience que sa vie était différente de celles des autres enfants. Elle avait été encore plus exposée du temps où son père était gouverneur de Géorgie ; en effet, le simple fait de se rendre à la cuisine revenait à affronter des hordes de touristes. Mais Amy était une enfant qui savait se maîtriser, au point qu'elle en oubliait parfois la présence d'inconnus. « Quand elle avait trois ans, les gens faisaient toutes sortes de commentaires quand ils voyaient cette toute jeune enfant traverser la pièce en regardant droit devant elle, se rappelle sa mère. Je me souviens de son premier jour d'école à Washington ; tout le monde était bouleversé, car Amy semblait si seule. C'était simplement la vie à laquelle elle était habituée. »

Peu après leur installation à la Maison Blanche, Amy se rendit parfois à l'étage d'État, alors que des visites étaient en cours, mais « elle provoquait tant de commentaires » qu'elle cessa de le faire. Une fois les visites terminées pour la journée, elle y redescendait… et faisait du patin à roulettes dans le salon est.

Le personnel de la Résidence éprouvait beaucoup d'affection pour cette fillette énergique. Mary Prince appelait souvent Nelson Pierce à son bureau, pour lui demander quand il lui était possible de venir accorder le violon d'Amy – « La musique et le base-ball étaient mes deux grandes passions », disait-il. Selon le majordome James Jeffries, Amy lui demandait parfois de l'aider à faire ses devoirs, quand il se trouvait au deuxième étage, dans la cuisine familiale. Pour Amy, qui ne connaissait rien d'autre que la vie dans un logement de fonction, si haut de gamme soit-il, les employés faisaient partie de la famille. Un jour, elle fit le tour des ateliers de la Résidence, flanquée de son agent du Secret Service, pour demander aux membres du personnel de contribuer financièrement aux frais d'une sortie, raconte la conservatrice Betty Monkman : « Nous étions le voisinage ; elle faisait du porte à porte. Nous lui avons promis une certaine somme… puis elle est revenue, plus tard, pour l'empocher ! Il lui était impossible de faire cela dans la rue. »

Les Carter cherchaient à offrir un minimum de stabilité et de normalité à Amy. Un jour, alors qu'elle passait à hauteur du salon des porcelaines, non loin du bureau du conservateur, Betty Monkman vit Amy et quelques camarades occupés à sculpter des citrouilles. « Et le président Carter était assis par terre avec eux », ajoute-t-elle.

Amy n'était pas corrompue par sa célébrité, insiste Mary Prince, s'opposant ainsi à certains témoignages selon lesquels la fillette se serait montrée impolie devant des invités étrangers en se plongeant dans un livre lors d'un dîner officiel. « Ce n'était pas une sale gosse gâtée, elle ne faisait jamais de caprice. C'était simplement une enfant qui s'amusait. »

Pour Mesnier, le pâtissier en chef, Amy était une petite fille fantasque absolument pas intimidée par la majesté de la Maison Blanche. Après l'école, elle descendait parfois en courant à la cuisine, pour lui demander de lui faire parvenir les ingrédients de ses cookies préférés, qu'elle aimait préparer elle-même dans la petite cuisine du deuxième étage, pour les apporter à ses camarades de classe le lendemain. Bien souvent, après les avoir mis au four, Amy décidait de faire du patin à roulettes ou de jouer dans sa cabane perchée dans un arbre… et oubliait complètement ses cookies. Dès qu'une odeur de brûlé se répandait dans les couloirs, une cohorte du Secret Service se ruait en premier lieu à la pâtisserie, pensant y trouver l'origine du problème. Mesnier levait alors la tête vers les agents paniqués et pointait l'index vers le plafond. Ils se précipitaient aussitôt au deuxième étage, pour ouvrir les fenêtres et sortir du four les cookies brûlés. Le lendemain matin, Amy venait généralement trouver le pâtissier à la cuisine et lui disait qu'elle était censée apporter des cookies à l'école et qu'elle ne savait pas quoi faire. Mesnier lui demandait alors ce qui était arrivé aux ingrédients qu'il lui avait fait porter la veille. « Un petit accident », répondait-elle en rougissant. Il était tellement habitué à ce numéro que, quand Amy se présentait à la cuisine, le lendemain d'une confection de cookies, pour lui en demander d'autres, il en avait déjà préparé.

Les enfants Carter avaient connu une vie heureuse avant même leur installation à la Maison Blanche ; riche cultivateur, leur père avait été élu à deux reprises au Sénat de Géorgie, puis gouverneur de cet État. Sa progéniture semblait parfois vraiment déconnectée du monde réel, en particulier des domestiques qui les servaient au quotidien.

Un majordome se rappelle une discussion avec l'un des fils Carter, à l'époque âgé de vingt et quelques années. Assis dans la cuisine familiale, il lisait un article de journal évoquant les loyers à Washington.

Le jeune homme leva les yeux et dit au majordome :

« Je suis bien content que l'on me permette d'habiter à la Maison Blanche !

– Oui, le prix des loyers est astronomique ; c'est entre autres parce que j'ai beaucoup de difficultés à payer le mien que je suis ici, alors que j'ai aussi un autre travail. »

Le fils de Carter, choqué, n'en crut pas ses oreilles : cet homme si digne devait cumuler deux emplois pour simplement régler son loyer ! « Sortez un peu et venez habiter avec moi, vous verrez bien », lui dit l'employé.

*
* *

Les Clinton, qui protégeaient jalousement la vie privée de leur fille Chelsea, avaient demandé aux médias de limiter leurs publications la concernant à ses apparitions publiques. Les journalistes respectaient pour la plupart ce souhait. Cependant, on parlait d'elle d'autres façons. Dans une parodie de *Wayne's World* diffusée en 1992 dans l'émission *Saturday Night Live*, Mike Myers, ayant repris pour l'occasion le rôle de Wayne, le héros comique du film, lança que l'adolescence avait « été jusqu'à présent très cruelle » avec Chelsea, précisant même : « Je vous parle de Chelsea Clinton, pas d'un canon. » Ce sketch provoqua la colère des Clinton, si bien que ces lignes de dialogue furent supprimées lors des rediffusions de l'émission. Myers envoya même une lettre d'excuses aux Clinton.

Tout comme les Obama et les Kennedy, les Clinton estimaient important d'éviter que leur enfant soit trop gâtée à la Maison Blanche. En fait, Chelsea disait souvent au cuisinier de ne pas se donner la peine de s'occuper de son dîner, qu'elle préparait alors elle-même : des macaronis au fromage.

Dans l'ensemble, le personnel adorait Chelsea. Betty Finney, femme de ménage, disait qu'elle était comme leur propre fille, qu'ils avaient envie de protéger : « On croit souvent les adolescents impolis, mais je peux vous dire que cela n'a jamais été le cas de Chelsea. Pas une fois je ne l'ai vue mal se comporter, durant tout le temps que j'ai passé là-bas. Elle m'a envoyé un message pour me remercier de mes services. C'était simplement sa façon d'être. »

Chelsea était tout de même une adolescente « normale », à certains égards. Pour commencer, elle ne faisait presque jamais son lit. Et comme tous les jeunes de son âge, elle aimait passer du temps avec ses amis.

Bien avant que la série *Downton Abbey* montre lady Sybil prenant des leçons de cuisine auprès de Mme Patmore, Chelsea Clinton et quelques camarades de Sidwell Friends, son école privée très chic, suivirent un stage informel auprès du personnel de la Résidence. (Des années auparavant, Jackie avait accompagné Caroline, alors âgée de cinq ans, à la cuisine de la Maison Blanche, afin de l'aider à préparer de minuscules gâteaux roses avec les ustensiles pour enfant que la fillette avait reçus pour son anniversaire.) Chelsea et ses amis passèrent ainsi une partie de la journée dans chaque atelier, apprenant auprès des meilleurs professionnels comment cuisiner, nettoyer et disposer des bouquets de fleurs. Elle montra ensuite fièrement à ses parents sa composition florale, qui fut installée dans le salon rouge, et leur fit goûter certains plats qu'elle avait appris à préparer.

« Madame Clinton souhaitait que Chelsea soit un peu plus autonome et ne tenait pas particulièrement à la voir dîner tous les soirs dans la salle à manger ou au restaurant, racontait Walter Scheib, le cuisinier en chef. J'ai ainsi un jour reçu un appel téléphonique de Mme Clinton, qui me demandait si j'étais d'accord pour enseigner la cuisine à sa fille. »

Par ailleurs, Chelsea étant végétarienne, sa mère voulait s'assurer qu'elle soit capable de se préparer des repas sains lorsqu'elle serait à l'université. L'été suivant sa dernière année de lycée, avant d'intégrer l'université de Stanford, Chelsea passa beaucoup de temps aux fourneaux, apprenant les rudiments de la cuisine végétarienne. « Elle comprenait très vite, et tout le monde sait aujourd'hui que c'est quelqu'un de très intelligent », disait Scheib.

À seulement dix-sept ans, elle était pleinement consciente du sacrifice que cela représentait pour le personnel : « C'est une personne très vive, qui n'a pas pris cette opportunité à la légère. Elle nous respectait énormément, car nous lui offrions notre temps. »

À l'issue de ses leçons, Scheib offrit à son élève un tablier de cuisinier avec l'inscription « Chelsea Clinton, fille du Président ». Les calligraphes de la Maison Blanche lui avaient même confectionné un diplôme de l'« École de cuisine de la Maison Blanche de Walter Scheib ». Chelsea fit plus tard parvenir un message à Scheib : « Merci beaucoup de m'avoir consacré du temps. J'espère ne pas vous avoir trop gêné. »

« Il m'arrive d'imaginer quel aurait été mon comportement si j'avais été fils de président à dix-sept ans, m'a confié Scheib. J'aurais été un sale gamin, alors que Chelsea était si simple, si discrète et si reconnaissante pour tout ce que nous faisions pour elle. Quand elle nous appelait pour demander son petit déjeuner, elle disait : "Si cela ne vous dérange pas trop…" Je lui répondais : "Cela ne me dérange pas, Chelsea, c'est mon travail." »

Les majordomes racontèrent plus tard à Scheib qu'ils avaient entendu Chelsea discuter avec sa mère de ce qu'elle avait appris de lui, ce jour-là, en cuisine.

« Madame Clinton et Chelsea étaient très proches. La première dame n'hésitait pas à modifier son agenda si sa fille était disponible pour déjeuner ou dîner avec elle. »

Le personnel de la Résidence voyait souvent cette autre facette d'Hillary, à l'opposé du personnage incisif qu'elle était en public. « En privé, c'était une mère poule, attentionnée et aimante. Chelsea était ce qu'elle avait de plus important au monde. »

Pour Scheib, c'est cet accès à l'intimité de la famille présidentielle qui faisait que son travail épuisant était si particulier : « C'est à cela que se résume le fait de travailler à la Maison Blanche. Certains vous diront : "J'ai fait ce gâteau", "J'ai préparé cette soupe" ou "J'ai disposé ces fleurs", mais là n'est pas l'essentiel de ce travail. Sa véritable beauté est qu'il nous permet d'être témoins des relations entre les membres de la famille présidentielle. Il n'est jamais question de nous, qu'il s'agisse du pâtissier, du cuisinier, du fleuriste ou du jardinier. Il est avant tout question de la famille présidentielle. »

*
* *

Le personnel avait beau tisser des liens amicaux avec les enfants de la Résidence, les frontières séparant les domestiques de la famille présidentielle étaient toujours clairement établies. « Malgré nos titres élaborés, nous restons des employés, et nous ne devons pas l'oublier, disait Scheib. [Durant les années Bush], notre unique mission consistait à nous assurer que Jenna et Barbara aient exactement ce dont elles avaient envie pour le déjeuner ou que le repas du Président, à son retour de l'église, le dimanche, corresponde en tout point à ses désirs. »

Les employés cherchaient toujours à impressionner la famille présidentielle. Pour le cinquantième anniversaire d'Hillary Clinton, Mesnier confectionna un immense gâteau fait de ballons en sucre, avec une reproduction peinte à la main de la couverture de *Il faut tout un village pour élever un enfant*, l'ouvrage à succès écrit par la première dame.

Pour le seizième anniversaire de Chelsea, il se donna du mal pour trouver une idée qui impressionnerait l'adolescente comme ses parents. Ne sachant pas quoi préparer, il refusait avec insistance – avec son fort accent français – de « faire un gâteau avec des fleurs pour une jeune fille de seize ans ; il faut quelque chose qui ait une signification ! »

L'avant-veille de l'anniversaire de Chelsea, Mesnier ne s'était toujours pas décidé. Ce jour-là, en se rendant au travail, il entendit à la radio Chelsea dire qu'elle souhaitait une voiture et le permis de conduire pour son anniversaire. L'idée était toute trouvée. Il confectionna donc une voiture et un permis de conduire en sucre. Les Clinton fêtant l'anniversaire de leur fille à Camp David, dans le Catoctin Mountain Park, dans le Maryland, situé à une centaine de kilomètres au nord de la Maison Blanche, le gâteau devait être livré là-bas. Ce trajet inquiétait tant Mesnier qu'il chargea lui-même son œuvre dans le fourgon et donna au chauffeur des instructions très précises quant à la façon de la saisir. « Si vous ne suivez pas mes recommandations, vous allez avoir des ennuis », lui dit-il, avant de lui faire promettre de prendre une photo du gâteau à l'arrivée.

*

* *

S'il est parfois difficile, pour certains enfants de président, de s'adapter à la vie à la Maison Blanche, le personnel est toujours ravi par leur présence. Ils apportent une légèreté et une joie qui, sans eux, manqueraient à ces pièces guindées et élégantes. Les deuxième et troisième étages sont plus chaleureux quand des enfants courent dans les couloirs.

« Il n'y avait que des adultes quand je suis arrivé », dit Bill Hamilton, embauché sous Eisenhower. Puis les Kennedy s'installèrent, et l'ambiance à la Maison Blanche changea du tout au tout. Il revoit encore Caroline et John-John jouant avec leurs animaux, toute une ménagerie, dont un poney nommé Macaroni, que la fillette montait sur la pelouse sud. « C'était merveilleux à voir. On n'aurait jamais imaginé assister à une telle scène à la Maison Blanche. »

CHAPITRE 10

DÉCHIREMENTS ET ESPOIRS

Je n'arrive toujours pas à en parler.

Wendy Elsasser, fleuriste de 1985 à 2007,
de service à la Maison Blanche
le 11 septembre 2001.

« Dépêche-toi, Pierce, et fonce au bureau, on a tiré sur le patron ! » aboya un agent du Secret Service, paniqué, à Nelson Pierce, tandis que ce dernier franchissait la grille de la Maison Blanche pour prendre son service, en cet après-midi du 22 novembre 1963.

Plus de cinq décennies plus tard, Pierce se rappelait chaque minute de cette journée de 1963. Il courut alors à toutes jambes vers la Résidence puis gagna le bureau des huissiers, où des employés horrifiés étaient massés devant un poste de télévision.

Contrairement au reste du pays, Pierce n'eut pas le temps de pleurer le Président. Il avait du travail. À l'instar de la plupart des membres du personnel de la Résidence, il n'afficha que très peu d'émotion ce jour-là. Ils étaient tous en « pilotage automatique », pour reprendre l'expression du conservateur Jim Ketchum : « Je crois que nous étions pour beaucoup déterminés à continuer. »

En tant qu'huissier de service en cette funeste journée,

Pierce répondit à l'appel téléphonique de l'agent du Secret Service qui, depuis l'hôpital Parkland de Dallas, confirma officiellement le décès du Président.

Pierce était à la barre d'un vaisseau projeté dans des eaux inconnues. Aucun président n'avait été assassiné durant l'ère moderne, et jamais on n'avait vu les images d'un tel drame passer en boucle à la télévision.

Ainsi débuta une semaine interminable et émotionnellement épuisante. Ayant franchi le portail de la Maison Blanche le vendredi, Pierce n'en ressortit que le mercredi soir suivant. Il y avait tant à faire. Son premier réflexe, alors qu'il était encore sous le choc, fut de demander à des techniciens de mettre en berne le drapeau national qui flottait sur le toit de la Maison Blanche. Il ne se laissa submerger par son chagrin qu'une fois, précisément lorsqu'il vit la bannière étoilée descendre le long de son mât. Après s'être repris, il contacta le centre de contrôle de l'Administration des services généraux, afin que celui-ci ordonne à l'ensemble des ambassades et bâtiments en mer américains d'en faire autant.

Dix minutes à peine après avoir décollé de Dallas, Mary Gallagher, la secrétaire personnelle de Mme Kennedy, appela Pierce depuis Air Force One et lui signifia que Jackie souhaitait que les obsèques de son époux ressemblent autant que possible à celles du président Lincoln. Sans vraiment savoir ce que cela impliquait, Pierce se mit immédiatement au travail. « Nous n'avions pas été formés pour gérer une telle situation. Nous avons réagi de façon automatique ; nous avons simplement obéi à la première dame. »

Il joignit rapidement le bureau du conservateur, qui se tourna vers la bibliothèque du Congrès, afin de déterminer comment reproduire le plus fidèlement possible l'exposition du corps de Lincoln ainsi que ses obsèques.

Le conservateur Jim Ketchum dénicha une gravure ancienne représentant le salon est couvert de tentures noires à l'occasion de l'enterrement de Lincoln. Pour recréer ce décor, West fit appel à Lawrence Arata, le tapissier de la Maison Blanche, qui proposa d'utiliser de la batiste noire, la toile très fine que l'on fixait sous les chaises pour en dissimuler les ressorts. En l'occurrence, Arata en avait commandé un rouleau de cent mètres quelques jours auparavant.

Arata et son épouse se mirent aussitôt au travail et suspendirent les pans de toile en suivant à la lettre les instructions de Sargent Shriver, le beau-frère du Président, qui, à la demande de Robert Kennedy, supervisait les préparatifs des obsèques. Les Arata disposèrent ainsi de la batiste sur les lustres et les encadrements des fenêtres et des portes. Ils s'activèrent avec l'aide de leurs collègues effondrés de chagrin, de la fin de la soirée jusqu'à l'arrivée du corps du Président, au petit matin.

« Beaucoup de gens pensaient que c'était de la soie, alors que c'était de la simple batiste noire, dit Arata. Madame Kennedy tenait à ce que tout reste très humble, comme cela avait été le cas lors des obsèques de Lincoln. Rien de sophistiqué. J'ai fixé la batiste sur les tentures et tenté de la lisser pour lui donner un aspect strict. »

Terrassé par le chagrin, Preston Bruce était chargé d'orienter les amis et membres de la famille qui se présentaient, tout aussi incrédules, pour participer aux préparatifs des obsèques du Président. Il aida à tendre la toile noire à l'étage principal de la Maison Blanche, conformément aux instructions de la première dame. Dans le salon est, Bruce et Charles Ficklin, le maître d'hôtel, disposèrent de longs cierges aux quatre coins de l'estrade sur laquelle serait installé le cercueil du Président. Entre le moment où il était arrivé à la Maison Blanche, le 22 novembre à 14 h 22, et celui où le corbillard s'était immobilisé sous le portique nord, vers 4 heures du matin, le lendemain, Bruce n'avait eu « qu'une idée en tête » : « Attendre Mme Kennedy. Je voulais être présent quand elle rentrerait à la Maison Blanche. »

J. B. West, l'huissier en chef, se trouvait chez lui lorsqu'il apprit la nouvelle à la radio ; il se précipita aussitôt à la Résidence. Il a depuis décrit dans ses mémoires les heures qui suivirent : il demanda aux majordomes de faire du café, et aux femmes de ménage de préparer toutes les chambres d'amis. « De petits gestes insignifiants mais qui disaient que notre mission ne s'arrêtait pas là. »

« On nous avait dans un premier temps signifié que le corps du Président arriverait à la Maison Blanche vers 22 heures, me raconta Pierce, le visage marqué par la tristesse. De fait, on nous a prévenus vers 22 heures, justement, que l'heure était finalement indéterminée. Il était 4 h 25 du matin lorsque le corps du Président est enfin parvenu à la Maison Blanche. Nous n'avons pas dormi de la nuit, ni la journée suivante. »

Pierce aida les majordomes à installer les membres de la famille Kennedy dans leurs chambres, à la Résidence. Durant les quatre nuits qui suivirent, les autres huissiers et lui dormirent sur des lits de camp au sous-sol. Le coin dans lequel ils revêtaient leur smoking pour les dîners officiels comprenait au moins des toilettes et une douche, qu'ils se partagèrent.

Lorsqu'il revit Jackie pour la première fois après la tragédie, aux premières heures du matin du 23 novembre, il en resta presque pétrifié : « Quand Mme Kennedy, Ted et Robert sont apparus à l'angle du couloir menant à l'ascenseur, je me suis demandé quoi dire à Mme Kennedy. Nos regards se sont croisés à cet instant et, là, j'ai eu avec elle une sorte d'échange muet, comme je n'en avais jamais eu avec quiconque – il était inutile que je dise quoi que ce soit. »

Pierce avait les larmes aux yeux en évoquant l'apparition de la première dame traumatisée, dont le tailleur était maculé du sang de son époux. Elle n'avait que trente-quatre ans. « Nous avions perdu un ami, un ami très proche », dit-il, songeant à l'ambiance plombée régnant parmi les employés, en ce jour noir.

Robert Kennedy lui ayant confié ce choix, Letitia Baldrige, la secrétaire sociale, se décida pour un cercueil relativement bon marché puisqu'il serait pour toujours recouvert du drapeau américain. « Des centaines de personnes arpentaient les couloirs en silence, hébétées, décrivit-elle. Alors que ces lieux avaient été si bruyants, remplis de joie et d'agitation. Mais là, les gens marchaient lentement, voûtés, et ne parlaient qu'en chuchotant, comme s'ils craignaient de laisser libre cours à leurs émotions. »

En quinze heures, soit le temps qu'il avait fallu pour que soit rapportée la dépouille du Président à la Maison Blanche, le personnel s'était arrangé pour que le cercueil soit disposé sur le catafalque sur lequel avait reposé Lincoln près d'un siècle auparavant. Le corps du président Kennedy arriva à la Maison Blanche après être resté quelques heures à l'hôpital naval de Bethesda, où l'on avait procédé à une autopsie, tandis que Jackie faisait les cent pas dans le couloir en fumant des cigarettes. Des représentants de chaque corps d'armée se saisirent du cercueil et gravirent les marches du portique nord, puis le père John Kuhn, de l'église Saint Matthew, prononça une courte prière. La première dame ne quitta son mari défunt que lorsque le cercueil couvert du drapeau national fut installé dans le salon est. Elle y déposa une lettre qu'elle avait écrite pour son époux, une paire de boutons de manchette en or qu'elle lui avait offerts, une dent de baleine sur laquelle était gravé le sceau présidentiel, ainsi qu'un mot de Caroline et de John-John adressé à leur père assassiné.

Pour Mme Kennedy, la perte de son époux fut d'autant plus douloureuse du fait du renouveau qu'avait connu son couple, après le décès dévastateur de leur dernier-né, Patrick Bouvier Kennedy, survenu le 9 août 1963, moins de quatre mois avant l'assassinat du Président. Environ dix jours avant la naissance prématurée de Patrick, Jackie avait demandé par écrit à Anne Lincoln, la gouvernante, qu'on lui achète des cintres pour vêtements de bébé. La naissance n'étant pas prévue avant plusieurs semaines, elle n'avait pas encore effectué cet achat. Le nourrisson mourut seulement deux jours après sa naissance, cinq semaines et demie avant la date prévue. « La chambre était prête, dit-elle. Dès que nous avons appris la mort de Patrick, nous nous y sommes précipités pour en retirer tout ce que nous y avions installé pour l'arrivée du bébé. »

Ce afin d'éviter que le Président et la première dame, à leur retour, souffrent davantage. Dès qu'il apprit la mort de Patrick, J. B. West ordonna aux menuisiers de retirer la moquette, le berceau et les rideaux de la pièce décorée de bleu et de blanc.

Et à présent, Jackie se voyait contrainte de subir un nouveau décès qui allait changer sa vie.

Bill Cliber venait alors d'être engagé en tant qu'électricien à la Maison Blanche. Il aida à disposer les voiles noirs sur les lustres. Lorsque Jackie Kennedy se présenta pour voir le corps de son mari, il alla discrètement de l'autre côté de la pièce, afin de lui laisser une relative intimité. « Nous savions comment disparaître », dit-il.

En ces instants, le personnel avait particulièrement conscience du besoin de tranquillité de la première dame.

Vingt-quatre heures durant, la famille et les amis du Président se recueillirent dans le salon est. Après une brève messe le samedi, Jackie s'approcha de J. B. West et le prit dans ses bras. « Pauvre monsieur West », murmura-t-elle.

West n'oublia jamais ce geste : « J'étais incapable de prononcer un mot, j'avais tout juste la force de me tenir debout. Je l'ai serrée contre moi un moment. »

Sachant que ses enfants et elle devraient quitter la Maison Blanche sous peu, Jackie lui demanda de l'accompagner une dernière fois au Bureau ovale. Très étonnamment, le déménagement y avait déjà commencé ; des employés de la Résidence étaient occupés à transporter ailleurs les maquettes de vaisseaux, les livres et même le rocking-chair du Président.

« Je crois que nous dérangeons », murmura Jackie, tout en embrassant la pièce du regard. Elle fit quelques pas et entra dans la salle du conseil, où elle s'assit à l'imposante table en acajou.

« Mes enfants ont été bien élevés, n'est-ce pas, monsieur West ? demanda-t-elle à l'huissier en chef, qui était devenu un ami.

– Certainement.

– Ils ne sont pas trop gâtés ?

– Non, assurément pas.

– Resterez-vous mon ami pour toute la vie, monsieur

West ? » le supplia la première dame, qui, la veille encore, semblait comblée sur tous les plans.

Trop bouleversé pour articuler un seul mot, West se contenta de hocher la tête. Le dimanche suivant l'assassinat, le cercueil couvert du drapeau américain fut transporté sur une charrette tirée par des chevaux, celle-là même qui avait porté les corps de Lincoln, de Franklin Roosevelt et du Soldat inconnu, jusqu'à la rotonde du Capitole, où il fut exposé durant vingt et une heures. La procession reproduisait fidèlement celle des obsèques de Lincoln, à tel point qu'on y avait placé un cheval noir sans cavalier, comme cela avait été le cas cent ans auparavant. Deux cent cinquante mille personnes se déplacèrent pour rendre hommage au Président. Les funérailles nationales se tinrent le lundi 25 novembre.

« Nous étions sous le portique nord, et c'était une journée calme, dit Wilson Jerman, employé de longue date à la Résidence, qui n'a rien oublié de la scène. On n'entendait rien d'autre que le claquement des sabots des chevaux – “clac, clac”. C'était une journée très triste. »

Peu avant les obsèques, l'huissier Rex Scouten fit venir Preston Bruce dans son bureau, où l'attendait Robert Kennedy. Celui-ci dit à Bruce que Jackie souhaitait qu'il participe à la procession funéraire qui devait mener le cercueil à la cathédrale Saint Matthew. Puis une voiture le conduirait au cimetière, pour l'enterrement.

La cérémonie se déroula « comme dans un rêve », raconta Bruce, qui se rappelait avoir vu John-John effectuer un salut militaire au passage du cercueil de son père. Ce soir-là, Jackie avait fait en sorte que l'on prépare un gâteau, de la glace et des bougies pour le dîner de son fils, qui fêtait son troisième anniversaire.

Arrière-petit-fils d'esclaves, Bruce n'avait jamais

fréquenté l'université ; c'est donc avec surprise qu'il se retrouva placé tout près du général de Gaulle et de Haïlé Sélassié, l'empereur d'Éthiopie, l'un et l'autre en grande tenue, lors de l'enterrement du Président, au cimetière national d'Arlington. Ne s'y trouvaient que peu de dignitaires venus de plus de cent pays partager la souffrance de la Nation. Aux yeux de Bruce, Jackie Kennedy lui avait offert l'honneur de sa vie en lui donnant une place aux côtés des chefs d'États, et parmi la famille et les amis proches du Président.

*

* *

Jim Ketchum venait tout juste de sortir du Bureau ovale, où il avait travaillé toute la matinée avec une équipe de la Smithsonian Institution. L'élection présidentielle de 1964 devait avoir lieu moins d'un an plus tard, Kennedy pensait déjà à sa bibliothèque présidentielle[1], en cas de défaite. Il avait insisté pour qu'elle comprenne une reproduction fidèle du Resolute Desk, bureau sculpté dans un madrier du HMS *Resolute*, un vaisseau d'exploration arctique britannique. Installé par Kennedy dans le Bureau ovale, ce meuble était devenu célèbre grâce à une photo amusante de John-John passant la tête par son panneau ouvrant, tandis que son père y travaillait. Ce matin-là, Ketchum et les membres de la Smithsonian Institution avaient examiné ce meuble emblématique dans ses moindres détails.

À l'instant où, de retour dans son bureau, il s'assit,

1. Regroupement de documents et objets historiques concernant chaque président des États-Unis. *(N.d.T.)*

il entendit un policier parler dans le couloir : « Nous venons d'apprendre que quelqu'un a tiré sur le cortège présidentiel, à Dallas. Apparemment, le Président serait touché. »

Ketchum et deux autres employés du bureau du conservateur prirent l'ascenseur jusqu'au troisième étage et se précipitèrent dans une chambre d'amis équipée d'un poste de télévision, afin d'y suivre les informations. Peu après, Mme Kennedy en personne l'appela depuis Air Force One. Elle lui répéta les instructions que sa secrétaire avait données aux huissiers : elle voulait qu'il retrouve tous les ouvrages décrivant la façon dont le salon est avait été décoré pour les obsèques de Lincoln.

Ce soir-là, vers le crépuscule, des hélicoptères atterrirent à tour de rôle sur la pelouse de la Maison Blanche. En repensant à cette terrible journée, Ketchum me confia qu'il ne pouvait que comparer ce spectacle à une scène d'*Apocalypse Now*, ce film épique sur la guerre du Vietnam, réalisé des années plus tard. Les hélicoptères venaient de la base aérienne d'Andrews, où ils avaient embarqué certains passagers du vol de retour parti de Dallas, ainsi que d'autres, à qui Johnson avait demandé de le rejoindre afin de discuter avec lui de la transition. Ketchum passa les heures suivantes à préparer le salon est. Il ne regagna son appartement, au nord de la Virginie, que le dimanche matin. Après quelques heures de repos chez lui, il reçut un appel téléphonique vers 6 h 30, le lundi matin, le jour des funérailles nationales. C'était Mme Kennedy. « Elle n'avait à l'évidence que très peu dormi », dit-il. Elle l'appelait à propos d'un détail, fidèle à son attachement presque obsessionnel aux apparences, malgré la souffrance provoquée par la perte de son époux.

« Elle comptait accueillir la plupart des dignitaires

étrangers dans le salon rouge mais souhaitait recevoir dans le salon ovale jaune, juste au-dessus du salon ovale bleu, le général de Gaulle et les quelques autres personnalités les plus importantes. »

Or Jackie ne souhaitait pas que celles-ci voient le tableau de Cézanne suspendu dans le salon ovale jaune : « J'aimerais vraiment leur montrer quelque chose de plus américain, dit-elle à Ketchum, déterminée. Pourriez-vous vous rendre à la Maison Blanche le plus rapidement possible et retirer ce Cézanne ? » Dès 8 h 15, ce matin-là, le Cézanne fut remplacé par de grandes photos de villes américaines récemment acquise. « C'était la solution idéale », dit fièrement Ketchum.

Ketchum fut surpris de voir J. B. West, l'huissier en chef si proche de Mme Kennedy, afficher si peu d'émotion après l'assassinat. Ce dernier s'expliqua au conservateur ravagé par le chagrin : « Je suis arrivé à la Maison Blanche en 1941. Mon président [Roosevelt] est mort en avril 1945. Le décès du premier président que vous avez servi ici est une expérience nettement plus éprouvante que celles qui suivent. »

Ketchum comprit ce que voulait dire West. On attendait toujours un certain calme de la part du personnel. La première dame en deuil se comportant de façon plutôt stoïque, tout le monde suivait son exemple. Si la veuve du Président avait la force de se contenir, alors un conservateur de la Maison Blanche, qui connaissait à peine le Président, en était certainement lui aussi capable.

Après avoir été étonné de voir Mme Kennedy, qui avait en horreur les déplacements liés à la fonction, accompagner son mari à Dallas, West s'était rappelé combien le couple s'était rapproché après la mort de Patrick, au mois d'août précédent. Plus tard, Jackie lui confia être heureuse d'avoir été présente auprès de son époux pour ses derniers instants : « Dire que j'ai failli ne pas le suivre ! Oh, monsieur West, imaginez un peu si j'étais restée ici… à faire du cheval à Wexford ou ailleurs. […] Dieu merci, je l'ai accompagné ! »

Madame Kennedy aimait tant West et lui était si reconnaissante pour sa gentillesse en cette sombre période que, quand il mourut, en 1983, elle demanda à Nancy Reagan s'il était possible qu'il soit enterré au cimetière national d'Arlington, en principe réservé aux militaires et à leur famille. Les Reagan acceptèrent.

*
* *

Maud Shaw, la nourrice, annonça la nouvelle aux enfants du Président. Caroline devait fêter son sixième anniversaire cinq jours plus tard, et John-John son troisième trois jours plus tard. Tandis que les hélicoptères se posaient bruyamment sur la pelouse sud, Caroline demandait chaque fois si l'appareil qui approchait était celui dans lequel son père se trouvait. Maud Shaw choisit ses mots avec soin : « Il y a eu un accident, et ton papa a été touché, dit-elle, quelque peu hésitante, presque incapable de maîtriser sa peine. Dieu l'a accueilli au paradis parce que les docteurs n'ont pas pu le soigner, à l'hôpital. »

La nourrice expliqua ensuite à Caroline qu'elle retrouverait un jour son père au paradis, ainsi que son petit frère Patrick. De là-haut il veillerait sur elle, sur sa mère et sur John-John. Caroline était tout juste assez âgée pour pleurer.

John-John était quant à lui trop jeune pour

comprendre ; Maud Shaw le mit au lit sans rien lui dire. Il prit toutefois rapidement conscience de la situation : « Ma pauvre maman pleure. Elle pleure parce que mon papa est parti. »

*
* *

Lady Bird Johnson crut d'abord que quelqu'un faisait éclater des pétards. Cela n'aurait pas déparé, en cette journée festive : les enfants agitaient les mains, les adultes lançaient des confettis ou se penchaient aux fenêtres des immeubles de bureaux, afin de saluer le couple présidentiel rayonnant.

Les Johnson se trouvaient deux voitures derrière celle des Kennedy, en ce 22 novembre 1963. Ce jour-là, leur vie, comme celle de la famille Kennedy, changea pour toujours.

Madame Johnson se rendit vraiment compte que le Président avait été touché seulement lorsque les véhicules s'immobilisèrent devant l'hôpital. En regardant en direction de la voiture des Kennedy, elle aperçut « une tache rose, comme un bouquet de fleurs, sur la banquette arrière. C'était Mme Kennedy, allongée sur le corps du Président ».

Quand elle la rejoignit, à l'extérieur du bloc opératoire, elle fut stupéfaite de la trouver seule. « On pense toujours que quelqu'un comme elle est en permanence isolé, protégé », écrivit-elle dans son journal.

Elle étreignit Jackie et lui chuchota : « Que Dieu nous aide tous… »

Pendant le vol de retour, alors que le cercueil du Président occupait l'allée centrale de l'avion, lady Bird alla de nouveau trouver Jackie, qui lui dit ce qu'elle répéterait plus tard à West, à savoir qu'elle était heureuse de s'être trouvée auprès de son époux pour ses derniers instants. « Dire que j'aurais pu ne pas être là... » laissa-t-elle échapper à voix haute.

Lorsque lady Bird lui demanda si elle souhaitait qu'elle trouve quelqu'un pour l'aider à retirer son tailleur maculé de sang, Jackie refusa « presque avec violence – si l'on peut associer ce mot à une personne si gentille, si digne ».

Elle offrait un spectacle profondément émouvant. On ne pouvait qu'être choqué à la vue de « cette femme pure vêtue de façon si charmante... et couverte de sang ».

« Je veux que tout le monde voie ce qu'ils ont fait à Jack », lui expliqua-t-elle, sur un ton plein de défi. Ce tailleur rose était une copie conforme d'une création de Chanel, confectionnée par un modeste couturier américain ; la première dame en avait décidé, ainsi afin d'éviter toute critique lui reprochant de porter des vêtements de marque étrangère.

Le pays tout entier était ravagé par le chagrin et la panique.

Alors âgée de seize ans, Luci Baines Johnson était de plus en proie à la crainte d'entendre des bulletins d'information incomplets occultant le fait que ses parents aient eux aussi été blessés. Elle assistait à un cours d'espagnol, à la National Cathedral School de Washington, lorsque son professeur annonça la nouvelle.

« Personne n'a dit un mot à propos de mes parents », raconte-t-elle. Le cours fut aussitôt interrompu, et elle erra dans la cour, seule et hébétée. « Puis j'ai vu que le Secret Service avait eu la bonté d'envoyer un agent que je connaissais bien – un garde du corps de mon père – à ma rencontre. Dès que je l'ai aperçu, j'ai pris la fuite dans la direction opposée, comme si je pouvais échapper à l'inévitable. Bien évidemment, j'ai été incapable de semer quelqu'un comme lui. Il m'a finalement rattrapée : "Je suis désolé, Luci. Vraiment navré." J'ai hurlé "Non !" en le bombardant de coups de poing sur le torse. Il ne m'a pas dit que le Président était mort, car c'était une phrase impossible à prononcer. C'est seulement quand je lui ai demandé comment allaient mes parents que j'ai su qu'ils n'avaient pas été blessés. »

Quatre-vingt-dix-neuf minutes après que le président Kennedy eut été déclaré mort, le vice-président Lyndon Baines Johnson prêta serment à bord d'Air Force One. Lorsqu'il débarqua de l'avion, sur la base aérienne d'Andrews, Johnson, devenu président, déclara aux journalistes qui l'attendaient : « Nous avons subi une perte inimaginable. C'est à titre personnel une immense tragédie. Je sais que le monde partage la tristesse qu'éprouvent Mme Kennedy et sa famille. Je ferai de mon mieux. C'est tout ce que je peux faire. Je vous demande votre aide… et celle de Dieu. »

Le spectre de cette tragédie hanta les premiers mois des Johnson à la Maison Blanche. La transition fut d'autant plus ardue que certains membres de l'équipe de Kennedy, qui lui étaient particulièrement fidèles, ne firent jamais confiance au nouveau Président, en qui ils ne voyaient qu'une brute rustre et bruyante – Jackie Kennedy elle-même l'avait surnommé le « sénateur Rustique », durant la campagne électorale.

Si la vie de Caroline Kennedy était changée à jamais, sa mère tenait à ce que ses habitudes soient maintenues le plus longtemps possible. À la demande de l'ancienne première dame, lady Bird Johnson autorisa la fillette à fréquenter la classe d'école maternelle avec ses quelques camarades, au troisième étage, dans le solarium, jusqu'à la fin du premier semestre, à la mi-janvier. La petite Caroline fut donc déposée tous les matins au portique sud, et récupérée tous les après-midi. L'ascenseur les menaient, ses camarades et elles, à la salle de classe tapissée de linoléum et équipée de tableaux noirs et de petits meubles de rangement. Les autres élèves étaient les enfants d'amis de longue date du couple présidentiel. Caroline et ses amies du cours de danse s'entraînaient parfois encore sur la pelouse sud, « s'agitant comme de petits oiseaux roses en justaucorps, tutu de tulle et chaussons de danse », pour reprendre les mots de Letitia Baldrige, la secrétaire sociale.

Après la mort de son père, Caroline ne cessa pas de se rendre dans son ancienne chambre du deuxième étage, ni de sauter sur le trampoline, dit J. B. West. « À l'exception de quelques domestiques sentimentaux, personne ne faisait plus attention à elle. Lynda et Luci [les filles adolescentes des Johnson] étaient les nouvelles princesses des lieux. »

Pour Nelson Pierce, voir Caroline chaque jour apportait un certain réconfort, et non de la tristesse. « Nous étions si heureux de la voir poursuivre sa vie à l'école et avec ses amis, me confia-t-il. Bien sûr, elle était assez jeune pour oublier la mort de son père, quand venait le moment de se rendre en classe. Elle se mêlait alors à ses camarades et s'amusait avec eux. »

Quand Caroline eut achevé le premier semestre, Luci et Lynda transformèrent le solarium en un antre pour adolescents, pourvu d'un bar à sodas, d'un énorme poste de télévision et de deux platines à disques.

Suite à l'assassinat, la sécurité fut renforcée à la Maison Blanche. Le majordome Lynwood Westray se rappelle que tous les employés de la Résidence furent soumis à de nouveaux contrôles, afin de confirmer leur habilitation. Leur passé fut épluché, et leurs amis et famille interrogés. « Un ou deux ne passèrent pas l'épreuve, alors qu'ils avaient été acceptés au moment de l'embauche, dit-il. Ils se retrouvèrent sans travail du jour au lendemain. Après l'assassinat, mon téléphone fut mis sur écoute. Les responsables de la sécurité voulaient s'assurer que les employés faisaient bien ce qu'ils étaient censés faire. »

La mort de Kennedy modifia le cours de l'Histoire et eut un impact profond, personnel, sur tous ceux qui travaillaient à la Résidence et qui l'avaient tant aimé. Avec lui, c'est une certaine innocence qui disparut pour toujours de la résidence exécutive.

*
* *

Près de quarante ans plus tard, la Maison Blanche fut ébranlée par un traumatisme d'un genre très différent. En ce matin de la fin de l'été, et sous un ciel bleu azur, la Résidence bourdonnait d'activité. Les Bush se préparaient à être les hôtes du pique-nique annuel offert aux membres du Congrès et leurs familles. Cent quatre-vingt-dix tables avaient été dressées sur la pelouse sud. Walter Scheib, le cuisinier en chef, s'était associé pour l'occasion à Tom Perini, le traiteur préféré de la famille présidentielle, venu de Buffalo Gap, au Texas, afin d'organiser un barbecue festif dans le plus pur style texan pour les mille cinq cents invités attendus, avec des chariots bâchés façon Far West et une marmite de bouillie de semoule de maïs au piment vert.

Les prévisions météo annonçaient de la chaleur et un

ciel sans nuage pour le barbecue, prévu dans l'après-midi. Les femmes de ménage s'activaient dans la chambre de la Reine, au deuxième étage, où George Bush père et Barbara avaient dormi cette nuit-là. L'ancien président et son épouse avaient quitté la Maison Blanche à 7 heures du matin et pris l'avion en début de matinée. Quant à George Bush fils, il se trouvait en Floride où il visitait une école primaire de Saratosa.

Malgré l'intense activité autour d'elle, Laura Bush semblait seule à la Maison Blanche, en ce 11 septembre 2001. Elle s'habillait en silence dans la chambre des Bush, au deuxième étage, répétant en pensée le discours qu'elle devait prononcer ce matin-là devant la commission sénatoriale sur l'éducation. Ce déplacement à Capitol Hill, où elle présenterait à la commission une conférence sur le développement au cours de la petite enfance, qu'elle avait organisée un peu plus tôt cet été-là la rendait quelque peu nerveuse.

La première dame et les employés de la Résidence – des femmes de ménage, majordomes et fleuristes aux cuisiniers occupés à préparer le pique-nique annuel – étaient tous plongés dans les mille choses à faire d'une journée chargée ordinaire. Mais cette journée n'aurait rien d'ordinaire.

« Si la télévision avait été allumée, j'aurais peut-être entendu le premier flash annonçant qu'un avion avait percuté la tour nord », dit Laura Bush.

Neuf heures étaient passées depuis quelques minutes lorsque Laura s'installa dans la voiture qui l'attendait sous le portique sud pour la conduire au Russell Senate Office Building, à moins de trois kilomètres de là. Le responsable de ses gardes du corps lui apprit alors qu'un avion s'était écrasé sur l'une des tours du World Trade

Center. Gary Walters, l'huissier en chef, qui se trouvait à côté de lui, ignorait alors tout du drame.

« Comment un avion peut-il s'écraser sur le World Trade Center par une journée aussi ensoleillée ? s'étonna-t-il à voix haute.

– Va voir les informations à la télévision, Gary », lui dit l'agent.

Le cortège de la première dame se mit en route sur Pennsylvania Avenue, à destination du Capitole, où devait se tenir l'audition. Walters se rendit dans le bureau réservé au Secret Service, situé au rez-de-chaussée, derrière l'ascenseur présidentiel, où il savait qu'il trouverait une télévision. La pièce étant bondée de personnes agglutinées devant le poste, il se rabattit sur le bureau des huissiers où il trouva plusieurs employés. Encore inconscient de l'ampleur du drame, il leur donna des instructions rapides concernant l'organisation du pique-nique.

Il trouva son bureau – séparé de celui des huissiers – rempli de personnes massées devant la télévision. Il y entra à l'instant précis où le second avion percutait la tour sud.

« Comment ont-ils réussi à filmer ça ? dit-il stupéfait.

– C'est le deuxième avion », lui expliqua quelqu'un.

Ayant compris que cette catastrophe n'était pas un accident, Walters contacta Catherine Fenton, la secrétaire sociale des Bush ; ils prirent alors la décision d'annuler le barbecue. Puis il regagna le portique sud, d'où il venait de voir Laura Bush partir. La confusion et l'incertitude étaient à leur comble mais il ne pouvait se permettre de perdre un instant.

Comme cela avait été le cas après l'assassinat du président Kennedy, le personnel se replongea dans son travail avec détermination. Walters se mit d'accord avec le National Park Service, en charge du domaine de la Maison Blanche, pour établir qui retirerait les tables de pique-nique et les chariots bâchés.

« En sortant par le portique sud, j'ai vu de la fumée et des flammes dans la direction du Pentagone », se souvient Walters. Et soudain, il eut cette pensée : la Maison Blanche serait peut-être la prochaine cible. Tandis que l'on commençait à évacuer les lieux, Walters savait qu'il resterait sur place : « Mes responsabilités m'imposaient de rester ici, à la Maison Blanche. »

Sa mission consistait à faire tourner la « Maison » à tout prix, même s'il avait en ces instants la sensation de travailler au centre d'une cible géante. Mais il ne pouvait pas se charger de tout lui-même. Il demanda donc aux agents du Secret Service d'autoriser Walter Scheib, qui avait déjà été évacué, à revenir à la Résidence. Il réquisitionna quelques autres employés, dont Bill Cliber, l'électricien en chef, et leur annonça qu'ils devaient rester pour aider à retirer les tables de pique-nique, sans tenir compte des agents du Secret Service qui criaient à tout le monde de tout abandonner et de s'enfuir à toutes jambes. « J'ai bien entendu que tout le monde partait, mais nous avions une tâche à accomplir », dit Walters.

Pendant ce temps, la fille de Walters, alors étudiante à l'université de Boston, suivait les informations avec angoisse, morte d'inquiétude pour son père après que quelqu'un lui eut annoncé par erreur qu'un avion s'était écrasé sur la Maison Blanche, et non sur le Pentagone. Walters et son équipe réduite étaient trop occupés à faire de la place pour l'hélicoptère du Président pour prévenir leurs familles.

Bea, l'épouse de Cliber, suivait le drame à la télévision, chez elle, avec des parents, ignorant si son mari allait bien : « C'était la panique totale. Nous ne pouvions qu'attendre. » Elle ne reçut des nouvelles de Bill qu'à 20 heures.

En remontant l'allée – et en retournant potentiellement vers le danger –, Scheib hurla à ses collègues qui sortaient de la Résidence de s'éloigner le plus rapidement possible de l'enceinte ; puis il se tourna vers les conseillers du Président et de la première dame, qui sortaient déjà en courant des ailes ouest et est, et les avertit que la police disait qu'un autre avion se dirigeait vers la Maison Blanche.

« Toutes celles qui travaillaient avec moi dans l'aile est – en majorité des jeunes femmes qui s'étaient attendues à un emploi très chic à la Maison Blanche – reçurent pour instruction de se débarrasser de leurs hauts talons et de s'enfuir en courant, raconte Laura Bush. Imaginez donc l'effet que cela doit faire, quand on vous ordonne de prendre vos jambes à votre cou sur votre lieu de travail. »

Walters et ses aides retirèrent les cent quatre-vingt-dix tables de pique-nique – qui pesaient chacune près de cent kilos – de la pelouse sud. « Mes genoux s'entrechoquaient, dit Walters. On aurait dit une grosse caisse. »

Des rumeurs évoquaient d'autres attaques aériennes imminentes, mais ils n'en tenaient pas compte. « Nous devions faire notre boulot », dit Cliber.

Même en ayant le sentiment que le monde venait d'être bouleversé, le personnel de la Résidence restait concentré sur sa mission, à savoir le fonctionnement de sa chère bâtisse, sans trahir le moindre secret. Ayant remarqué que l'on se hâtait de libérer la pelouse sud, certains journalistes demandèrent si le Président allait rentrer immédiatement à Washington. « Aucune idée », répondit Cliber, bien que parfaitement conscient que ses collègues et lui s'activaient pour faire en sorte que le Président soit de retour au plus vite.

La voiture de la première dame remontait Pennsylvania Avenue, en direction de Capitol Hill, lorsqu'elle apprit qu'un second avion avait percuté l'autre tour du World Trade Center. « Un silence de plomb s'est abattu dans la voiture, écrivit-elle dans ses mémoires. Nous sommes restés muets d'incrédulité. Un avion, cela pouvait être un étrange accident, mais deux avions, c'était à l'évidence un attentat. »

*
* *

Lorsqu'elle commença à travailler à la Maison Blanche, en 1993, Betty Finney, femme de ménage, n'avait aucune expérience dans ce domaine, en dehors de l'entretien de la maison dans laquelle elle vivait avec son époux et leurs deux filles. Elle travaillait dans un grill de Myrtle Beach, en Caroline du Sud, quand son mari mourut subitement. Il lui fallait trouver un autre emploi, et vite. Comme souvent à la Maison Blanche, elle obtint son poste grâce à une relation : sa fille connaissait Christine Limerick, la gouvernante, qui l'accepta à bord.

Huit ans après son embauche, Betty Finney crut sa dernière heure arrivée.

Elle faisait le ménage dans la chambre de la Reine, au deuxième étage, où les parents du Président avaient passé la nuit du 10 au 11 septembre. En partant pour l'aéroport, ces derniers avaient oublié d'éteindre la télévision. Betty Finney et deux autres femmes de ménage terrifiées y virent la seconde tour être touchée. Comme lors de tant d'autres tragédies qui affectèrent la présidence, les employés de la Résidence, bien que présents au cœur de l'affaire, apprirent la nouvelle à la télévision.

« J'ai traversé le couloir en courant, jusqu'au salon ovale jaune, et j'ai regardé par la fenêtre. De là, on n'aperçoit pas le Pentagone, mais j'ai vu de la fumée. Je suis retournée dans la chambre de la Reine, puis j'ai dû monter à l'étage du dessus pour prendre quelque chose. »

Elle n'avait pas encore atteint le troisième étage quand elle entendit les agents du Secret Service crier : « Sortez ! Sortez ! » Elle fit demi-tour et dévala les marches. « J'ignorais ce qui se passait. Je ne savais pas qu'ils avaient commencé à évacuer. Nous sommes sortis, tout le monde était dans la rue, c'était vraiment effrayant. Les gens couraient dans tous les sens, chacun essayant de sortir par où il le pouvait. »

Sur Capitol Hill, Laura Bush sortit de sa voiture et retrouva le sénateur Edward Kennedy, président de la commission sur l'éducation. Tous deux avaient compris qu'il n'y aurait pas d'audition ce jour-là. Il l'accompagna jusqu'à son bureau.

Curieusement, alors qu'un antique poste de télévision disposé dans un coin de la pièce braillait d'épouvantables informations en provenance de New York, Kennedy dédaigna l'écran. Il préféra montrer à la première dame les souvenirs de famille accumulés dans son bureau, parmi lesquels un message encadré de son frère Jack, envoyé par celui-ci à leur mère quand il était enfant : « Teddy grossit. »

« Mais moi, je ne cessais de jeter des coups d'œil vers l'écran, raconte la première dame. Je commençais à avoir la chair de poule. Je voulais m'en aller et comprendre ce qui se passait, assimiler ce que je voyais, mais j'étais piégée dans un interminable cycle de civilités. »

Plus tard, elle songea que Kennedy avait peut-être trop côtoyé la mort au cours de sa vie pour pouvoir affronter une nouvelle tragédie, en particulier à aussi grande échelle.

Après avoir prononcé une allocution devant les journalistes pour leur annoncer qu'il n'y aurait pas d'audition et pour exprimer son inquiétude à propos des attentats, Laura Bush se dirigea vers l'escalier, afin de remonter dans sa voiture et regagner la Maison Blanche. Mais son garde du corps principal les arrêta, son équipe et elle, et leur demanda de courir se réfugier au sous-sol. Très inquiète à propos de son mari, elle patienta ainsi avec son ami le sénateur Judd Gregg, éminent républicain membre de la commission sur l'éducation, dans son bureau privé, au niveau le plus bas du Capitole. Ils s'y blottirent et, de là, joignirent leurs enfants afin de s'assurer qu'ils étaient en sécurité. Des informations leur parvenaient de partout, certaines moins fiables que d'autres – comme celles selon lesquelles Camp David avait été pris pour cible et un autre avion s'était écrasé sur le ranch des Bush à Crawford, au Texas.

Quelques instants après que le second avion se fut écrasé sur la tour sud, Christine Limerick se précipita à la lingerie du troisième étage et ordonna à son équipe de tout arrêter et de sortir de la Résidence. Immédiatement.

C'est là qu'elle entendit le vol 77 d'American Airlines s'écraser sur le Pentagone. « On aurait dit une explosion. »

De retour dans son bureau, elle se rendit compte qu'elle n'avait pas vu Mary Arnold, une femme de ménage. Elle tenta de remonter dans les étages pour se lancer à sa recherche, mais le Secret Service l'en empêcha. On lui fit savoir qu'elle disposait de deux minutes pour s'en aller, car un avion approchait de la Maison Blanche. « En situation d'urgence, personne ne conteste les ordres du Secret Service », dit-elle.

Mary Arnold trouva le moyen de sortir de la Résidence et, grâce à l'argent qu'elle avait sur elle, put rentrer chez elle.

Christine Limerick se rappelle avoir été choquée en comprenant que tout le monde ne serait pas autorisé à évacuer la cible potentielle : « Je n'oublierai jamais les expressions sur les visages des agents du Secret Service qui avaient reçu l'ordre de rester sur place. »

Les employés reçurent pour instruction de fuir vers le nord, car l'on pensait que l'avion surgirait par le sud, le côté le plus accessible pour un engin volant visant la Maison Blanche. Cuisiniers, majordomes, menuisiers et femmes de ménage s'éparpillèrent, courant pour sauver leur peau. Quelques employés de l'atelier pâtisserie traversèrent ensemble à pied l'Arlington Memorial Bridge, pont qui enjambe le Potomac, et se réfugièrent chez celui d'entre eux dont le domicile était le plus proche.

Betty Finney et une demi-douzaine de collègues s'abritèrent dans la maison d'une fleuriste, sur Capitol Hill, où elles restèrent massées devant la télévision, incrédules. Tous avaient pris la fuite dans une précipitation telle, sans prendre le temps de récupérer leur sac, qu'ils étaient pour la plupart sans argent. Le soir venu, ils marchèrent des kilomètres pour retrouver leur voiture, à la Maison Blanche, et rentrer chez eux. Et pour la plupart encore sous le choc.

Certains employés n'évacuèrent pas les lieux à temps. Aux deuxième et troisième étages, des majordomes, qui préparaient les bars du pique-nique – ils épluchaient des citrons et les coupaient en quartiers –, ne furent prévenus des événements que près d'une heure après l'évacuation de la Résidence. Quelques techniciens restèrent coincés des heures durant au sous-sol, ignorant tout de la panique qui régnait aux niveaux supérieurs et du danger qu'ils couraient.

Dans ce chaos, un majordome se précipita à son vestiaire, au sous-sol, pour se changer avant d'enfourcher sa moto pour rentrer chez lui. La porte claqua dans son dos. Piégé, il ne put sortir avant qu'un agent du Secret Service eut ouvert la porte et l'eut reconnu.

*

* *

Peu après 10 heures, ce matin-là, quelques minutes après l'effondrement de la tour sud du World Trade Center, et une vingtaine de minutes avant que la tour nord ne cède, des agents du Secret Service et une équipe de l'Emergency Response Team, le groupe d'intervention d'urgence, des hommes armés et vêtus de noir, allèrent chercher la première dame au bureau du sénateur Gregg. « Écartez-vous ! » crièrent-ils aux employés du Capitole, tout en menant au pas de course la première dame stupéfaite vers une voiture qui l'attendait.

Environ au même moment, le vol 93 d'United Airlines s'écrasa dans un champ, non loin de Shanksville, en Pennsylvanie, suite à l'intervention d'un groupe de courageux passagers qui s'en prirent aux terroristes afin de reprendre le contrôle de l'appareil. Sans l'initiative de ces héros, l'avion aurait probablement filé droit sur le Capitole ou la Maison Blanche. Quantité d'employés de la Maison Blanche estiment que ces passagers leur ont sauvé la vie.

On discuta beaucoup, au cours des heures confuses qui suivirent, afin de déterminer où abriter la première dame. Le Secret Service décida finalement de la conduire à son quartier général, situé à quelques rues de la Maison Blanche. Elle y resta des heures, dans une salle de conférence sans fenêtre, au sous-sol, à regarder en boucle la vidéo des tours jumelles qui s'effondraient.

Ce jour-là, le réseau téléphonique fut saturé par tous ceux qui, paralysés par l'angoisse, cherchaient à s'assurer que leurs proches étaient sains et saufs. Le Président lui-même eut du mal à joindre son épouse, depuis Air Force One, après avoir décollé de Floride. Peu avant midi, après trois tentatives infructueuses, les Bush se parlèrent enfin. Laura rassura son mari en lui disant qu'elle avait contacté leurs filles et qu'elles se trouvaient en sécurité.

Pendant ce temps, des dizaines d'employés de la Résidence en tenue de travail s'étaient rassemblés sur Lafayette Square, de l'autre côté de Pennsylvania Avenue.

Le cuisinier John Moeller décrivit les instants qui suivirent l'attentat sur le Pentagone : « Je voyais d'immenses panaches de fumée s'élever dans le ciel – il faisait très beau, ce jour-là –, aussi noirs qu'on peut l'imaginer, s'élevant en tourbillonnant. C'est la plus grosse explosion à laquelle j'aie jamais assisté. »

Finalement, quelques employés décidèrent de se rendre au Capital Hilton, un hôtel tout proche, pour y trouver des toilettes, des téléphones et un poste de télévision.

Non loin de là, le quartier commercial de Connecticut Avenue était plongé dans le chaos. De nombreux véhicules étaient abandonnés, leur conducteur s'étant enfui dans les rues, de peur d'être surpris par une attaque aérienne.

« C'était l'hystérie totale, raconta Walter Scheib. Je me rappelle être passé à côté d'une BMW série 7 abandonnée au beau milieu de Connecticut Avenue, portières ouvertes et moteur en marche, sans personne à l'intérieur. »

Laura Bush ne vit rien de tout cela. Après avoir passé des heures dans la salle de conférence, elle fut conduite au Centre opérationnel d'urgence présidentiel, situé sous la Maison Blanche. Le vice-président Dick Cheney et d'autres hauts fonctionnaires y étaient réunis depuis le matin. Construit pour le président Franklin Roosevelt durant la Seconde Guerre mondiale, ce centre de commandement n'est accessible que par une série de couloirs dépourvus de finitions, avec des canalisations suspendues au plafond. C'est en ce lieu qu'elle attendit de retrouver son mari.

Dans le minuscule atelier floral, sous le portique nord, Bob Scanlan apportait les touches finales aux bouquets qui seraient disposés sur les tables de pique-nique quand un ami l'appela pour lui annoncer la nouvelle. Abasourdi, il se retrouva sur Freedom Plaza, une place située à quelques rues de la Maison Blanche.

Alors qu'il marchait dans la rue en compagnie de plusieurs collègues, il entendit un bruit strident : le vol 77 d'American Airlines s'écrasait sur le Pentagone. « Nous avons décidé de ne pas rester dans les parages, raconte-t-il. Nous étions comme des âmes en peine. »

Avec un collègue, ils marchèrent plus de trois kilomètres pour rentrer chez eux, sur Capitol Hill.

*

* *

Après avoir aidé à retirer les tables de pique-nique de la pelouse, Scheib et quelques autres s'activèrent en cuisine de 14 heures à 21 heures, servant de la nourriture – dont une bonne partie déjà préparée pour le barbecue – aux agents du Secret Service, de la Garde nationale et de la police de Washington, ainsi qu'au personnel de la Maison Blanche contraint de rester sur place. Les restes furent envoyés aux secours intervenant au Pentagone. « Quatre employés de la Résidence servirent plus de cinq cents repas aux hommes postés à l'intérieur et autour de la Maison Blanche », dit Walters.

Quand les agents l'en remerciaient, Scheib répondait en leur demandant de « surtout s'occuper de maintenir la menace éloignée, quelle qu'elle soit ».

Une fois la pelouse dégagée, Cliber et quelques autres tentèrent enfin de quitter les lieux… mais en furent empêchés par des portes fermées. Un avion ayant été aperçu dans le ciel, le Secret Service leur ordonna de descendre dans l'abri antiaérien, en fait un long couloir orienté est-ouest sous la Maison Blanche. Ils demeurèrent dans cet ancien refuge jusqu'à 20 heures – l'avion aperçu se révéla n'être qu'un appareil militaire américain.

Quand ils eurent vent du bilan des attentats – au total, près de trois mille personnes perdirent la vie, ce jour-là –, tous ceux qui travaillaient dans la plus célèbre demeure du pays pensèrent forcément qu'ils auraient pu en faire partie.

Ce soir-là, la première dame retrouva enfin son époux lorsqu'ils furent réunis dans le Centre opérationnel d'urgence présidentiel.

Le Secret Service recommanda aux Bush de dormir sur un lit installé au sous-sol, ce qu'ils refusèrent. « Il faut que je dorme dans notre lit », dit le Président.

Pour les Bush, la Maison Blanche était leur foyer. Ils y étaient d'autant plus attachés maintenant qu'elle avait frôlé la destruction.

*

* *

Après les attentats, le Secret Service voulut mettre un terme aux visites guidées à la Maison Blanche.

En tout début de matinée, le 12 septembre, Gary Walters, l'huissier en chef, rejoignit le Président alors que ce dernier se rendait au Bureau ovale, et lui demanda d'autoriser la poursuite des visites :

« Monsieur le Président, hier soir vous avez dit que chacun devait reprendre ses activités habituelles. S'il y a une chose que le public va suivre de près, c'est le maintien des visites de la Maison Blanche.

– Vous avez raison », répondit le Président, après quelques secondes de réflexion.

Cela étant, il fut finalement décidé de les interrompre, et pas uniquement du fait des attentats du 11-Septembre. En effet, une semaine seulement après le 11-Septembre, des enveloppes contaminées par de l'anthrax furent envoyées aux bureaux de plusieurs personnalités éminentes des médias et de deux sénateurs démocrates. D'après Walters, certains membres du personnel de la Résidence furent soumis à un traitement préventif, au cas où ils auraient été exposés à ce risque.

Bill Cliber ne fut plus le même homme après le 11-Septembre. Il savait pourtant ce que c'était que d'avoir peur en se rendant au travail tous les matins – sa carrière à la Maison Blanche avait, il est vrai, débuté peu avant l'assassinat de Kennedy – mais là, c'était différent. « J'ai été très choqué, et j'avais fait mon temps. »

Il faisait référence au nombre d'années de service que tout fonctionnaire gouvernemental doit effectuer, afin de percevoir une portion non négligeable de son salaire après son départ en retraite. Malgré cela, il ne partit pas immédiatement, car il s'était promis de travailler quarante ans à la Maison Blanche.

Pour tout le monde, l'ambiance changea nettement à la Maison Blanche après le 11-Septembre. Les membres du personnel devaient désormais déclarer au bureau du conservateur les événements notables de la journée. La peur avait occulté le côté glamour d'un emploi à la Maison Blanche. Roland Mesnier, le pâtissier en chef, raconta que son équipe et lui n'avaient pas su pourquoi on les avait évacués en urgence, car il n'y avait pas de télévision dans leur cuisine. Après cette journée, il en fit installer une. Suite à ces événements, la plupart des employés décidèrent de garder un peu d'argent et leur badge de la Maison Blanche sur eux en permanence, au cas où ils devraient s'enfuir sans délai.

Chargée de préserver et de cataloguer l'ensemble des œuvres d'art et des meubles de la Maison Blanche, Betty Monkman devait non seulement penser à sa vie, mais aussi déterminer quelles pièces historiques sauver en cas d'urgence. Le portrait dit « de Lansdowne » de George Washington, exposé dans le salon est, et le discours de Gettysburg, dans la chambre de Lincoln, figuraient parmi les priorités.

En repensant à cette épouvantable journée, Betty Monkman est aujourd'hui furieuse qu'il n'y ait eu aucun plan d'évacuation du bâtiment. « Une jeune femme, qui travaillait au bureau des huissiers, est entrée en trombe dans notre bureau et nous a crié : “Sortez ! Sortez ! Sortez !”, puis la police de la Maison Blanche nous a dit de fuir vers le sud, tandis que d'autres nous criaient de courir vers le nord. C'était le chaos. »

Alors qu'elle avait décidé de se réfugier dans l'abri antiaérien, ce matin-là, Betty Monkman, après avoir descendu la moitié des marches, se dit soudain qu'elle risquait d'être ensevelie sous des gravats si la Maison Blanche était bombardée. Elle fit donc demi-tour et se réfugia sur Lafayette Square, où elle vit des ambulances et des camions de pompiers filer à toute allure en direction du Pentagone.

Pour Scheib, les employés de la Résidence ne sont pas une priorité, en cas de crise, et ne doivent pas s'attendre à être pris en charge par le Secret Service : « Nous sommes des domestiques, nous ne sommes au centre de rien du tout. Quand on y travaille, il faut comprendre qu'il y a une cible dans le dos de tous les employés de la Maison Blanche. »

Scheib constata avec tristesse que l'ampleur des attentats était un véritable fardeau pour le Président. Bush semblait « porter le poids du monde sur les épaules ». Toujours conscient de la façon dont la nourriture affecte le moral, Scheib délaissa la cuisine contemporaine pour se rabattre sur des plats plus goûteux pour le Président et les innombrables chefs d'États étrangers venus apporter leur compassion et mettre au point des stratégies, au cours des semaines qui suivirent les agressions terroristes. « Je me suis replongé dans les recettes de ma mère », dit-il.

Des psychologues de l'hôpital de Bethesda se rendirent à la Maison Blanche, afin de parler avec les employés du traumatisme subi. Cliber discuta ainsi avec l'un d'eux, toutefois aucun n'avait de conseil éprouvé par le temps à leur donner : « Personne n'avait jamais enduré une telle épreuve. »

La fleuriste Wendy Elsasser reconnaît être incapable, aujourd'hui encore, d'évoquer cette journée sans pleurer. Des mois durant, Mesnier fut la proie de crises de panique le matin, en prenant sa douche. Son épouse et son fils le supplièrent de renoncer à son travail, et il prêta une oreille attentive à Gary Walters lorsque celui-ci, une semaine après les faits, rassembla le personnel et annonça que chacun était libre de s'en aller s'il ne supportait pas la pression.

Tout comme Bill Cliber, Mesnier ne put s'y résoudre. « Il faut que vous compreniez que ce travail était fait pour moi, dit-il. C'est là qu'était ma place. »

La première dame Laura Bush fut soulagée de ne voir personne démissionner par peur. Elle m'a confié que le fait de voir les employés de la Résidence se remettre au travail l'avait aidée à se sentir mieux à la Maison Blanche. « Nous savions que nous allions y rester, et nous étions certains que nous y serions en sécurité mais, d'un autre côté, tous ces gens auraient pu postuler pour un autre emploi ou simplement nous dire qu'ils préféraient s'en aller car la tension était devenue trop forte. Ils n'en ont rien fait. Pas un seul d'entre eux. »

ÉPILOGUE

Oh mon Dieu, elle serait si fière de moi.

James Ramsey, majordome, à propos de sa mère
et de la réaction qu'elle aurait eue si elle avait vécu assez longtemps
pour le voir faire carrière à la Maison Blanche.

Il fait trente-six degrés et l'air est moite, encore une fois, en cette nouvelle journée d'été, à Washington. Un climatiseur fait des heures supplémentaires dans la maison mitoyenne en brique rouge de trois chambres que le majordome James Jeffries a achetée au nord-est de la ville en 1979. D'emblée, il s'excuse inutilement pour les murs à moitié peints de son salon : « J'aurais dû les avoir terminés avant Pâques, mais j'ai soixante-douze ans, je me fatigue rapidement. »

Tandis que la chaîne Histoire braille en fond sonore et que son petit-fils, un adolescent dégingandé, entre et sort de la pièce (« J'avais exactement la même allure que lui »), nous nous installons à une table couverte de photos de ses enfants et petits-enfants, puis il me raconte comment la Maison Blanche a fini par symboliser l'héritage familial. D'une voix lente et posée, il m'explique qu'il a connu la plupart des personnes – dont un certain nombre faisaient partie de sa famille – qui ont géré la Maison Blanche au cours des cinquante dernières années. Il a beau s'appeler Jeffries, c'est un Ficklin ; neuf membres de cette famille ont travaillé là-bas.

Même les membres du personnel qui ne partageaient pas ses gènes ont un jour intégré ce clan. Eugene Allen, devenu maître d'hôtel après le départ en retraite de John Ficklin, l'oncle de Jeffries, était « comme un oncle, lui aussi ».

Le portier Preston Bruce, qui vivait dans le même lotissement que sa tante, était pour Jeffries une figure paternelle. « Messieurs West et Scouten se faisaient discrets, tandis que mon oncle [John] gérait la Maison Blanche », raconte Jeffries, fier du cercle soudé d'Afro-Américains assurant le fonctionnement de la Résidence.

Selon une légende familiale, ils doivent tous leur carrière à la Maison Blanche à son oncle Charles, qui fut le premier à y mettre les pieds, après avoir impressionné le président Franklin Roosevelt quand ce dernier lui avait demandé, alors qu'il travaillait à bord d'un bâtiment de la marine, de dresser un plan de table, ce que Charles avait accompli de façon experte. Des années plus tard, il fut convoqué à la Maison Blanche, pour y passer un entretien.

Jeffries a suivi la tradition familiale. Il a commencé à travailler à la Maison Blanche à seulement dix-sept ans, en 1959. Il n'a pas oublié la date exacte : le 25 janvier. Son fils y est à présent majordome et, bien qu'ayant depuis longtemps dépassé l'âge de la retraite, Jeffries travaille toujours à la « Maison » de façon occasionnelle, ce qui lui rapporte 25 dollars de l'heure. « Ils sont très prévenants avec moi, ils ne me font jamais porter de lourdes charges. »

Jeffries est un témoin de l'histoire américaine. C'est une des très rares personnes encore en vie à se souvenir de ce que signifiait travailler à la Maison Blanche sous les Kennedy, à une époque où une nouvelle génération et de nouvelles technologies propulsèrent la Résidence dans le salon de tous les foyers du pays. Il garde en mémoire un trait de caractère de la première dame dont peu de gens avaient conscience. « Je revois encore Mme Kennedy descendre l'escalier et nous demander de déplacer une chaise, voire de la sortir de la pièce, pour, quinze ou vingt minutes plus tard, réclamer qu'on la remette en place ! (Il s'esclaffe.) Contrairement à un collègue et moi – nous étions les deux jeunes –, tous les employés cherchaient à esquiver ces corvées ! Je n'ai jamais éprouvé ce besoin de m'éclipser, je voulais être avec elle. Je restais donc sur place et lui obéissais. Si je pouvais déplacer le meuble moi-même, je le faisais. »

Un samedi soir, des années plus tard, il reçut l'ordre de cesser de faire la vaisselle et de monter au deuxième étage rejoindre Betty Ford, qui apparemment avait besoin d'aide.

« Où sont les majordomes ? lui demanda la première dame, faisant référence aux majordomes à plein temps.

– Ils sont au rez-de-chaussée, je peux leur dire de monter, proposa Jeffries, appuyant déjà sur le bouton d'ascenseur, pour redescendre.

– J'ai seulement besoin d'un homme », lui lança-t-elle avec impatience, depuis la salle à manger familiale.

Ce souvenir le fait rire ; il m'adresse un clin d'œil et poursuit : « Je me suis dit : *Attends, mais dans quoi essaie-t-elle de t'entraîner ?* Je l'ai donc rejointe. Finalement, elle voulait simplement que je porte dans sa chambre son poste de télévision, dont l'écran mesurait cinquante centimètres ! »

Comme tant de ses collègues, Jeffries garde un souvenir affectueux de la gentillesse du président Bush père. « Le vieux Bush me faisait me sentir comme un homme comme lui, ni plus ni moins. Un jour, je me félicitai d'avoir regardé un match de football. Comme j'entrais dans une pièce du deuxième étage pour prendre commande des boissons et qu'il parlait avec des invités, il me demanda ce que j'avais pensé du match. Je fus donc en mesure d'en discuter avec lui, puis je pris la commande et sortis. À mon retour, il me parla encore de ce fameux match. »

Un soir, alors qu'il servait à boire aux Clinton et à quelques amis, avant un dîner officiel, Jeffries croisa un président Clinton épuisé en route vers le solarium.

« Si Robert Mitchum ne faisait pas partie des invités, je ne me donnerais même pas la peine de descendre, ce soir, lui confia le Président.

– Il faut que vous vous reposiez », lui dit Jeffries, navré pour lui.

Les personnes qui gardent de précieux souvenirs des Kennedy, des Johnson, des Nixon, des Ford, des Carter et des Reagan forment une espèce en voie d'extinction. Leurs anecdotes dépeignent ces personnages emblématiques sous un jour aussi rare que personnel. Durant les brefs instants qui font une vie, les employés de la Résidence captent un aperçu de l'humanité présente chez les présidents et les premières dames, dont la personnalité est rarement connue en dehors de l'enceinte de la Maison Blanche. Comme tout le monde, les dirigeants du pays ont leurs moments d'indécision, d'épuisement, de frustration et de joie.

Aujourd'hui, hélas, les vétérans de la Résidence ne se croisent plus, bien souvent, qu'à des fêtes de départ en retraite ou à des enterrements. Ils gardent plus ou moins contact grâce à Facebook et aux échanges de courriers électroniques ; cependant les plus âgés d'entre eux, qui ne sont pas connectés en permanence, apprennent parfois le décès d'un ancien collègue longtemps après.

Durant ces nombreux entretiens, je détestais voir une expression peinée s'afficher sur un visage lorsque j'évoquais un collègue décédé, ignorant que mon interlocuteur n'était pas au courant.

J'ai également vécu des moments charmants. Au cours de mes recherches en vue de la rédaction de cet ouvrage, j'ai parfois eu l'occasion de réunir des personnes qui s'étaient perdues de vue depuis longtemps. J'ai par exemple donné à l'huissier Chris Emery l'adresse électronique de Christine Limerick. Et Nelson Pierce m'a demandé le numéro de téléphone de Bill Hamilton.

« Il faut que j'appelle ce bon à rien », me dit James Ramsey, le regard pétillant, lorsqu'il me demanda le numéro de téléphone de son vieil ami Roland Mesnier.

Les employés de la Résidence observent patiemment chaque nouvelle famille présidentielle, tandis qu'elle apprend à vivre dans les limites de la Maison Blanche. Ils savent que ce n'est qu'une question de temps pour que leur discrétion et leur fidélité deviennent des éléments indispensables pour le Président et la première dame. Il est vrai que ce sont les seules personnes à graviter dans leur entourage sans autre motivation que la volonté de les servir et les réconforter.

La famille présidentielle et ses conseillers font confiance au personnel, en partie parce qu'il sait tant de choses sur la vie qu'elle mène.

« Quand on y réfléchit – et je ne parle pas seulement pour moi, mais pour la plupart des personnes qui ont travaillé là-bas –, il n'existe pas d'historique ou de source institutionnelle susceptibles de vous aider à apprendre ce métier, dit Reggie Love, ancien conseiller d'Obama. Au fond, on se retrouve face à une feuille blanche et sans manuel d'instruction. »

Malgré mes recherches dans les archives avant de procéder à ces entretiens, je ne savais pas du tout à quoi m'attendre lorsque j'ai commencé à rencontrer des employés de la Résidence – dont beaucoup m'ont généreusement ouvert leur porte. J'ai découvert avec joie que ce que j'avais entrevu correspondait à la réalité. La plupart de ces personnes sont dépourvues de cynisme et d'esprit de compétition, contrairement à tant d'individus gravitant dans le monde politique à Washington ; leur désir de tenir un rôle modeste mais capital dans le fonctionnement de la démocratie américaine est sincère. S'ils n'influent pas sur la politique, les tâches qu'ils accomplissent sont sans doute aussi importantes que celles de nombreux élus. Sans eux, il serait impossible de vivre à la Maison Blanche.

Capables de préparer des repas tout simples pour la famille présidentielle comme de servir des célébrités, des membres du Congrès et des dirigeants du monde entier, ils fournissent le meilleur service qui soit, avec ce qu'il faut de diplomatie. De façon implicite ou plus claire, leurs efforts sont récompensés par la gratitude des hommes et femmes les plus puissants de la planète.

*
* *

L'amiral Stephen Rochon fut nommé huissier en chef en 2007, deux mois seulement avant l'une des nombreuses visites officielles de la reine Elizabeth II : « Nous avons fait une telle impression à la reine qu'elle nous a invités, deux autres membres du personnel et moi-même, à Buckingham Palace, pour voir comment les Britanniques procédaient. »

À Buckingham Palace, Rochon fut étonné lorsque la reine se présenta à l'équivalent londonien de l'étage d'État et s'approcha de lui :

« Qui êtes-vous, jeune homme ?

– Eh bien, je suis l'amiral Rochon, l'huissier en chef de la Maison Blanche, Votre Majesté. Nous nous sommes occupés de vous lors de votre visite officielle. »

Le visage de la reine s'illumina soudain, puis elle fit signe à son époux qui se trouvait à l'autre bout de la pièce : « Philip, Philip, viens par ici, vite ! »

Si les employés de la Résidence laissent une impression si durable, c'est entre autres parce qu'ils font en sorte que tout semble couler de source. « Les majordomes fournissent un service à la fois diligent, sans heurt et discret, dit Sheila Rabb Weidenfeld, l'attachée de presse de Betty Ford, évoquant son premier dîner officiel. Vous découvrez une assiette remplie devant vous sans même avoir remarqué qu'on l'a déposée. Tout est parfait ; ces domestiques sont beaux et élégants, car ils font partie du cadre le plus beau et le plus élégant au monde. »

C'est en période de crise ou pendant une tragédie que le personnel se montre sous son meilleur jour. Rosalynn Carter m'a raconté ce qu'il en était durant la crise des otages en Iran : « Ils étaient alors particulièrement attentifs, car ils étaient inquiets. Inquiets *pour nous.* »

Tout dévoués à la famille présidentielle qu'ils servent,

les employés de la Résidence sont prêts à tout pour elle ; ils ont souvent sacrifié leur propre couple, d'innombrables heures avec leurs enfants et, dans le triste cas de Freddie Mayfield, leur vie.

« Ce sont les plus grands escrocs au monde, plaisante Luci Baines Johnson. Ils font en sorte que chaque famille pense qu'elle est leur préférée. »

Et c'est vrai : le majordome James Ramsey devinait quand le président George Bush fils avait besoin de rire. Christine Limerick, la gouvernante, savait tenir sa langue quand Nancy Reagan lâchait une de ses diatribes. Et Roland Mesnier, le pâtissier, savait précisément quand une tranche de son gâteau au moka préféré pouvait remonter le moral d'Hillary Clinton.

James Ramsey ne semblait pas proche de la mort lorsque je me suis entretenue avec lui. Il se savait tout de même malade – son cancer du côlon s'était propagé au foie – et ne cessa de reporter mes invitations à déjeuner ensemble. (« Vous êtes une jeune femme charmante, ma chère. Nous trouverons un moment pour nous voir. Je vous appellerai. ») Toujours jovial, il ne me laissa jamais deviner combien il souffrait. Plein d'espoir quant à sa vie et son avenir, il aimait décrire de façon très imagée ses rendez-vous avec sa nouvelle compagne et évoquer le voyage à Las Vegas qu'il projetait de faire en compagnie de Bill Hamilton.

Sa fille m'apprendrait plus tard qu'il s'était tourné vers la phytothérapie pour combattre le cancer qui ravageait son corps.

Quand il mourut, le 19 février 2014, les familles présidentielles qu'il avait tant aimées lui témoignèrent leur affection : Laura Bush prononça quelques mots lors de ses obsèques, auxquelles assistèrent des dizaines de collègues de la Maison Blanche, et des messages du président Obama et du président Clinton furent lus durant la cérémonie. Son cercueil fut porté par ses camarades majordomes.

« Il semblait toujours deviner quand nous avions besoin d'une petite dose de son humour, et c'était souvent le cas à la Maison Blanche, écrivit le président Clinton. [...] Hillary, Chelsea et moi-même conservons chacun nos souvenirs de James Ramsey. C'était un homme qui savait raconter une histoire, et ses commentaires sur l'actualité, de la politique au sport, étaient souvent désopilants. » Quant aux Obama, ils louèrent le « patriotisme inébranlable » de Ramsey : « James a été témoin de grands moments de l'histoire de notre nation. »

Laura Bush assista en compagnie de sa fille Jenna à la cérémonie, qui se déroula à la Trinidad Baptist Church, église située au nord-est de Washington. L'ancienne première dame fit l'éloge du majordome qui avait apporté à son époux des instants de légèreté dont il avait terriblement besoin, à des moments où le monde semblait s'effondrer autour de lui – « Elle m'a fait pleurer », avoue Valerie, la fille de Ramsey. « Ramsey était davantage qu'un simple employé, dit Mme Bush. C'était un ami fidèle. Et, comme tous ses collègues, il était doté d'une loyauté, d'un dévouement et d'une discrétion qui ne peuvent s'apprendre. »

Elle raconta à l'assemblée que Ramsey faisait plus que chouchouter les présidents : « Il les faisait rire, il leur remontait le moral, il illuminait leurs journées. » Et de conclure, au nom de toute la famille Bush : « Nous remercions Dieu d'avoir fait entrer James Ramsey dans notre vie. »

Pour Ramsey, servir la famille présidentielle des

États-Unis avait donné un sens et un but à sa vie. Quand je lui avais demandé ce qu'il avait ressenti quand il était pour la première fois entré à la Résidence, des décennies auparavant, il m'avait répondu avec nostalgie : « Oh mon Dieu ! j'étais si heureux. »

REMERCIEMENTS

Quelques semaines après la naissance de notre fille Charlotte, je sortis prendre l'air et vérifier si nous avions reçu du courrier. J'eus la surprise de trouver une enveloppe blanche dont l'adresse d'expédition était le 1600, Pennsylvania Avenue. C'était un message des Obama, qui nous félicitaient pour l'arrivée de Charlie. De telles lettres étant généralement envoyées aux personnes importantes, et aux amis et membres de la famille du personnel de la Maison Blanche, j'étais incapable de deviner qui avait pu prendre cette initiative. Non pas parce que je ne voyais pas qui aurait pu se donner cette peine, mais parce que trop de personnes, tout simplement, pouvaient avoir eu ce geste charmant.

J'ai interviewé plus de cent employés de la Résidence, conseillers présidentiels et membres de la famille présidentielle, au cours de mes recherches, dans leur immense majorité des personnes profondément généreuses. Je pus tout de même établir que nous devions cette attention à Bill Hamilton, l'ancien responsable de la réserve, qui avait débuté sa carrière à la résidence exécutive alors que le président Eisenhower était en fonction. « Navré que ce courrier ne vous soit pas parvenu plus tôt », me répondit-il, lorsque je le remerciai par téléphone.

Ainsi sont ces gens, qui consacrent leur carrière à prendre soin de la famille présidentielle, bien loin des politiciens intéressés typiques de cette ville. Pour tout dire, ils semblent rester des professionnels du service pour le restant de leur vie.

Cet ouvrage fut un voyage qui débuta en octobre 2012, alors que je m'occupais jour et nuit de Graham, notre fils tout juste venu au monde. Les yeux ensommeillés, je me lançai dans un marathon d'épisodes de la série *Downton Abbey*. Je fus rapidement fascinée par les relations tendues entre ces deux groupes d'individus partageant la même demeure, si proches les uns des autres physiquement, mais si éloignés dans tous les autres domaines. Ce feuilleton me fit aussitôt penser au déjeuner en petit comité, avec d'autres journalistes, auquel Michelle Obama, la première dame, m'avait précédemment conviée. Je revoyais les compositions florales d'un rose et d'un vert vifs, les verres de champagne tintant en pleine journée, quand nous trinquions – pour une journaliste habituée aux sandwichs dans un minuscule réduit, au sous-sol de la Maison Blanche, tout cela était du luxe. Cela étant, je me souvenais surtout du majordome : il m'avait donné l'impression d'évoluer sans un bruit lorsqu'il entrait ou sortait de la pièce.

J'entrepris de rencontrer ces personnes qui assurent le fonctionnement de la Résidence, et ce fut beaucoup plus révélateur que je l'aurais imaginé. J'ai eu le privilège d'interviewer des employés ayant connu le côté espiègle de Jackie Kennedy, quand elle se détendait dans les appartements privés, et je me suis entretenue avec l'électricien de la Maison Blanche qui a accompagné le président Richard Nixon durant quelques pas chargés d'une intense émotion, lorsqu'il sortit du Bureau ovale, après l'annonce de sa démission.

Rien de tout cela n'aurait été possible sans la générosité des employés de la Résidence, dont beaucoup m'ont ouvert à la fois leur foyer et leur cœur, comme Christine Limerick, Lynwood Westray, Skip Allen, Betty Finney, Bob Scanlan, Bill Hamilton, James Jeffries, Roland Mesnier, Nelson Pierce, Frank Ruta, Cletus Clark, Stephen Rochon, Bill Cliber, Linsey Little, Wendy Elsasser, Chris Emery, Ronn Payne, James Hall, Wilson Jerman, Worthington White, Gary Walters, Betty Monkman, Mary Prince, Walter Scheib, Vincent Contee, Milton Frame, John Moeller, Jim Ketchum, Tony Savoy, Ivaniz Silva, Nancy Mitchell, Providencia Parades, Ann Amernick, Pierre Chambrin, Alvie Paschall et Herman Thompson. Margaret Arrington m'a raconté de nombreuses anecdotes qu'elle tenait de son défunt époux, Reds, et Charles Allen m'a parlé avec amour de son père Eugene. Je tiens à remercier en particulier James Ramsey, dont le sourire illuminait la pièce dans laquelle il se trouvait. Je suis reconnaissante d'avoir pu partager quelques moments avec lui.

Rien n'aurait été possible non plus sans Howard Yoon, mon agent littéraire. Howard a cru en moi dès le début, et il est resté présent à chaque étape de cette aventure. En plus d'être un professionnel incroyablement doué, c'est un excellent ami, qui m'a donné de sages conseils en termes d'éducation des enfants, au fil des années. Je remercie également la formidable Gail Ross, ainsi que Dara Kaye, qui fait partie intégrante de l'équipe de choc de l'agence Ross Yoon. « Les livres changent les vies », proclame leur devise. Ils ont changé la mienne, en tout cas, et j'en suis très reconnaissante.

J'ai adoré travailler avec Cal Morgan, de HarperCollins, une personne très douée dont l'apport a contribué à donner vie et clarté au manuscrit, et je remercie la talentueuse Emily Cunningham qui a apporté tant d'énergie à ce projet pour qu'il soit le meilleur possible. Merci également à Jonathan Burnham, le visionnaire, pour son soutien, et à Tim Duggan, mon premier rédacteur en chef, pour ses conseils ; sa passion pour le thème de cet ouvrage fut contagieuse. Merci à Robin Bilardello, qui a dépassé toutes mes attentes avec la couverture, et à Beth Silfin, pour ses conseils d'experte.

Je remercie du fond du cœur Brooke, mon époux, que j'ai toujours envie de voir davantage et qui rend ma vie tellement plus agréable. Merci également à nos fantastiques enfants, Graham et Charlotte, qui nous apportent tant de bonheur. Merci à ma mère, Valerie, la femme la plus intelligente et la plus aimante que je connaisse. (Il se trouve que c'est également une rédactrice en chef de talent, qui m'a aidée à organiser ces récits et à trouver le bon ton.) Merci à mon merveilleux père, Christopher, qui est pour moi un modèle et qui nous a donné tant d'assurance, à ma sœur Kelly et à moi. Kelly, c'est très amusant de te voir grandir et devenir une femme intelligente et bienveillante. Merci également à Nancy Brower (*alias* belle-maman), à toute notre famille au sens large et à Mini et à Elizabeth. Je regretterai toujours que nous n'ayons pas eu plus de temps pour profiter de Bill Brower, qui était un homme et un père formidable ainsi qu'un adorable beau-papa.

Les premières dames que j'ai interviewées étaient désireuses de contribuer à attirer l'attention sur les personnes leur ayant rendu la vie plus supportable à la Maison Blanche. J'ai apprécié le temps qu'elles m'ont consacré et je les remercie de m'avoir confié leur point de vue d'initiées au cœur de la Maison Blanche. Laura Bush m'a décrit les horreurs du 11-Septembre et le processus de guérison qu'elle a suivi avec le personnel. Barbara Bush m'a parlé de ses amitiés pleines d'espièglerie avec les employés de la Résidence. (« On ne taquine pas les gens que l'on n'apprécie pas. On ne taquine que ceux que l'on aime. […] Ils me taquinaient ensuite à leur tour, je l'avais bien mérité. ») Rosalynn Carter a fait l'éloge du personnel, qui a tout fait pour réconforter sa famille, durant les quatre cent quarante-quatre jours tendus qu'a duré la crise des otages en Iran. Elle m'a semblé sincèrement émue par la gentillesse des employés à son égard. Tricia Nixon, Luci et Lynda Johnson, Steve et Susan Ford et Ron Reagan m'ont tous aidée à expliquer ce que c'est que de vivre dans cette « grande prison blanche ».

J'ai en outre beaucoup aimé discuter avec les anciennes secrétaires sociales Amy Zantzinger, Desirée Rogers, Julianna Smoot et Bess Abell, et j'ai énormément apprécié l'aide apportée par Sally McDonough, Kaki Hockersmith, Melissa Montgomery, Deanna Congileo et Wren Powell. Merci aux conseillers présidentiels qui m'ont donné un point de vue important sur les relations entre le personnel politique et les employés de la Résidence : Anita Dunn, Reggie Love, Katie Johnson, Katie McCormick Lelyveld, Reid Cherlin, Adam Frankel, Andy Card et Anita McBride. Merci également à Pete Williams, lauréat d'un Emmy Award, qui a généreusement pris la photo de la couverture de cet ouvrage, en me faisant bien rire dans la manœuvre. Je remercie aussi le bureau du conservateur de la Maison Blanche, l'association historique de la Maison Blanche et le personnel des bibliothèques et musées présidentiels consacrés à John F. Kennedy, Lyndon Baines Johnson, Richard Nixon – ainsi que la fondation Richard Nixon –, Gerald R. Ford, Jimmy Carter, Ronald Reagan, George Bush père, William J. Clinton et George W. Bush.

Gayle Tzemach Lemmon m'a donné ce conseil, simple mais nécessaire, après des mois d'interviews et de recherches : « Installe-toi à ton bureau et commence à écrire ! » Elle-même auteure à succès et journaliste accomplie, Gayle fut une lectrice-testeuse importante pour moi, au cours de ce voyage. Merci à Christina Warner et à Annie Kate Pons. Annie, j'adore « donner de la vie avec toi », même si nous vivons chacune à un bout du pays.

Je voue une reconnaissance éternelle à Al Hunt, de Bloomberg, qui m'a offert la chance de ma vie lorsqu'il m'a chargée de m'occuper de la Maison Blanche, et aux rédacteurs en chef Joe Sobczyk, Steve Komarow, Jeanne Cummings et Mark Silva, qui m'ont aidée à découvrir les joies du journalisme.

NOTES SUR LES INTERVIEWS

Mes recherches pour *La Résidence* ont donné lieu à des conversations en toute franchise avec plus d'une centaine d'initiés à la Maison Blanche. J'ai interviewé trois anciennes premières dames et les enfants de quatre présidents ainsi que de nombreux conseillers. Les faits les plus révélateurs m'ont cependant été rapportés par la cinquantaine d'anciens employés de la Résidence – et un autre qui y travaille toujours – que j'ai rencontrés, dont beaucoup n'avaient jamais évoqué avec tant de détails leur expérience auprès des familles présidentielles américaines. En vérité, la plupart n'avaient encore jamais été contactés par un journaliste. Quantité de ces conversations se sont déroulées en tête à tête. En de rares occasions, certaines sources ont demandé à ne pas être citées, en raison de la sensibilité du sujet abordé, souhait que j'ai respecté. À ces récits de première main, se sont ajoutées des recherches approfondies effectuées en parcourant des archives, dont des enregistrements conservés par les bibliothèques présidentielles, des mémoires rédigés par des employés de la Résidence et des conseillers politiques, ainsi que des biographies.

À PROPOS DE L'AUTEUR

Kate Andersen Brower a passé quatre ans en tant qu'envoyée spéciale sous le gouvernement Obama pour l'agence de presse Bloomberg News. Elle avait auparavant travaillé à CBS News, à New York, et à Fox News, à Washington. Elle a signé des articles pour le *Washington Post*, *Bloomberg Businessweek* et le *Washingtonian*. Elle vit en banlieue de Washington, avec son époux et leurs trois enfants.

TABLE DES MATIÈRES

Composition et mise en pages
Nord Compo à Villeneuve-d'Ascq

Imprimé en Espagne
Dépôt légal : mars 2025
ISBN : 979-10-224-0692-5
POC 0466